THE BELT AND ROAD

法律·经贸丛书

“一带一路”倡议下传统文化的知识产权保护

INTELLECTUAL PROPERTY RIGHTS PROTECTION OF THE TRADITIONAL CULTURE UNDER “THE BELT AND ROAD” INITIATIVE

李亮　曾礼——著

上海人民出版社

编 委 会

“一带一路”法律·经贸丛书总序

“丝绸之路经济带”和“21世纪海上丝绸之路”(简称为“一带一路”),是习近平主席分别于2013年9月和10月提出的我国对外开放和合作的重大倡议。“一带一路”倡议借用作为历史符号的古代“丝绸之路”名称,旨在建构和依托中国同其他相关国家双边和多边机制以及区域合作平台,积极与“一带一路”沿线国家之间发展经济合作,建立合作伙伴关系,共同打造政治互信、经济融合和文化包容的人类利益共同体、责任共同体和命运共同体。这在当下之国际环境之中显得弥足珍贵。我们正在经历一场席卷全球的“新冠”疫情,全人类正面临前所未有的挑战。新冠之疫不是某一国之灾,更与肤色、人种无关,而是全人类的共同的灾难。我们唯有坚持人类命运共同体理念,坚持包容合作才能击退疫病,实现全人类在大灾之后的新发展。

现在世界上已有100多个国家与国际组织积极支持和参与到“一带一路”建设中来,通过国际、地区和国别合作框架和协议沟通协调,共同推进相互联通和可持续发展而带来的合作机遇。这充分体现了“一带一路”的开放性和包容性。当今世界正面临百年未有之大变局,但开放包容与合作发展仍然是主流。我国通过对外开放发现机遇、抓住机遇和创造机遇,秉承“和平合作、开放包容、互学互鉴、互利共赢、平等透明、相互尊重”的“丝绸之路”精神，开展层次更深、水平更高、范围更广的全方位的区域经济合作，充分发挥各国的潜力和优势，以解决沿线国家经济增长与平衡发展问题。

2017 年 5 月“一带一路”国际合作高峰论坛发表了《“一带一路”国际合作高峰论坛圆桌峰会联合公报》，强调了建设“一带一路”合作的基本原则，即法治原则、平等协商原则、互利共赢原则、和谐包容原则、市场运作原则、平衡和可持续原则。其中，市场运作原则即充分认识市场作用和企业主体地位，确保市场在资源配置中发挥决定性作用。由此可见，作为市场主体的企业在“一带一路”建设中处于核心主体地位，政府应遵循市场规律发挥政策引导和服务功能，反对保护主义，建设开放型经济和自由包容性的贸易体系，在公平竞争和尊重市场规律与国际准则基础上，大力促进经济增长、扩大贸易和投资，从而建设和完善以世界贸易组织为核心、普遍、以规则为基础、开放、透明、非歧视的多边贸易体制。2019 年 3 月通过的《中华人民共和国外商投资法》更以法律形式宣示了我国政府对外商投资实施准入前国民待遇和负面清单制度，再一次彰显了我国进一步扩大开放的决心和意志。

“一带一路”为全球经济治理提供了新的路径与方向。然而也应当承认，我们国内的一些企业对“一带一路”沿线国家的政治格局、具体法律制度、经济贸易法规、文化与风土人情还不甚了解，而这些又恰恰是前往该国投资的必备“宝笈”。这就迫切需要有识之士担起研究和传播的重任，对“一带一路”沿线国家的具体制度，特别是与投资贸易有关的制度等，进行深入细致的研究并将成果出版。

上海对外经贸大学法学院是国内最早承担全国涉外律师培训的基地之一，又是全国最早招收国际经济法专业硕士研究生的法律院系之一，拥有一批具有深厚的法学研究基础，且愿意从事“一带一路”法律问题研究的优秀学者。北京大成（上海）律师事务所秉承“志存高远、海纳百川、跬步千里、共铸大成”的理念，热心致力于“一带一路”法律和经贸服务，积极与高校合作，共同完成该项研究。上海人民出版社是具有深厚学术积淀和强大学术传播力的国内优秀出版社，在法学图书出版方面享有很高的声誉。有鉴于此，这三方强强联手，充分发挥各方优势，出版“一带一路”法律·经贸丛书。期待这套丛书能为“一带一路”建设作出应有的贡献，也能成为沪上法学学术研究的新亮点。

是为序。

二〇二〇年四月

目 录

导 论

自2013年9月和10月由中国国家主席习近平分别提出建设“新丝绸之路经济带”和“21世纪海上丝绸之路”的愿景构想以来，“一带一路”便逐渐进入人们的视野，并成为社会各界讨论的热点话题。可以说“一带一路”倡议已经成为当前我国推动区域合作、加快经济转型的聚集点，同时也是我国构建以互利共赢为核心的新型国际关系的具体实践，我们相信，未来世界将会成为政治互信、经济融合、文化包容的利益共同体、命运共同体和责任共同体。“一带一路”——“丝绸之路经济带”和“21世纪海上丝绸之路”的核心词汇是“丝绸之路”，显然“一带一路”的重点并不在于重建历史上的国际贸易路线，而是借用“丝绸之路”的文化内涵，倡导和平、友谊、交往、繁荣等核心理念。不论是贸易还是外交都需要文化来助力，同时，传统文化的保护亦成为“一带一路”倡议下“民心相同”的重要保障。

对传统文化的保护实际上就是对人类自身文明发展的认知和再学习。文化的产生源于人类发展过程中积累跟自身生活相关的知识和经验，使得适应自然或周围的环境，是在相同自然环境及生产方式下共同生活所形成的一种潜意识的外在表现。文化实际上是对一个或一群人的存在方式和思想表现形式的描述。而相应的传统文化是传统部族基于世代传承，表明其身份特征而形成的精神遗产，所谓世代传承，是指该类文化世代相传并且为适应环境而不断发展；表明身份特征，则强调该类文化表现了一个部族区别于另一个部族的社会特征。

在现有的广泛存在的传统文化保护措施中，传统文化作为特定部族在长期生产、生活中所积累的创造性成果，其知识产权保护未受到足够重视。没有传统文化的存在，文化创作和相关发明就成为无源之水、无本之木。长期以来，传统文化一直被简单地归属于共有领域，任由他人自由且无偿地获取、利用。国际社会中以知识产权名义所进行的文化创作、生产、传播行为，对其他类型的文化和知识形式进行不当占有和利用，常常损害了文化的多样性，影响到优秀文化遗产的传承与发展。其次，不同文化类型在发展过程中的反复交流、博弈和碰撞，逐渐形成强势文化类型和弱势文化类型。随着经济全球化的发展，文化全球化对发展中国家的文化独立提出了新的挑战。发达国家通过经济强势控制文化输出，并借此宣扬了西方世界观、人生观、价值观，以加强多种方式的文化渗透和文化输出，从而使得国际经贸关系在知识产权体系下表现为对发达国家文化科技成果的有偿利用和对发展中国家传统文化资源的无偿使用，继而引发发达国家与发展中国家在贸易方面的严重失衡并导致发展中国家的传统文化在强大的外来文化攻势下逐渐失去其原本的独有文化特质以及随之减弱了自身文化的话语权、解释权。文化作为凝聚和整合民族与国家一切资源的根本力量，这种力量的任何形式丧失，都将构成一个民族和国家的生存安全。本书旨在从“一带一路”倡议出发，通过知识产权利益的平衡和分享机制的灵活运用，触发传统部族维护自身文化权利的内生动力，从而建立“一带一路”倡议下传统文化的知识产权保护体系。

本书共七章。第一章“传统文化内涵的法律界定”。狭义的文化观认为，文化是一个复杂的总体，包含知识、信仰、艺术、法律、道德、风俗以及作为一个社会成员所获得的所有能力和习惯。广义的文化观认为，文化是人类创造的物质财富和精神财富的总和，包含了一个国家或民族的历史、地理、风土人情、传统习俗、文学艺术、生活方式、思维方式、行为规范、价值观念等所有的总和。文化实际上就是对一个人或一群人的存在方式及思想表现形式的描述。而传统文化是在每个民族中的由历史上流传下来的文化，是每个民族的固有文化，传统文化既包括物质文化，也包括精神文化。吴汉东教授认为，传统文化是传统部族基于世代传承，表明其身份特征而形成的精神遗产。所谓世代传承，是指该类文化世代相传并且为适应环境而不断发展；表明身份特征，则强调该类文化表现了一个部族区别于另一个部族的社会特征。在知识产权语境下，可以说传统文化是由特定区域主体享有并世代相承的表明其独特价值的一切传统文学、艺术或科学作品，表演，发明，科学发现，外观设计，标志、名称，符号和其他信息。同时，民间文学艺术作为一国领土范围内的作者创造的代代相传的构成该国或地区传统文化遗产重要元素的一切文学、艺术和科学作品，是传统文化的重要组成部分。而传统知识是指在一个社会共同体内持续发展并代代相传的知识、专有技术、技能和实践，与传统文化相比，二者都是人类长时间活动的经验积累，要严格区分两者的范围恐怕是困难的，在绝大部分领域都存在较多内容的重合。根据世界知识产权组织（WIPO）的分类，传统文化可以分为语言、音乐、动作和有形方面的表达；从符号学角度看，传统文化包括声音符号、图像符号、动作符号及其他象征性符号；从文化学角度讲，传统文化可以分为“器物层次”、“制度层次”和“理念层次”的不同层次组分。可见，传统文化具有传统性、群体性、非物质性、传承演变性、地域性、公开性和象征性等重要特征。本书主要研究的传统文化是指非宗教性质的，已公开的，包括传统文化的思想内容及其有形表达载体和它的衍生财产利益在内的传统文化及其知识产权保护研究。

第二章"'一带一路'倡议与传统文化的知识产权保护"。"一带一路"(英文:The Belt and Road,缩写 B&R)是"丝绸之路经济带"和"21 世纪海上丝绸之路"(the Silk Road Economic Belt and the 21st-Century Maritime Silk Road)的简称。"一带一路"倡议是打造政治互信、经济融合、文化包容的利益共同体、命运共同体和责任共同体的重要途径。本章主要阐述"一带一路"的基本内涵,论证"一带一路"倡议与传统文化的知识产权保护之间的关系。

第三章"传统文化知识产权保护的理论依据"。传统文化是人类遗产非常重要的资源,可以说是人类永恒记忆的表现。就语言、民间音乐、舞蹈和民族服装来说,它们都能让我们从更深刻的角度了解它们背后的人和这些人的日常生活。通过语言途径传播的口头传统和哲学、价值观、道德尺度及思考方式构成一个社会生活的基础。一个国家、一个民族的强盛,总是以文化兴盛为支撑的,国家发展道路、精神动力、突出优势都与优秀的传统文化息息相关。在"一带一路"倡议下,只有真正发掘传统文化的价值所在,才能更加妥善地部署传统文化保护策略,从而为人类命运共同体所面临的全球性问题寻找出路。而在当今国际政治、经济、文化等方面的发展中扮演着重要角色的知识产权,是我国关于"一带一路"对外开放构想的一大利器,改革开放中的"一带一路"其实就是知识产权保护下的"一带一路",知识产权将为建设"一带一路"促进区域经济一体化的制度创建和和谐发展贡献自己的力量。同时传统文化与知识产权存在理论上的多重契合,为传统文化的知识产权保护提供了理论基础。首先,传统文化的人权价值与知识产权的人权属性存在高度契合。尊重传统文化是识别自己身份的一种重要手段,对群体而言,是这个群体、民族自我认同和尊严的基础，同时也是外界对这个创造群体和他们生存方式的尊重，从而给予传统文化人格权保护是阻止滥用、掠夺，尊重原创群体的最佳保护手段，唯有通过人格权保护，权利人可以在脱离了对创造物的直接控制时，主张权利，维护人格尊严。而基于劳动财产权理论和社会契约理论的知识产权，也体现了人在社会文化和精神活动中的价值和尊严，确认创作者、发明者的权利不仅仅是尊重个人创造性劳动的价值和利益，更是维护人的人格自由、文化发展的需要。其次，知识产权的利益平衡理论能妥善地缓解传统文化的利益冲突，实现其利益分享。知识产权法中的利益平衡包括知识产权法上权利和义务的总体平衡、知识产权人的利益与社会公众利益的平衡、知识产权人之间的权利和义务的平衡等，在知识产权法的利益平衡的总体框架中，知识产权人的利益与公共利益的平衡，构成利益平衡的核心内容。传统文化保护中的利益平衡的理念也尤为重要。传统文化的创造主体是特定的社会群体或社区部族，他们为自身文化的发展和传承付出了几代人甚至上千年的心血，珍贵的传统文化一方面需要面对现代社会对传统社区的资源掠夺，另一方面又要警惕缺乏传承而濒临灭绝的危险。所以，传统文化的知识产权保护中的利益平衡，既包括了知识产权法意义上公益与私益的平衡，还包括了传统文化在知识产权保护中“发展”与“传承”的平衡。再有，从生物多样性理论出发，生物多样性是生物和它们组成的系统的总体多样性和变异性，包括遗传多样性、物种多样性和生态系统多样性三个层次。生物多样性越丰富的地方，往往也是人类文化、民族和语言多样性最为丰富的地区。所以，保护传统文化其实就是保护传统族群对生物资源的有效合理利用，避免现代工业社会无节制地掠夺生物资源用于商业用途，亦是在保护生物多样性，传统文化的知识产权保护同时也具有生物多样性理论基础。

第四章“传统文化知识产权保护的国际公约保护研究”。主要通过研究国际组织的相关立法，吸取其中的优秀经验，并为“一带一路”倡议下传统文化的区域整体保护探寻制度基础。《伯尔尼公约》试图将民间文学艺术纳入“作者不明、未出版作品”一类予以保护，但效果不尽如人意；《突尼斯示范法》专门规定了对民间文学艺术的保护条款，并且在注释中特别写明此条款的目的是为了防止人们对民间文学艺术的文化文化遗产的不合理利用，注重对精神权利和经济权利的双重保护，且不设保护期的上限，包括“公有领域付费制度”在内的许多有价值的规定，对后来很多发展中国家版权立法都起到了十分重要的影响；《1982 年示范条款》专门为民间文学艺术表达设立了一套独立的保护制度，通过模仿现代知识产权制度框架，为民间文学艺术表达提供了一种新的独立于版权法的保护模式，这较大进步，同时还为各国国内立法预留了空间；《班吉协定》附件分别采用版权和文化遗产来保护传统文化。它是国际社会在世界知识产权组织和联合国教科文组织领导框架内进行立法的重要典范，可以说至今它仍是国际知识产权法中唯一为民间文学艺术直接提供保护的区域性国际公约。其倡导的版权、工业产权和文化遗产保护等相关法律对民间文学艺术进行综合保护的理念对传统文化保护宏观制度设计具有重要的参考价值；《生物多样性公约》所倡导的事先知情同意机制已经被多数国家接受，对各国专利法的影响也极其重要，可以说，事先知情同意制度为传统文化的知识产权保护提供了一定的国际共识；《粮食和农业植物遗传资源国际条约》的目的是保存和可持续利用粮食和农业植物遗传资源，并对这种利用中产生的利益进行公平分享，以实现农业的可持续发展和粮食安全，并最终放弃植物遗传资源的人类共同财产观点，承认国家对遗传资源享有主权。

第五章“现行知识产权制度的运用与传统文化保护的困境”主要分析

"一带一路"倡议下运用现有的知识产权制度保护传统文化所面临的三个重要问题:传统文化知识产权保护非必然性的困惑,传统文化知识产权保护主体的确定以及"公有领域"对传统文化知识产权保护的冲击。针对第一个问题,笔者从公法、私法、专门立法、合同法以及习惯法等不同角度出发,对比分析,认为传统文化保护从"公、私"角度看,应当在"一带一路"倡议下建立起以"私法为主、兼顾公法"的保护模式,公法保护主要实现传统文化的"保存"问题,使之不至于消灭,而私法保护则侧重于对传统文化的"保护"问题,即实现传统文化的传承、发展以及社会认可,而知识产权便是很好的保护工具。专门立法方面,有学者提出有必要对传统文化进行专门立法,设置特殊的权利保护体系,如"传统资源权"、"传统文化权"、"民间文学艺术权"、"土著产权扩张说"。对于确定传统文化知识产权保护主体的问题,基于知识产权主体"个人主义"到"集体主义"的转变趋势,构建传统文化知识产权保护集体主义权利主体——传统部族集体享有知识产权的模式具有理论上的可行性,同时,将传统文化权益的主体与管理主体分开,能更好地实现相关利益分享的公平和效率。第三个问题,"公有领域"对传统文化知识产权保护的冲击。知识产权的扩张再度将公益与私益的平衡理论纳入视野,对专有领域与公有领域的再思考让"公有领域"理论不再理所当然。

第六章"'一带一路'倡议下传统文化的知识产权保护模式"。构建"一带一路"倡议下传统文化的知识产权保护体系,就需要对知识产权制度做细致研究,"一带一路"倡议下不同的文化表现形式,利用不同知识产权制度予以保护。针对传统文化中的重要"基因"——民间文学艺术,笔者建议用一种类似于版权的特殊的版权制度保护。在基于尊重和体现族群意愿,有利于民间文学艺术的维持、传承和发展,保障族群正当利益,利益平衡等多种原则基础上，赋予传统部族在民间文学艺术方面所享有的包括财产权利和精神权利在内的多项权利。在商业标识领域，传统部族固然可以将包括各种形象、符号在内的传统图像符号（如文字、绘画、立体雕塑和建筑等反映族群文化与历史的图像符号）申请注册为商标，或是基于《商标法》和《集体商标、证明商标注册和管理办法》的相关规定注册为集体商标或证明商标，也可以将具有特定自然环境或人文因素特征的地理标志注册为集体商标或证明商标，但这些方式的申请和维护成本都太高。所以，一方面可以寻求“具有不良影响”的被动保护，一方面还有待相关立法的正面解决。专利方面以传统中医药为例，通过数据库保护的方式，将传统文化中的科学知识记录并固定下来，成为专利法中的“在先技术”以对抗传统科学知识的流失和不当利用，同时将事先知情同意机制扩大运用到传统科学知识方面，解决知识利用开发过程中传统部族的利益分享问题。最后以反不正当竞争法对以上保护给予补充。

第七章“‘一带一路’倡议下传统文化知识产权保护建议及启示”。在总结全文的基础上，结合现阶段“一带一路”倡议下传统文化保护的具体成果，给出关于构建“一带一路”传统文化知识产权保护体系的具体建议。

第一章
传统文化内涵的法律界定

传统文化并不是一个新的名词，但人们对其定位、法律概念、特征及区分等基本问题的认识并不清晰，特别是对传统文化存在的范围和形态没有形成统一的认识，正如博登海默所说，“如果我们试图摒弃概念，那么整个法律大厦将会化为灰烬”。本章从传统文化在相关概念中的定位入手，引导出法律意义上的“传统文化”，并解读其形态和范围，探讨传统文化的法律特征，划定作为本书研究对象的传统文化的边界。

第一节　传统文化的概念

世界各国都有自己的传统文化，从字面意思上看，传统文化意指传统的文化（Traditional Culture）。首先，“传统”（Tradition）一词来源于拉丁语“Tradito”，为“传承”之意，“传统”又与“现代”相对，是人们用来界定人类发展经验历程的一个定性的词语，它几乎可以覆盖和渗透人类发展的每一个时间点和活动领域，通过时间这一线索，人类的记忆和经验逐渐延长，人类通过普遍的经验行为，形成了典型的普遍行为模式，其中的优秀经验或模式得到大多数人的学习和沿用，形成广泛的基本规律，促进人类生活的进步，如以中国为代表的东方人习惯使用筷子，西方人中意刀叉的饮食行为模式。可以说“传统”就是人类历史行为的反应，具有显著的历史性和广泛性。其次，“传统文化”之核心在于“文化”。“文化”一词最早由古罗马哲学家西塞罗在《图斯库卢姆辩论》中首次使用拉丁文“cultura animi”定义，原意是“灵魂的耕耘”，由此逐渐衍生为生物在其发展过程中积累起跟自身生活相关的知识或经验，使其适应自然或周围的环境，是一群共同生活在相同自然环境及经济生产方式所形成的一种约定俗成潜意识的外在表现。随着西方人文科学的兴起，“文化”有了更多的内涵。英国“人类学之父”泰勒认为，文化是一个复杂的总体，包含知识、信仰、艺术、法律、道德、风俗以及作为一个社会成员所获得的所有能力和习惯。[①]这种相对狭义的定义，得到了大多数学者的认同和使用，如“文化是具有一个独有社会群体或民族的特征的艺术、习俗、生活方式、背景资料和习惯”。[②]当然也存在广义的文化观[③]，广义的文化观认为，文化是人类创造的物质财富和精神财富的总和，包含了一个国家或民族的历史、地理、风土人情、传统习俗、文学艺术、生活方式、思维方式、行为规范、价值观念等所有的总和。联合国教科文组织（UNESCO）发布的《文化多样性宣言》指出：“应把文化视为某个社会或某个社会群体特有的精神与物质、智力与情感方面的不同特点之综合；除了文学和艺术之外，文化还包括生活方式、共处的方式、价值

---

① “It is that complex whole which includes knowledge, belief, art, morals, law, custom and any other capabilities and habits acquired by man as a member of society.” Primitive Culture. By Tylor 1974, 1.

② “The arts, customs, lifestyles, background, and habits that characterize a particular society or nation” See 2013 September 7, “Farming as rocket science”, in The Economist, volume 408, number 8852.

③ “The beliefs, values, behavior and material objects that constitute a people's way of life.” 2012 March-April, Jan Sapp, “Race Finished”, in American Scientist, volume 100, number 2, page 164.

观体系、传统和信仰。”这种定义认为文化既包括世界观、人生观、价值观等具有意识形态性质的部分，又包括自然科学和技术，语言文字等非意识形态的部分。

笔者认为，文化实际上是对一个群体的存在方式及思想表现形式的描述。人们存在于自然中，同时也存在于时间中，时间是一个人或一群人存在于自然中的重要平台，社会、国家和民族（家族）是一个人或一群人存在于时间中的另一个重要平台，文化便是人们在这种存在过程中的语言或表述方式、交往或行为方式、意识或认知方式的体现。所以，从性质上看，文化具有很强的历时性。文化不仅用于描述外在行为，还包括一个群体的普遍的自我心灵意识和感知方式。从功利角度看，文化包括物质和精神两个方面，而不论是具体的物质表象，还是抽象的社会现象，都具有满足人类实际生活需要的作用。从社会学角度讲，人类行为产生的声音、图像和动作，可以构成一个具有特定内涵的符号体系，所以文化还可以看作有象征性的符号体系。美国人类学家C.吉尔兹这样说：所谓文化，即“人类为了传达关于生活的知识和态度，使之得到传承和发展而使用的、以象征符形式来表现的继承性的观念体系”。T.S.艾略特在《基督教与文化》一书中也把文化界定为：共同生活在同一地域的某个民族的生活方式。

对于传统文化（Traditional Cultural），也有表述为传统文化表达的说法（Traditional Cultural Expressions），笔者认为这是对传统文化的特殊保护的体现，此处的“表达”不同于传统知识产权中关于“表达”的理解，一项智慧成果应有能被他人客观感知的外在表达才有可能受到法律的保护，[①]传统文化“表

① 正如郑成思先生所说：“在我国的版权保护制度中，只有口述作品及尚未以乐谱固定下来的音乐作品（多处民间文学领域）不能被视觉所感知，可以说是无形的。”相关知识产权无形性的理解详见郑成思：《知识产权论》，法律出版社2003年版，第64—68页。

达”还应包括“口头表达”和“行为表达”。①这种使用不同表述的做法同样是为了特别权利立法和其他知识产权立法保护传统文化预留空间。鉴于汉语中通常使用“传统文化”一词,本书除引用外,均使用“传统文化”这一表述。

不同的学者和国际组织对传统文化的内含有不同的认识,徐万邦、祁庆富教授认为,传统文化是每个民族中历史上流传下来的文化,是每个民族的固有文化,传统文化既包括物质文化,也包括精神文化。②吴汉东教授认为,传统文化是传统部族基于世代传承,表明其身份特征而形成的精神遗产。③我国版权局 2014 年公布的《民间文学艺术作品著作权保护条例(征求意见稿)》中,称民间文学艺术作品是“指由特定的民族、族群或者社群内不特定成员集体创作和世代传承,并体现其传统观念和文化价值的文学艺术的表达”。④世界知识产权组织在知识产权与遗传资源、传统知识和民间文学艺术政府间委员会(ICG)的各项文件中频繁将传统文化表达(Traditional Cultural Expressions, TCEs)与民间文学艺术表达(Expressions of Folklore)交替使用,认为传统文化表达是包括音乐、舞蹈、艺术、设计、名称、标志和象征、表演、仪式、建筑形式、手工艺、故事或其他富有美感的或沿袭下来的表达,⑤鉴于 WIPO 的权威性,本书将传统文化表达与民间文

① 世界知识产权组织与联合国教科文组织共同制定的《保护民间文学艺术表达免于违法利用与其他损害行为的示范条款(1982)》中将 TCEs 划分为四种表达形态:口头表达(Verbal Expressions),如故事、诗歌和方言;音乐表达(Musical Expressions),如歌曲和乐曲;行为表达(Expressions by Action),如舞蹈、游戏和仪式;有形表达(Tangible Expressions),如图画、雕刻、陶艺、木艺、纺织、地毯、乐器和手工艺等;对前三种表达“无论是否固定记载于有形形式”均受保护。参见杨鸿:《传统文化表达的特别保护体制研究》,2006 年华东政法大学硕士论文,第 4 页。

② 徐万邦、祁庆富:《中国少数民族文化通论》,中央民族大学出版社 1996 年版,第 29 页。

③ 吴汉东:《论传统文化法律保护——以非物质文化遗产和传统文化表现形式为对象》,《中国法学》2010 年第 1 期。

④ 参见我国《民间文学艺术作品著作权保护条例(征求意见稿)》,第二条。

⑤ 原文是:“Traditional cultural expressions(TCEs), also called ‘expressions of folklore’, may include music, dance, art, designs, names, signs and symbols, performances, ceremonies, architectural forms, handicrafts and narratives, or many other artistic or cultural expressions.”更多信息见 http://www.wipo.int/tk/en/folklore/。在 2002 年后开始,世界知识产权组织主要采用 TCEs 这一术语。详见 WIPO/GRTKF/IC/3/9,2002。

学艺术(民间文学艺术表达)视为具有相同范围的传统文化形式。

如果一定要给传统文化下个定义,可以说传统文化是特定的民族或社会群体在长期的生产、生活中创造的,体现该民族或社会群体的身份特征和文化要素的,经过世代相传并处于不断发展的各种创造性成果。在知识产权语境下,可以说传统文化是由特定区域主体享有并世代相承的表明其独特价值的一切传统文学、艺术或科学作品,表演,发明,科学发现,外观设计,标志、名称,符号和其他信息。

第二节　传统文化的定位

关于传统文化的相关概念,如"文化遗产"(Heritage)、"传统知识"(Traditional Knowledge)、"传统文化"(Traditional Culture)、"民间文学艺术"(Folklore)等。在定义传统文化前,有必要探讨传统文化在这些术语中的定位,捋清它们的关系之后,传统文化的概念、特征及形态等问题就会清晰许多了。

关于文化遗产,根据联合国教科文组织1972年11月16日在法国巴黎通过的《保护世界文化和自然遗产公约》(Convention Concerning the Protection of the World Cultural and Natural Heritage),将世界遗产分为自然遗产、文化遗产和复合遗产三大类,自然遗产主要是自然面貌和自然区域,复合遗产是同时具备自然遗产与文化遗产两种条件者,因为在早期复合遗产的名单中,有先被登录为自然遗产或文化遗产,之后也被评价为另一种遗产,才成为复合遗产,我国黄山、峨眉山、乐山大佛及武夷山等都是被登录为复合遗产。由于这二者与传统文化联系较少,本书暂不赘述。文化遗产是指具有历史、艺术、科学等文化保存价值,并经政府机构或国际组织指定或登录的前人创造的文化和文化产物,联合国教科文组织认为,文化遗产包括：历史遗址如早期人类居住的洞穴以及具有突出的历史、艺术和科学价值的特征物；建筑遗址群，如人工独创或人工与自然力共创的建筑；具有突出历史、美学、民族学、人类学价值的考古遗址等。①世界遗产基金的界定与《保护世界文化和自然遗产公约》相一致，将文化遗产的界定集中在物理场所（physical sites of cultural heritage）和文化景观（cultural landscapes）等有形领域。②严格意义上讲，文化遗产可以分为“有形的文化遗产”和“无形的文化遗产”，前者（物质文化遗产）包括历史文物、历史建筑和人类文化遗址（如刻碑、雕塑、书法、绘画、铭文、洞窟、人类工程、自然与人联合工程及考古区域等），后者（非物质文化遗产）包括口头传说、表演艺术、社会风俗、礼仪、节庆、传统手工艺技能和有关自然界和宇宙的知识和实践。可见，文化遗产是传统文化的上位概念。

关于民间文学艺术，在中文里，《辞海》这么解释“民间文学”：指民间集体口头创作、口头流传，并在流传中不断有所修改、加工的文学形式。包括民歌、民谣、神话、传说、故事、歌谣、谜语、平话、谚语、说唱、戏曲等形式。③而《现代汉语大辞典》解释了“民间艺术”：劳动人民直接创造的或在劳动群众中广泛流传的艺术，包括音乐、舞蹈、造型艺术、工艺美术等。④将两种解释相结合则构成了汉语中的“民间文学艺术”的通常含义。在国际层面上，最早由英国考古学家威廉·汤姆斯（W.J. Thomas）提出“Folklore”一词，指

---

① See UNESCO, Convention for the Protection of the World Cultural and Natural Heritage, Nov. 16, 1972, art.11: “The following shall be considered as ‘cultural heritage’: monuments: ... cave dwellings and combinations of features which are of outstanding universal value from the point of view of history, art or science; groups of buildings sites: works of man or the combined works of nature and of man, and areas including archaeological sites which are of outstanding universal value from the historical, aesthetic, ethnological or anthropological points of view.”

② Lauren E. Godshall, Making Space for Indigenous Intellectual Property Rights Under Current International Environmental Law, 2003, 15, Geo. Int'l Envtl. L. Rev. 497.

③ 夏征农、陈至立主编：《辞海》（第六版），上海辞书出版社2010年版，第2729页。

④ 阮智富、郭忠新主编：《现代汉语大辞典》，上海辞书出版社2009年版，第2420页。

源自古代的大众传统或是大众文学，后得到广泛的使用。非洲产权组织1977年《班吉协定》用Folklore来指代传统部族全部文化产品和文化结晶：Folklore是指一切由非洲的部族团体所创作的、构成非洲文化遗产基础的、代代相传的文学、艺术、科学、宗教、技术等领域的传统表现形式与作品。其重要内容包括以下项目：一是口头或书面形式的文学作品；二是艺术风格、艺术产品（舞蹈、音乐等）、以手工或者其他方式制作的造型艺术品、装饰品、建筑艺术风格等；三是宗教传统仪式；四是传统教育的形式、传统体育、游戏、民间习俗等；五是科学知识以及作品（传统医药品及诊疗知识等）；六是技术知识及作品（冶金、纺织、农业等技术知识）。[①]联合国教科文组织1989年通过的《保护民间创作建议案》A项中也指出："民间创作（或传统文化）是指来自某一文化社区的全部创作，这些创作以传统为依据，由某一群体或一些个体所表达并被认为是符合社区期望的作为其文化和社会特性的表达形式；其准则和价值通过模仿或其他方式口头相传。它的行使包括：语言、文学、音乐、舞蹈、游戏、神话、礼仪、手工技艺、建筑风格及其他艺术。"[②]以上定义均为广义的民间文艺，这种定义几乎涵盖了传统部族的具有经济意义和财产意义的广泛文化产物，表现了强烈的民间文学艺术保护需求。而当今世界知识产权组织则从狭义的角度定义民间文学艺术（表达）：一国领土范围内的作者创造的代代相传的构成该国或地区传统文化遗产重要元素的一切文学、艺术和科学作品。[③]此种狭义的定义方式也为

---

① 非洲知识产权组织1977年《班吉协定》附件七第四十六条，转引自严永和：《论传统知识的知识产权保护》，法律出版社2006年版，第13—14页。

② 可见，民间文艺只是符合社区所期望的文化或社会特征表达形式的一部分，准确地说是具有文学或艺术表达因素的那部分，而不是全部。

③ All literary, artistic and scientific works created on national territory by authors presumed to be nationals of such countries or by ethnic communities, passed from generation to generation and constituting one of the basic elements of traditional cultural heritage. See Lauren E. Godshall, Making Space for Indigenous Intellectual Property Rights Under Current International Environmental Law, 2003, 15, Geo. Int'l Envtl. L. Rev. 497.

大多数国家和地区的法律所接受。①这个地方要注意的是，世界知识产权组织的有关报告使用的是“民间文学艺术表达(expressions of folklore)”，这种做法意在避免人们误解民间文学艺术只受版权法的保护，从而为专门立法和其他知识产权立法保护民间文学艺术预留了空间。②笔者认为“民间文学艺术”与“民间文学艺术表达”系同义词，不同的说法是出于各自立法宗旨与法律体系的不同罢了，学理上两者并无不同。综上所述，不论从狭义还是广义的角度讲，民间文学艺术的内容是属于传统文化的，传统文化是民间文学艺术的上位概念，民间文学艺术也是传统文化的重要内容。

传统知识至今仍未有普遍接受的定义，根据世界知识产权组织的说法，是指在一个社会共同体内持续发展并代代相传的知识、专有技术、技能和实践，通常成为该社会共同体部分文化和意识形态。③其“知识”含义强调的是人的智力活动过程。所以，基于传统之上的文学、艺术或科学作品、表演、发明、科学发现、设计、标记、名称和符号，未公开透露的信息和所有其他一切来自产业、科学、文学艺术领域内的智力活动产生的传统的创新和创造，都是传统知识的范畴。④传统知识包括传统技术性知识和民间文学

---

① 比如《突尼斯文学艺术保护法》(1994 年 2 月)，《多哥版权、民间文学艺术及领接权保护法》(1991 年 6 月)，《安哥拉作者权法》(1990 年 3 月)等，本书就不再赘述了，相关材料详见 Lauren E. Godshall, Making Space for Indigenous Intellectual Property Rights Under Current International Environmental Law, 2003, 15, Geo. Int'l Envtl. L. Rev. 497。

② WIPO 中文网站将“expressions of folklore”翻译为“民间文学艺术表现形式”。鉴于在版权保护的两分原则，作品的 expressions 是与作品的 idea 相对应的概念，为避免将 expressions 译为“表现形式”后，出现版权法不保护作品内容的误解，因而我国知识产权法学界主流观点认为翻译为“表达”更准确，表达是作品内容和作品表现形式的有机统一。参见郑成思：《版权法》，中国人民大学出版社 1997 年版，第 44 页。

③ Traditional knowledge(TK) is knowledge, know-how, skills and practices that are developed, sustained and passed on from generation to generation within a community, often forming part of its cultural or spiritual identity.

④ 参见 WIPO Intergovernmental Committee on IP and GR, TK and F, Sixth Session (Geneva, March 15 to 19, 2004), Revised version of TK policy and Legal Opinions, p.6。

艺术表达两个内容:传统技术性知识是传统语境下由人类智力活动创造出来的知识,包括专有技术、习惯、技能和发明。民间文学艺术表达由人类智力活动创造出来的具有独特象征性的传统文化表达。所以,广义地讲,传统知识在概念上包含了民间文学艺术的内容。但很多国际组织(如世界知识产权组织)更倾向于将传统知识与民间文学艺术的概念精细化分开讨论,世界知识产权组织的知识产权与遗传资源、传统知识和民间文学艺术政府间委员会的各项文件成果都严格地区分使用“传统知识”与“民间文学艺术”两个概念,笔者认为这更方便于国际组织对两者进行立法保护,同时也更加强调传统知识及民间文艺保护的重要性。[①]为了便于介绍后文中的国际及国内立法保护,本书也将传统知识与民间文学艺术区分看待。

另一方面,传统文化与传统知识的关系:“传统”一词意味着世代传承,并与特定族群和地理区域相联系,随着环境的变化而逐渐演化的动态,这是二者共同的特性,相比较而言,“文化”则更加强调了传承,即世代相传的涵义,“知识”便强调的是人的智力活动过程。即传统文化是特定群体表明其独特价值的传统文学、艺术或科学作品,表演,发明,科学发现,外观设计,标志、名称,符号及其他信息,强调群体性及世代传承的性质;传统知识则是基于传统之上的,来自产业、科学、文学艺术领域内的智力活动产生的传统的创新和创造。可见,二者虽然是不同的表述,但所涉领域和具体内容方面都是相同或相似的,二者都是人类长时间活动的经验积累,要严格

① 如知识产权与遗传资源、传统知识和民间文学艺术政府间委员会第六次会议(2004 年 3 月在日内瓦召开)文件《传统知识政策和法律选择修订本》第 6 段、第 58 段,参见:The Secretariat of WIPO, Revised Version of Traditional Knowledge Policy and Legal Options, Intergovernmental Committee on Intellectual Property and Genetic Resources, Traditional Knowledge and Folklore, Sixth Session (Geneva, March 15 to 19, 2004), paragraph 6, 58。转引自严永和:《论传统知识的知识产权保护》,法律出版社 2006 年版,第 16—17 页。

区分两者的范围恐怕是困难的，可以说二者在绝大部分领域都存在较多内容的重合。

根据上述，“文化遗产”（Heritage）、“传统知识”（Traditional Knowledge）、“民间文学艺术”（Folklore）在内容和范围上并不一致，狭义上的文化遗产是上位概念，传统文化属于非物质的文化遗产，即无形的文化遗产一类。传统知识与传统文化也是不相同的概念，侠义的民间文学艺术是传统文化的一部分。传统知识和民间文学艺术也是相互区分的，在范围上二者可能会有交叉，但二者都向着各自精确化的概念逐渐演变。

第三节　传统文化的分类

传统文化的内容十分丰富，不同的地理、人文、历史环境都与传统文化的形成息息相关，决定了传统文化的风格，形成了世界各地丰富多彩的具有鲜明特征的传统文化，培育并滋润出独特的传统文化形式，使得传统文化呈现出不同的表现方式。

从通俗的角度看，传统文化主要包括民间文学艺术、传统工艺以及民间民俗三大类，其中，民间文学艺术则是人们在生产生活中直接创造的或在民间得以广泛流传的艺术。包括民间音乐、民间舞蹈、民间曲艺、民间美术、语言文字、戏曲和杂技等等。民间传统工艺是一个复杂的整体，涉及的领域众多，具体包括绘画、雕塑、木偶、皮影、剪纸、传统工艺、美术制作技艺，以及与上述有关的具有代表性的原始资料、实物、建筑和场所，等等。传统习俗是指人们在生活实践中逐渐形成的，从历史沿袭而巩固下来的，具有稳定的社会风俗和行为习俗，并且同民族情绪和社会心理紧密地相合，已经成了人们自觉或不自觉的行为准则。

传统文化的分类方式有很多种，从地区或地理位置可划分为亚洲、欧洲、非洲等传统文化，按时间可划分为：远古、原始、文明史等，按照其存在形式可划分为：物质与非物质。下文介绍两种分类方式。

一、世界知识产权组织(以下简称 WIPO)的分类

前文中讲到，世界知识产权组织（以下简称 WIPO）是保护传统文化的重要倡导者和组织者，它在《保护传统文化草案》中将传统文化表达划分为四大类。

（一）语言表达(Verbal Expressions)

语言是人类特有的一种符号系统，人类通过这个系统来表达事物、动作、思想和状态。当语言作用于文化时，就成为了文化信息的载体。人们通过各种语言、文字或符号等语言载体表达该民族或特定社会群体的文化品质或文化遗产特征，表达传统文化的语言载体包括“民间故事、史诗、传说、诗歌、谜语及其他叙述；文字、标记、名称和其他符号”。[①]《保护传统文化草案》的分类结果借鉴了《1982 年示范条款》的规定，但比后者更为完善。增加了语言表达中“文字、标记、名称和其他符号”这样的识别性标记，范围比《1982 年示范条款》更加广泛，按照《保护传统文化草案》的说法，各种文字（特别是少数民族文字或土著文字）、标记（如代表土著部落身份的标志物）、名称（如印第安部落名称）和其他符号，只要能体现特定社会群体的文化和社会特征或文化遗产特性，就属于该草案中所说的传统文化的范畴。

---

① WIPO, “The Protection of Traditional Cultural Expressions/Expressions of Folklore: Draft Objectives and Principles.” (WIPO/GRTKF/IC/10/4ANEX), published on October 2, 2006, p.11.

(二) 音乐表达(Musical Expressions)

音乐也是符号，是一种声音符号，承载人类的思想，表达一定的内涵，音乐可以用乐谱描述，透过歌唱或者乐器演奏，人们通过演唱或者演奏的带词或者不带词的民歌和器乐等表达他们独特的文化内涵。音乐表达通常分为乐曲和乐谱。乐曲是将高低、强弱、长短不同的声音按一定规律独创性的有机组合，因而音乐被称为“音的艺术”。旋律、节奏、和声是民歌和器乐的主要表现手段。乐谱是指将乐曲以特定符号予以记载而形成的固定表达，带词或不带词均可，通常以五线谱和简谱两种形式表现。音乐表达是否被固定在特定载体上并不是受保护的要件。①

我国地域广阔，民族繁多，各地民间音乐素材非常丰富，且历史十分悠久，先秦时期，礼乐制度就被赋予维系社会秩序的功能。中国传统思想理论中，音乐与人心情感建的关系受到很大重视，尤其是儒家思想认为音乐对人的教化启迪作用，在《诗经》《礼记·乐记》等作品中均可了解到。《吴越春秋》中保存着一首据称是中国最古老的民歌《弹歌》：“断竹，续竹，飞土，逐肉。”意思是削竹为弓，飞奔猎兽。我国第一部诗歌总集——《诗经》中收录的多首“国风”中，绝大多数是那时北方十五个地区的“山野村夫”所唱的民歌，如《伐檀》《硕鼠》《式微》《将仲子》等，不但具有高度的思想性，同时也具有卓越的艺术成就。之后的《楚辞》、汉乐府、唐曲子直到明清小曲，都有许多源于民歌，有许多本身就是民歌。②民歌一直自然地生长在民间，与民众的实际生活过程和劳作过程紧密联系，产生了许多鲜明生动的民歌种类，如南方的各种山歌、盘歌、采茶歌、船夫号子、盖新房歌，北方的山曲、

---

① 参见《保护民间文学艺术表达免于违法利用与其他损害行为的示范条款(1982)》，第二条，http://www.wipo.int/tk/en/documents/pdf/1982-folklore-model-provisions.pdf，April，2006.

② 王毅：《中国民间艺术论》，山西教育出版社 2000 年版，第 161 页。

信天游、走西口等。

（三）动作表达（Expressions by Action）

动作是人类有一定目的和动机，通过五官位置的变化（即表情变化）、肢体位置的变化（即动作变化）和所处环境相对位置的变化（即运动距离的变化）等指定一定客体的整体运动系统，人们通过行为、表情或姿态等一系列技能动作来体现该特定社会群体文化品质或文化遗产特性，“如民间舞蹈、戏剧、典礼、仪式及其他表演，无论是否具有物质载体”。[①]对舞蹈本质的解释，有诸多不同观点。柏拉图说它是“以手势讲话”的艺术，亚里士多德说它是“借姿态的节奏来模仿人的各种性格、感受和行动”，美国艺术理论家认为“舞蹈是动态形象”，我国学者一般认为舞蹈是于三度空间中以身体为语言作“心智交流”现象之人体的运动表达艺术，包含有舞蹈表情、舞蹈节奏、舞蹈构图三个基本要素。民间舞蹈不是指现场表演的舞蹈本身，而是指舞蹈的动作设计或基本程式，这种设计可以是书面舞谱，也可以是以其他形式如录音、录像固定下来，但是否被固定不是保护的要件。戏剧是指集文学、造型艺术、音乐、舞蹈等多种艺术表现手段于一体的综合艺术形式。准确地说是演员将某个故事或情景，以对话、歌唱或动作等方式表演出来的艺术，有“演员”、“故事（情境）”、“舞台（表演场地）”和“观众”四个元素。亚里士多德在《诗学》中将戏剧的本质概括为“是对人的行动的模仿”，印度的第一部戏剧理论著作《舞论》也认为“戏剧就是模仿”，它是“语言、形体动作和内心的表演”。戏剧包含话剧、戏曲、歌剧、舞剧、哑剧等艺术形式。曲艺可以说是中国独有的一种民间艺术形式，被视为中华民族艺术之

---

① WIPO, “The Protection of Traditional Cultural Expressions/Expressions of Folklore: Draft Objectives and Principles.” (WIPO/GRTKF/IC/10/4ANEX), published on October 2, 2006, p.11.

林中的瑰宝。我国《著作权法实施条例》第四条将“曲艺作品”定义为“相声、快书、大鼓、评书等以说唱为主要形式表演的作品”。曲艺以说、唱、演、评、噱等艺术手法，以“一人多角”(一个曲艺演员可以模仿多种人物)的方式，把形形色色的人物和各种各样的故事表演出来，告诉给听众，使听众享受到如闻其声，如见其人，如临其境的艺术美感，可以说曲艺是诉诸人们听觉的艺术。据不完全统计，至今活在中国民间的各族曲艺曲种有400多个，如相声、评书、评话、大鼓、花鼓、快书、板书、琴书、弹词、时调、小曲等。400多个曲种各自独立存在，自有其个性。同一个曲种也因为表演者各有所长，而形成了不同的艺术流派，即使是同一流派，也因为表演者的差异各有特色，这就形成曲坛上百花争艳的繁荣景象。可见，民间戏剧和曲艺是言语表达、音乐表达和动作表达的集合体。

(四) 有形表达(Tangible Expressions)

Tangible Expressions 也有学者将其译为“物态表达”。所谓有形表达，是指将体现特定社会群体文化品质或文化遗产特性的艺术固定在有形物质的载体上，“如艺术品，尤其是素描、绘画、油画包括人体画、雕刻、雕塑、陶器、镶嵌、木器、金属器皿、珠宝、编织、刺绣、纺织、玻璃器皿、制毯、服装、手工艺品、乐器和建筑风格等”。[①]劳动人民为了生产或生活的需要和审美需要，就地取材，以特定工艺技巧制作出来的艺术品。它通常又可分为三类：一是仅具有审美作用的年画、版画、剪纸、泥塑、木雕等有形表现形式；二是依附在有实用价值的物品、建筑、宗教器具上的具有审美艺术价值的有形表达，如建筑物上的雕塑或绘画、神像等；三是既有实用价值，又有

① WIPO, “The Protection of Traditional Cultural Expressions /Expressions of Folklore: Draft Objectives and Principles.” (WIPO/GRTKF/IC/10/4ANEX), published on October 2, 2006, p.11.

审美用途的独立存在的物质表现形式，如各种实用工艺品、服装、木器、编织、纺织、玻璃器皿、制毯等。传统文化的有形表达，是传统文化的物质化形式，是传统文化的形象化载体和生动展示。①

二、符号学上的分类

在人类的认知体系中，符号是具有一定意义的意象，可以是图形图像、文字组合，也可以是声音信号、建筑造型，甚至可以是一种思想文化、一个时代人物。例如在数学中"＝"是等价符号，"紫禁城"是我国古代皇权的象征。语言学家索绪尔在《普通语言学教程》中将"符号"界定为能指和所指，②英国学者特伦斯·霍克斯认为"任何事物只要它独立存在，并和另一事物有联系，而且可以被'解释'，那么它的功能就是符号。"③麦克卢汉提出，信息是符号和意义的统一体，符号是信息的外在形式或物质载体。总而言之，符号的功能是携带和传达意义。英国人类学家埃德蒙·利奇（Edmund Leach）在《文化与交流》④一书中，把文化作为人类传达与交流信息的体系来看待，认为人类文化就是各种传达信息的体系，人类行为的意义

---

① 值得一提的是，我国2014年发布的《民间文学艺术作品著作权保护条例（意见征求稿）》中，也是参考WIPO的做法，采用了类似的分类方法：第二条，民间文学艺术作品包括但不限于以下类型：（一）民间故事、传说、诗歌、歌谣、谚语等以言语或者文字形式表达的作品；（二）民间歌曲、器乐等以音乐形式表达的作品；（三）民间舞蹈、歌舞、戏曲、曲艺等以动作、姿势、表情等形式表达的作品；（四）民间绘画、图案、雕塑、造型、建筑等以平面或者立体形式表达的作品。首先，"语言或文字表达"类型中并没有列明"标记、名称和其他符号"，而且我国这一征求稿更加倾向于将传统文化或民间文学艺术进行"作品"类型来保护，并没有强调"不论是否可以固定"的要件。其次，第一类中的语言或者文字表达包括了歌谣，而第二类中的音乐表达又包括了歌曲，笔者认为这样的分类存在模糊性，二者存在部分重合，语言表达的核心在于其承载的具体信息所表达的事物、动作、思想和状态，而音乐表达是通过具有美感的高低、强弱和长短的声音来表达一定的思想。所以，严格上讲，歌谣是属于音乐表达一类的。

② 郭庆光：《传播学教程·第二版》，中国人民大学出版社2011年版，第35页。

③ ［英］特伦斯·霍克斯：《结构主义与符号学》，瞿铁鹏译，上海译文出版社1987年版，第132页。

④ Edmund Leach, Culture and Communication—An Introduction to the use of structuralist anlysis in socal anthropology, Cambring University Press, 1976.中文译本《文化与交流》，卢德平译，华夏出版社1991年版。

就在于它使各种传达得以实现。而象征性的“符号”是文化传承的最基本运载工具和手段，人类正是通过创造各种“符号”来表达对客观世界的认知。传统文化体系也正是由社会的象征性的符号，如语言及其结构、事物及人物的称谓、事物或社会关系的表述形式、神话及社会文化中的标志、宗教意识等表现出来的。

（一）声音符号

符号学研究的是语言交际和非语言交际，也研究人类文化行为规范构成表义形式的途径。声音在物理上是由于物体震动而产生的一种波动，如说话、唱歌、演奏乐器等发出的声音。在传统文化中，地方语言的声音可以是声音符号，音乐中的歌唱、乐器演奏等发出的声音可以是声音符号，甚至是对民间故事、诗歌、传说等的表达而发出的连续的声音合集，也可以是声音符号。可以这样说，“声音符号”总是承载和传播着一定的信息，是传统社区中的群体在长期生产生活中创造出象征该社区群体身份和文化要素的不断传承的声音系统。其中，语言是最重要、最基本，也是最复杂的声音系统。我国是一个多民族、多语言国家，从语言的系属来看，我国56个民族使用的语言分别属于五大语系：汉藏语系、阿尔泰语系、南岛语系、南亚语系和印欧语系。其中，汉藏语系分为汉语和藏缅、苗瑶、壮侗三个语族，包括藏、嘉戎、门巴、仓拉、珞巴、羌、普米、独龙、景颇、彝、傈僳、哈尼、拉祜、白、纳西、基诺、怒苏、阿侬、柔若、土家、载瓦、阿昌、苗、布努、勉、壮、布依、傣、侗、水、仫佬、毛南、拉珈、黎、仡佬等语言。阿尔泰语系分为蒙古、突厥、满—通古斯三个语族，包括蒙古、达斡尔、东乡、东部裕固、土、保安、维吾尔、哈萨克、柯尔克孜、乌孜别克、塔塔尔、撒拉、西部裕固、图佤、满、锡伯、赫哲、鄂温克、鄂伦春等语言。属于南岛语系的是高山族诸语言，还有回族的回辉话。属于南亚语系孟高棉语族的有佤、德昂、布朗、克木等语言。属于印欧语系的是属斯拉夫语族的俄语和属伊朗语族的塔吉克语。有些语言的系属尚未取得统一意见，如朝鲜语、京语等。[①]民族语言在民族文化传承中起着至关重要的作用。

（二）图像符号

图像作为一种视觉符号，是人类对视觉感知的物质再现，可以说是人与人沟通的视觉语言，传统文化中的图像符号包括了文字、绘画、立体雕塑和建筑[②]等反映族群文化与历史的图像文化。其中，最基本图像符号是文字，在我国，少数民族在历史上创造过不少民族古文字，中华人民共和国成立前，有21个少数民族有自己的文字（包括通用汉字的回族、满族、畲族三个民族）。文字的体系，有比较原始的象形表意文字，有音节文字，有字母文字。字母的形式，有藏文字母、朝鲜文字母、回鹘文字母、傣文字母、阿拉伯字母、拉丁字母、斯拉夫字母等。其中，有的民族使用几种文字，如傣族使用四种文字，蒙古族使用两种文字。有的民族文字是作为本民族的交际工具使用，有的文字仅限于宗教活动使用，如水族的“水书”。有的民族以汉字为本民族通用文字；有的民族以近代所创的拉丁字母为文字；壮族和侗族使用过以汉字拼音的“土俗字”，白族有过借汉字表音的“白文”。各种文字符号不仅有着交际工具的功能，还反映出各自传统文化发展变化的历史文化轨迹。

（三）动作符号

如前所述，人类通过五官位置（表情）、肢体位置（动作）和所处相对位置（距离）等的一整套变化，用以表达一定的目的和信息。动作符号其实就

---

① 参见中华人民共和国教育部文献：《中国语言文字概况》，http://www.moe.gov.cn/jyb_sjzl/s5990/201903/t20190311_372965.html。

② 如白族的本主庙、巍山彝族的土主庙、傣族和藏族的佛寺、回族的清真寺等都是信仰与崇拜之物，侗族的鼓楼是象征侗寨的标志等。

是人类以身体为语言作“心智交流”现象的人体运动，包括舞蹈、社交、求偶、祭祀、礼仪等多方面意义的内容。值得注意的是，“符号”的目的是用以传递一定的信息，没有体现主观目的和载有一定的信息的动作不能成为“动作符号”，比如打哈欠、膝跳反射等生理反应和条件反射并无主观上的目的和内容。同时，人在动作过程中通常伴有音乐、语言、道具等其他符号内容，如我国传统文艺中的相声、打鼓、评书等，不仅需要语言的描述，和动作的表达，还要有音乐、服装、道具等加以衬托，让人心生联想而产生美感。

三、文化学上的分类

传统汉语中，文化其实就是“人文教化”，传统文化就是指传统的人文教化，从这个意义上说，传统文化的前提是“人”，先有人才有文化，“文”是基础和工具，包括语言或文字等，所以只有人类社会才会有传统文化。

从文化学角度讲，文化实际上主要包括器物（物质文化）、制度（制度文化）和观念（精神文化）三个方面，具体包括语言、习俗、思想等，客观地说文化就是社会价值系统的总合。所以，传统文化从文化学上，可由物质文化、制度文化和精神文化三个层次组成。①

第一个层次——“器物层次”，是人类为了克服自然或适应自然，根据自然环境和自身的认识，创造了能体现特定社会群体文化品质或文化遗产特性的物质文化，简单地说就是衣食住行所必需的工具。这个层次与上文提到的 WIPO 分类中的有形表达很类似，但不包括具有艺术审美价值的“器物”，仅具有实用功能。

第二个层次——“制度层次”，为了与他人和谐相处，人类创造出制度

① 关于“三层次说”，参见《有关文化的 100 个素养》，杨明华编著，驿站文化 2009 年版。

文化，即道德伦理、社会规范、社会制度、典章律法、风俗习惯等。[①]人类借助这些社会群体与文化行动，构成复杂的人类社会。这个层次的传统文化更多的是体现一定的世界观和价值观，上文WIPO的分类中并没有将此种传统文化加入进去。

第三个层次——“理念层次”，人类为了克服自己在感情、心理上的焦虑和不安，创造出精神文化。比如艺术、戏剧、音乐、文学、宗教信仰等。人类借助这些表达方式获得满足与安慰，维持自我的平衡与完整。这个层次的传统文化内容上比较广泛，包括了上文中WIPO分类中的语言、音乐、动作和有形表达所有内容。

第四节　传统文化的特征

意义是人对客观事物的主观理解和解释，是人给对象事物赋予的含义。奥地利心理学家A.阿德勒(Alfred Adler)在谈及生活的意义时指出：“人类生活在‘意义’领域之中，我们所经验到的，并不是单纯的环境，而是环境对人类的重要性。即使是对环境中最单纯的事物，人类的经验也是以人类的目的来加以衡量的。‘木头’指的是‘与人类有关系的木头’，‘石头’的意思是‘能作为人类生活因素之一的石头’。假如有哪一个人想脱离意义的范畴而使自己生活于单纯的环境之中，那么他一定非常不幸：他将自绝于他人，他的举动对自己或者别人都丝毫不起作用，总之，它们都是没有意义的。我们一直是以我们赋予现实的意义来感受它，我们所感受的，不是现实本身，而是它们经过解释后的产物。因此，我们可以顺理成章地说：

① 当然，自然界中其他生物也会有类似的制度存在，只是相对比较低级。

这些意义多多少少总是不完全的，它们甚至是不会完全正确的。意义的领域即是充满了错误的领域。”①人类的文化其实就是一种意义体系，是人们对自然界和社会界直接感受并对这种感觉和自身的关系积极思维的结果。一个事物的存在和发生对大多数人造成影响的那部分重要性形成社会的文化(或文化观念)，传统文化之所以能反映该社群的特殊“精神”，并世世代代得以传承，其意义在于“造成影响的那部分重要性”，也就是其特殊性。

一、传统性

与传统文化相对应和参照的现代文化，通常指工业社会以来新产生的文化，是人类在现今的生活方式、科技水平下形成的新型思想理念、道德标准、行为准则等的汇集。相比之下，传统文化则是在其产生、发展及运用等方面带有鲜明的传统特征，基本上是为了满足社会群体自身生产生活需要而创造产生并维系下来的，与创造群体的生活密切相关。传统文化的产生、创新以及表达通常不是通过正规的、制度化的方式而主要依靠口头方式代代相传，意味着文化的创造和传承都渗透着整个社会群体的智慧。可以说，在应对社会环境变化挑战的过程中，传统社群或其成员在传承各种传统的同时也在不断创造着传统文化，而且大多数传统文化是未被文献化或是约定俗成的，它们基于传统的信仰、准则和实践，经历了成百上千年的、以家族为单位的尝试，探索，成功和失败，并通过口传心教而世代延续至今，成为了历经数代人的试验和尝试而达成的成就，包含着超过任何个人所能拥有的丰富经验。从时间维度上讲，传统与现代(或近代)之间存在某个时间鸿沟，“传统”意味着历时性和广泛性，正如前文说道，人类以时间

① [奥]A.阿德勒：《自卑与超越》，黄光国译，作家出版社1986年版，第7页。

为界定人类经验变化传承的线索记录或者回忆一切行为经验的运用与超越。由于人类发生的一切经验随着时间的流逝不断变化，因而其经验表现出极大的历时性。

二、群体性

传统文化来源于群体，是特定集体（民族或社会群体）的智慧结晶。文化的产生离不开人类群体，人类的基本属性是社会的，当人类以社会为基础时，文化其实就已经产生了。随着社会的发展，形成不同的人类群体，部落随之产生，不同的自然环境和社会物质导致各部落文化差异越来越大，经过各个群体的不断创造、传承和完善，形成了人类社会丰富多彩的传统文化。所以，传统文化不仅内容上表现出群体性，创造主体也具有群体性：一方面，既可以是整个群体在共同的生活和长期劳动中，通过融合他们独有的历史、风俗习惯、宗教信仰、道德观念等，表达该群体的共同意志、情感、愿望和价值观念，并由该群体共同学习、保存和运用。同时，也可以是由个人完成某一具体创作，然后在广大民众的流传中进行加工和完善，渐渐成为脍炙人口的普遍文化形式，一旦形成，便成为了一种习惯，在更加广泛的环境中流动，整个流动的过程都是对这一文化形式的再加工和再创造的过程。正如民俗学家钟敬文所说："民俗在刚刚形成时，结构和内容往往比较简单，而在以后的漫长历史发展过程中，则会变得越来越复杂，越来越丰富，这正是集体再加工的结果。"①另一方面，传统文化在长期的历史传承中，整个群体都参与到了该文化表现形式的创作、修改、完善和加工过程，以体现他们的整体风格，在文化的整个传承过程中都体现着群体性。正如日本

---

① 钟敬文主编：《民俗学概论》，上海文艺出版社 1998 年版，第 12 页。转引自张耕：《民间文学艺术的知识产权保护研究》，西南政法大学博士学位论文 2007 年。

田村善之教授把土著居民的文化概括为三个方面:权利的集体性、文化生存的土地集体性和土著文化非独占性。简而言之,传统文化具有群体性(或者说集体性),这与传统知识产权中强调权利的个体归属性是不一样的。

也有个人主义观点认为,"法律确认传统文化知识产权的所有人为社区群体,实际上就是对社区成员习惯法上的权利的一种剥夺","导致传统社会集体创新机制瓦解的一个重要原因是私有制观念的急剧膨胀","传统文化创新过程中起到关键作用的活跃分子实际上已经被从该社会集体创新的体系中剥离出来,这一剥离行为的后果最终导致集体创作体系的逐步瓦解","全球化的过程中,绝大部分传统社区都被逐步接受这种不逆转的私有化趋势"。①

笔者认为,从总体上看,传统文化的形成和发展不是靠单个成员的智力与灵感完成的,而是由其所在的群体甚至是相关联的多个群体在长期的生产生活实践中共同完成的,是在群体经验的基础上形成的。传统文化与相关群体的历史背景、宗教信仰、道德观念等相互关联、相辅相成,并由该群体成员自然承袭。一些传统文化能够通过有形载体或者约定俗成的固定表达来表现,但却没有任何单个的成员能对其主张"创造者的权利"。②所以,虽然传统文化的主体是不特定的,③我们只是无法得知最初创造或者再

① 崔国斌:《传统知识保护的困境》,载 http://www.lawyerwu.com/data/2005/1013/article_1172.htm.2006-03-08。

② 唐广良:《遗传资源、传统知识及民间文学艺术表达国际保护概述》,郑成思主编:《知识产权文丛》第 8 卷,中国方正出版社 2002 年版,第 54—57 页。

③ 值得一提的是,《保护文学艺术作品伯尔尼公约》第十五条第四款规定,涉及作者不明的未出版作品而有各种证据表明其为本联盟一成员国国民时,该国有权通过本国立法制定适当的机构作为作者代表之,以便在本联盟所有成员国保护并行使其权利。该条款仅仅规定了匿名且未出版的作品的版权保护与行使,此处的"匿名"是指"作者不明确",但可以确定的是哪个不明确的人是特定的,并不是没有特定的作者,而传统文化(民间文学艺术)的作者是不特定的人,所以,该条款对传统文化(民间文学艺术)的保护是没有意义的只不过是为起源国规定了依法指定"作者"的权利。转引自唐广良:《遗传资源、传统知识及民间文学艺术表达国际保护概述》,郑成思主编:《知识产权文丛》第 8 卷,中国方正出版社 2002 年版,第 61—62 页。

加工出这种普遍的传统文化表现形式的具体作者是哪些或哪一个，所以我们应当将该群体视为创造主体，强调其群体性质，使其得到更多的广泛的保护，确保平等性。①

三、非物质性

前文说到，传统文化是文化遗产的一部分，传统文化的非物质性是指传统文化作为智力成果本身，其信息是无形的，但传统文化的表现形式既可以是有形的物质载体，也可以是无形的。正如知识产权强调的无形性一样，物质载体并不等于物质载体所承载的客体，作为一种无形的财产，其物质载体仅代表有形物本身，并不能和所承载的无形财产相提并论，二者应当分离看待，知识产权正是通过保护有形载体来保护无形的智力成果的。但传统文化不同的是，传统文化有固定在物质载体上的表现形式，如素描、油画、雕刻、雕塑、陶器、木器、镶嵌、金属器皿、珠宝、编织、刺绣、纺织、玻璃器皿、制毯、服饰、乐器等有形表达，它们当中有的可能只具有实用功能，以满足人类生活和劳作的基本需要，有的则具有审美艺术价值，以提高人类生活质量水平，改善生活方式。也有传统文化（大部分）是没有固定或者无法固定在有形物质载体上的，如民间故事、传说、诗歌、谜语、民歌、民谣、舞蹈、戏剧、典礼、仪式、相声、快书、大鼓、评书等。在传统的民间活动中，有形和无形的表现形式通常同时出现，比如在一个传统的典礼当中，会有穿着传统服饰的人伴着传统乐器的声音唱歌跳舞，朗诵诗歌。所以，传统文化的有形元素（服饰、乐器、手工艺品等）和无形元素（音乐、歌曲、诗歌、舞蹈等）是不可分离的。世界知识产权组织的《保护传统文化草案》中也认为

---

① 如：我国《民间文学艺术作品著作权保护条例（征求意见稿）》第五条就规定：民间文学艺术作品的著作权属于特定的民族、族群或者社群。

传统文化可以是有形的表达，也可以是无形的表达，或者是二者的结合，关于语言表达、音乐表达和动作表达，不论其是否固定记载于有形形式，均受保护。①传统文化同时含有有形和无形的成分，二者天然是在一起的，只是人为地把它们进行划分罢了，正如学者所说，有形的表达是“躯体”，无形的表达则是“灵魂”，二者相结合成为一个整体。

也有的学者认为，传统文化(民间文学艺术)应当与“作品”作严格区分，可以称为“作品”的表达均属于现代知识的范畴，可享受现代著作权法的保护，而无需加以特别讨论，只有那些无法被视为作品从而根本不可能享受著作权法保护的要素才是真正需要特别立法加以保护的对象。所以传统文化(或民间文学艺术)是指那些尚未固定在任何有形载体上，但可以通过多种或多件有形的艺术品，或者人的动作、行为、语言加以表达的信息。具有特定信息特征且已经形成固定形式的有形物，或者记载相关信息的载体，均不再是传统文化(或民间文学艺术)本身，而只是具有传统文化特征的物品或作品载体。②笔者认为这种观点是片面的，虽然可以用传统著作权法中的“作品”来保护传统文化中的有形表达部分，用其他特殊立法来保护无形表达部分，但传统文化不仅有有形的表达，更多的是无形的表达，也有可能是二者相结合，忽视任何一种都会带来保护的缺失，不仅不能体现传统文化与著作权法中的“作品”的区别，还可能导致法律保护的缺失，不利于权利人主张权利(特别是传统文化权利主体的群体性)。

---

① WIPO, “The Protection of Traditional Cultural Expressions/Expressions of Folklore: Draft Objectives and Principles.”(WIPO/GRTKF/IC/10/4ANEX), published on October 2, 2006, p.11.

② 唐广良:《遗传资源、传统知识及民间文学艺术表达国际保护概述》,郑成思主编:《知识产权文丛》第8卷,中国方正出版社2002年版,第60—61页。

四、传承演变性

传统文化并非一朝一夕形成，而是经过数代人在生产、生活的实践中，逐步积累、总结和完善而形成的精神财富，其形成过程是渐进且漫长的，与某一时代的特有制度、环境和气候等密切相关。传统文化作为一个群体长期连续生活和劳作并世代相传的整体成果，并不是一成不变的，随着时代和社会生活的变迁，也在为适应自然环境和社会结构不断变化和发展，它的存在形式也是在流动和进化的。传统文化经过世代相传、时代延续逐步形成，每一个历史时期的人们在对文化的继承基础上，都会融入本代人的独立意志和再创造痕迹，使其既具有前一历史时期的基本文化形态，又具有本历史时期特有的文化风格，因而体现出其在传承中的不断演变性质。也有的学者认为传统文化是永远不可能"完成"的，因为这种艺术或民俗处于不断地发展过程中，是一种永远不可能"完成"的创作。①因此，对传统文化的保护不应设置期限，应无限期地加以保护。

关于文化的演变理论，理查德·道金斯创造了一个新词：模因(Meme)，将文化传承的过程，类比成生物学中的演化规则——文化基因。模因包括广泛的宗教、新闻、知识、观念、习惯、习俗甚至口号、谚语、语言、文字、笑话，模因也像生物进化一样，经过复制或模仿、变异与选择的过程而演化。经过复制(模仿)的观念并不会与原来的观念完全相同，因此产生变异。这些相似但是有所不同的观念，则在散布时相互竞争，特别是在信息传递较发达的时代，普通大众对内容的关切度影响其散布范围、存续时间长短，因此出现类似生物进化的"物竞天择"的现象。②传统文化本身会受

① 唐广良：《遗传资源、传统知识及民间文学艺术表达国际保护概述》，郑成思主编：《知识产权文丛》第8卷，中国方正出版社2002年版，第60—61页。

② [英]理查德·道金斯：《自私的基因》，卢允中等译，吉林人民出版社1998年版，卢允中译，第66页。

到支持和反对的两方面力量的影响，这些力量与社会结构及自然事件有关，也和现有社会结构中的一些概念和实务有关，所有这些都是传统文化演变中的一部分。传统文化是相互关系的整体，因此呈现出一体化的趋势。

我国地域辽阔，传统文化历史十分悠久，在历史的长河中受各种因素的影响，仍能保存下来，说明与其他外域文化相比，具有更加顽强的生命力和应变能力。正如英国历史学家所说，在近 6 000 年的人类历史上，出现过 26 种文化形态，只有中国传统文化体系长期延续发展而从未中断过。历史上曾经一度辉煌的印度文化、古希腊文化、古罗马文化等，都因战争或其他重大社会变革而中断或异化。而中国的中原传统汉族文化经过契丹族、女真族、蒙古族和满族的文化入侵，却能依然保存自己传统文化的稳定传承，相反，征服者的文化被同化和融合了。①正是由于这种长时间的稳定传承和演变，才产生了中国当下如此丰富多彩的传统文化。

五、地域性

“文化具有民族性、区域性，而社会阶级文化则植根于一个地区及其民族的特定历史之中。”②文化始于原始部落人类在耕耘土地，照料饲养的动物，穿衣，关心保护朋友，祭祀祖先等社会活动中的各种风俗，通过心口相传的方式流传于本部落中，由于民族或者部落的区域性，造成文化的区域性，甚至是同一民族聚居地在文化上也会有较大的差异。本身就是典型的区域性生产生活方式。这种地域性可以用地方语言所表现的艺术来说明，“山东梆子、河北梆子、河南坠子、天津快板、山东快书、凤阳花鼓、东北二人

① 朱耀廷主编：《中国传统文化通论》，北京大学出版社 2005 年版，第 7—8 页。
② ［英］伯尼斯·马丁：《当代社会与文化艺术》，李中泽译，四川人民出版社 2000 年版，第 2 页。

转、信天游等民间戏曲、曲艺、歌舞，如果不用方言来表演，则韵味全失，面目全非，千变万化不离其地方口语这个言语母型”。①

我国的整体传统文化当中，少数民族的文化资源占中国传统文化资源的90%以上，因而，我们对传统文化的保护尤其是传统文化产权制度的设定，应着重考虑少数民族的保护。

六、公开性

传统文化既然是文化，那么就具有文化的共性。任何文化都具有传播和交流的功能，正是由于文化有这样的特性，所以传统文化才得以延续和发展。正如马克思、恩格斯所说：“资产阶级既然已经开拓了全球市场，那么所有国家的生产和消费都变成为世界性的了。不管反动派怎样伤心，它挖掉了工业赖以立足的民族基础。旧的民族工业被消灭了，并且每天仍在被消灭。……闭关自守，自产自销的单纯生产方式来维持先前那种生存状况已经消逝，现时各民族都已在各个方面相互往来，互为依存。物资的生产如此，精神的生产也是如此。各民族的精神文明成果为共同的享受物。民族的片面性和狭隘性越来越失去立足的市场，于是在众多民族和地方的文学中便形成了一种全世界的文学。”②从工业时代开始，文化进入了一个信息传递越来越迅速多种文化互相交织的状态，各种文化元素在现实中互相交流、互相渗透。比如，中国的剪纸艺术融入了圣诞老人、唐老鸭等西方传统元素，中国家喻户晓的“花木兰从军”等民间故事被美国好莱坞制作成现代动画片《花木兰》。这些例子不仅体现了文化的多样性和复杂性，更说明文化并不是封闭的，是可以在不同地域间相互交流、渗透的。

① 孙正国：《文学的生活遭遇：民间文学批判引论》，黑龙江人民出版社2004年版，第41—42页。
② 马克思、恩格斯：《共产党宣言》，陈望道译，民族与建设出版社2018年版，第43—44页。

在传统的社会群体内，他们的文化是共同掌握、共同拥有的，且大多数没有刻意的和专门的保密制度和措施。当然，公开并不意味着每一个成员都可以掌握和运用，某些传统文化需要专门的技巧和智力学习才能加以运用，比如传统中医药知识、占卜等。而在某些原始部落中，一些故事或仪式只能有特定的人（巫师、族长等）在庄严的祭祖和葬礼场合才向族人朗诵，因为他们认为这些故事、仪式、传说、诗歌、歌曲等富有神圣性，不可以随便使用。还有些特定的重要知识或经验只能由特定的人掌握并向特定的后代教授，并不能对外传播，也不能向外人提起，比如，我国陕西省赤沙镇的血色火，他们用刀斧劈脑门、眼睛扎剪刀等极度惊悚的化妆表演来祈求丰收和表达国泰民安和惩恶扬善的理念，而他们的化妆技术严格保密，从不外泄。可见，传统文化的公开性是相对的，在特定社会群体内一般是公开的，并由传统社区的一些成员掌握和运用，而不是人人皆知、人人都会用的基本生活常识。传统文化既不是所谓的公有领域的知识，也不等同于由某一特定个体或机构开发和掌握的私有财产。按照现如今的知识产权制度来衡量，现代的知识除了受到法律保护的公开了以外，其他的一般都处于保密状态，从而构成一种私有控制的知识，经适当的程序即可成为法律权利的客体，得到知识产权的保护。①而传统文化大多进入了公有领域，利用现有的知识产权制度很难对其进行保护。

七、象征性

从符号学理论出发，②象征性的符号是文化传承的最基本的运载工具

---

① 严永和：《论传统知识的知识产权保护》，法律出版社 2006 年版，第 27—28 页。

② 美国逻辑学家皮尔斯（Charler Sanders Peivce）和行为语义学家莫里斯（Charles Morris）将符号学设想为象征性的综合学科，包括美学、认知社会学和心理学。

和传递手段。[①]在民族学、文化学、人类学等学科之中，“象征”与“符号”理论是相通的，英文中 symbol 既可翻译成“符号”，也可译作“象征”。[②]符号学理论认为：符号(signe)是一个带有意义的物质性对象，由“符具”(signifies, signifiant，也译作“能指”)和“符指”(signified, signifie，也译作“所指”)组成而符号学所探讨的是符具、符指与一定语言环境或文化背景的关系。一棵树的概念(符具或能指)和由“树”这个词(符指或所指)形成的音响——形象之间的结构关系构成一个语言符号，而一种语言正是由这些符号构成的。语言正是“表达概念的一个符号系统”。[③]在符号学里，任何能有意义地表达事物的东西都可以定义为符号，如打招呼的动作、仪式、游戏、文学、艺术、神话等的各种构成要素。由符具和符指组成的符号系统靠一定的“编码”规则存在，“符具”的含义与“符号”一词意义相近，而“符指”更接近于“象征”的本义，“符号”的核心在于“象征”，离开了“象征”就谈不上“符号”。德国哲学家恩斯特·卡西尔(Ernst Cassirer)在《人论》中也指出：人是使用符号的。人不再生活在一个单纯的物理宇宙之中，而是生活在一个符号的宇宙之中。语言、神话、艺术和宗教则是这个符号宇宙的各部分，它们是组成符号之网的不同丝线，是人类经验的交织网。人类在思想和经验之中取得的一切进步都使这符号之网更为精巧和牢固。[④]人们在社会活动或历史活动、社会的人际关系及历史事件中逐渐形成了各部族的各式各样的传统文化观念，并积淀于人们意识的深层结构中，而社会活动中的各种符号、标志、仪式和规范等则是人们内心文化观念与外部客观世界相联系的链环。

---

① 在文化人类学那里，每一个群体的文化都是一套共享的思想、价值观念、认知和行为标准，每一个人的文化都是个体从社会中习得的。

② 但在符号学理论中，通常使用“semiotics”，该词汇从希腊语派生而来，意为“符号”。最早由英国哲学家洛克(John Locke)将符号学这一术语引入哲学研究领域。

③ 这是符号学鼻祖、瑞士语言学家索绪尔(Saussure, Ferdinand de, 1857—1913)在《普通语言学教程》中的观点。

④ 恩斯特·卡西尔(Ernst Cassirer)：《人论》，甘阳译，上海译文出版社 1985 年版，第 33 页。

传统的社会文化体系正是由社会的象征性的符号，如语言及其结构、事物及人物的称谓、事物或社会关系的表述形式、神话及社会文化中的标志、宗教意识等等表现出来的。所以，传统文化的各种要素都是具有象征意义的表达。

从神学和宇宙观来看，传统文化产生于对无限事物的生命力的理解，重视活的、动态的、精神的要素，以及通过传统文化反映出来的该群体的情感及表达方式、传统文化的根源、智慧、思维方式和世界观、价值观、审美观等这些意义和价值的因素。少数民族的传统文化就体现了深厚的万物有灵的观念，比如我国苗族认为大树有神性，有大树的庇护，苗寨才会人丁兴旺，从而形成“护寨树”“守寨林”和“母亲书”等文化现象；在亚马逊流域盖丘亚族，“死藤水”这种药用植物，具有特定的宗教用途，在当地被喻为“精神的葡萄酒”。由于死藤水这种植物的精神和宗教意义，人们认为，某一个体对“死藤水”这样的神圣符号声称享有财产权并从中获取金钱利益，是对原住民的极大冒犯。大树、死藤水这样的传统文化表现形式是那个地区具有特殊象征意义的事物，这一类精神观念和具体有形载体构成了他们传统文化的一部分。而现代的文化却脱离了这种象征性的“神意”，达到了“科学”的地步，二者代表的精神世界和物质世界相互独立平行存在，甚至会产生不可磨灭的冲突，这也是文艺复兴以来科学与宗教信仰的长期斗争的原因之一。传统文化的核心在于那个民族或社区在自身长期奋斗和创造中凝聚成的特有的民族精神和民族心理，所以，传统文化的表现形式无一不象征着他们共同的信仰和普遍遵循的核心价值观。

由于传统文化种类繁多，变现形式多种多样，而且处于不断延续发展的状态，以上这些特点，只是现阶段知道的传统文化的总结。以上特征既包括了传统文化的学理特征（包括传统性和象征性），也包括了传统文化的法理特征（如群体性、非物质性、传承演变性、地域性和公开性）。

第五节　作为本书研究对象的传统文化及范围

前文中详述了传统文化的概念和特征等基本信息，但始终未确定本书研究的传统文化的范围。

一、传统文化的定性分析

在传统文化中，许多神话、巫术、图腾等表现形式，它们是否属于落后的封建迷信？是否存在并受到保护的必要？

传统文化中延续传承下来的大部分是普遍没有争议的表现积极向上的富有创造力的民族精神、科学探索精神和人民群众智慧，这种性质的传统文化当然是积极的、有价值的，应当受到保护。但是，传统文化中涉及的图腾崇拜和巫术等，用现代科学的眼光去看待，有的是毫无科学依据的，非常“另类”的事物。其实传统文化与现代科学都是生产者智力运动过程中实践经验的积累，由于人的主观能动性和社会环境、物质条件的差异，人们在生产生活中积累经验的过程和对经验的描述大有不同。比如我国的传统中医药和草医药，是中华民族祖祖辈辈通过“神农尝百草”这种亲身观察和实践的方式而逐步积累起来的，是一种纯粹的经验的积累。而现代科学技术，“崇尚方法的巧妙”才是其矢志追求的目标，[①]现代科学技术专家致力于通过方法的创新以求得新的发明和发现，从而形成新的经验和知识，经验观察、科学实验、演绎推理是他们有效的新工具和新方法。再比如，亚马

① 罗素：《西方哲学史》（下卷），马元德译，商务印书馆1976年版，第7页。

逊河流域印第安人将具有神奇治病效果的“金鸡纳树皮”赋予其宗教图腾意义，把这种树视为神灵，而1820年法国科学家则是从“金鸡纳树皮”中提取出一种活性成分(生物碱 quinine 分子)，从结果来说，印第安人和科学家都认识到了这种树皮的医药功能，但印第安人并不认识生物碱 quinine 分子不过是描述背景和描述方式的不同罢了。所以，霍夫曼勋爵说，选择迷信树皮的形式而不是化学术语形式来描述上述知识是不重要的。①可见，传统文化与现代文化体现了不同的“科学性”，现代文化是一种可量化的、可用精确符号表达的文化体系，传统文化则是难以量化或不可量化的、只能用模糊符号来陈述的经验的集合，我们认为是封建迷信的古老文化形态，也许用现代的科学技术还不能解释其科学性，有待以后进行客观评价。

二、本书研究的传统文化

从上文讨论的传统文化概念和分类中我们了解到，传统文化是传统部族基于世代传承，表明其身份特征而形成的精神遗产，有语言表达、动作表达、音乐表达、有形表达多种类型分类。它的内容是如此丰富，范围是如此广泛，详细列举是无穷尽的，我们可以通过分类，进行讨论和分析。

(一) 宗教性传统文化与非宗教性传统文化

上文中提到的传统文化具有“象征性”意义，我们从目的意义上划分，有的传统文化的象征性体现在其宗教信仰方面，而大多数的象征性意义不具有宗教信仰色彩。

根据是否具有宗教信仰意义，传统文化可以分为宗教信仰性传统文化

① “I do not think that he choose to label it in animistic rather than chemical terms.” Graham Dutfield, TRIPs-Related Aspects of Traditional Knowledge, Spring, 2001, 33, Case W. Res. J. Int'l L. 233.

和非宗教信仰性传统文化。非宗教性传统文化是指那些不具有宗教信仰意义的、世俗的传统文化。宗教性的传统文化，简单地说，就是指那些在传统部族和传统社区内具有宗教信仰意义的传统文化，包括象征或者属于宗教信仰实践和宗教信仰习惯的传统知识以及与宗教信仰某种关联的传统文化。这种传统文化通常涉及一些宗教信仰因素，如图腾、特定的仪式、咒语、贡品、特定的服饰、巫师等。就宗教性传统文化而言，宗教信仰往往构成某种特定文化的不可分割的一部分。这是宗教信仰性传统文化与非宗教性传统文化的本质区别。如上文中提到的“死藤水”，就是亚马逊河流域盖丘亚部族具有宗教信仰的象征意义的药用植物，这种被誉为“精神的葡萄酒”的“死藤水”，它的使用及方法均与特定仪式、咒语、贡品联系在一起。

一个具体的传统文化表现形式是否具有宗教性质，一般依据其为有关传统部族和传统社区所认可的具有神圣意义的宗教身份来判定。《美国原住民墓葬保护与归还法》中使用了“神圣物”的概念，将“神圣物”称为美国原住民宗教首领在其诸如举行宗教仪式等原住民宗教视角中需要的某种具体物品。如被想象用来在阴间陪死者的墓葬供品和因为其固有的医疗功能而被传统部族时代保存的物品等。这种“神圣物”所体现的原住民特殊传统文化即具有宗教象征意义。

将传统文化划分为宗教信仰性质的传统文化和非宗教信仰性质的传统文化，我们就可以对它们分别使用不同的方法来进行保护了。宗教性的传统文化不是知识产权法等私法调整的对象，而可以用公法予以规制，如“宗教信仰法”“文化多样性保护法”等。就宗教信仰性质的传统文化而言，权利人关心的重点不在于经济补偿，而是其文化身份和宗教尊严的维护。如前文中提到的“死藤水”，如果一个个体对这样的神圣的事物享有财产权并从汇总获取金钱利益，是对原住民极大的冒犯，这种行为是不可接受的。

非宗教性的传统文化,应当属于私法调整的范畴,可以成为财产权的对象。本书研究的传统文化,限于非宗教性质的传统文化。

(二)已公开的传统文化形式和未公开的传统文化形式

上文中提到传统文化具有公开性质:在传统的社会群体内,他们的文化是共同掌握、共同拥有的,且大多数没有刻意的和专门的保密制度和措施。但并不意味着每一个成员都可以掌握和运用。这种公开性质,与其群体性有着强烈的联系,既不是所谓的属于"公有领域的知识",也不等同于由某一特定个体或机构开发和掌握的私有财产。我们将是否具有相对的公开性,把传统文化划分为已经公开的传统文化和尚未公开的传统文化,尚未公开的传统文化表现形式,是由传统社区内少数成员掌握,在传统社区内仍处于保密状态的传统文化。对已经公开的传统文化,根据其公开的程度和范围,又可以分为两种:一种是以书面或其他方式对外部社会公开的,外部社会已熟知并能通过大众传媒习得的传统文化,笔者称之为"绝对公开"的传统文化;二是未对外部公开(即外部社会未能熟知且尚不能通过普通传播媒介习得),但在传统社区内部自由流转和公开使用的传统文化,笔者称之为"相对公开"的传统文化。对于前者,已经流入了外部社会,属于外部社会的公有领域范畴。对于后者是否属于共有领域范畴,尚未有定论。如果把传统社区作为一个整体或独立的个体看待,那这种公开就属于内部公开,不丧失所谓的"新颖性",否则就应视为公有领域的范畴。

将传统文化区分为已公开的和未公开的状态,可以对不同控制状态的传统文化进行不同的保护方式,如可以构成在先技术的,可争取特殊保护;针对未构成在先技术的口头公开的传统文化形式,可以尽快文献化,使其成为在先技术,获得消极的被动保护。对处于保密状态的传统知识,因为其由少数传统社群成员掌握,在传统社群内部以技术秘密的形式受到保护，外部社会也通过商业秘密支持这种保护措施，因此不会产生太大的冲突。作为本书研究的传统文化，主要指已公开的传统文化表现形式，即包括绝对公开的和相对公开的传统文化。

（三）传统文化的本体和衍生体

传统文化作为传统社区世世代代积累和创造的有自己独特体系的经验体系，是观察、适应当地环境以及利用资源进行自我管理的经验总结。从知识产权的角度出发，传统文化的实质要素有两个方面：一是传统文化的思想内容及其有形载体，如民间故事和诗歌等传统文学艺术以及通过独特的乐器、曲谱、剧本等有形载体来生动展现、表演这些诗歌和故事的有形表达和动作本身；二是传统文化在传播和利用过程中赢得社会公众和市场认可的美感和赞誉所滋生出的市场空间和商业机会、声誉等无形财产利益。这些无形的财产利益通常出现在商业表演和商业标识中，如与传统文化有关的符号、标识、名称等。传统文化的本体即指上述第一方面的内容，传统文化的衍生体便是指由其本体衍生而来的无形的财产利益。我们可以变通地将民法中原物与孳息的理论——“原物是孳息所出之物，孳息是指原物所出之收益”[①]应用于传统文化的知识产权保护问题上，将传统文化的思想内容及其有形载体称为传统文化的本体，这些传统文化与著作权制度、商标权制度、专利权制度、植物品种保护制度、商业秘密保护制度等联系。将传统文化的无形财产利益称为传统文化的衍生体，它不仅具有无形财产意义，更多的是文化的衍生物和孳息物，与地理标志、反不正当竞争等制度相对应。因此，对纳入本书知识产权保护研究的传统文化应包括传统社区千百年来在生产生活实践中创造出来的传统文学、艺术或科学作品，

---

① 梁慧星：《民法总论》，法律出版社 1996 年版，第 88 页。

表演，发明，科学发现，外观设计，标志、名称，符号和其他信息以及其体现物、附着物等有形载体和衍生体，即传统文化的本体方面和衍生体两个方面的内容。

区分传统文化的本体和衍生体，可以明确传统文化的知识产权保护的客体和范围。探讨传统文化的知识产权保护问题，首先就要确定保护的客体和范围。作为传统文化本身的传统文学、艺术或科学作品，表演，发明，科学发现，外观设计，标志、名称，符号和其他信息及其有形载体，作为保护的客体，列入保护范围，是毫无疑义的，也更容易引起人们的重视。但传统文化的衍生体却容易受到忽视，本书进行这种区分，旨在明确传统文化的知识产权保护的客体和范围。本书的研究也包括传统文化的本体和衍生体两个方面。

综合本章内容，我们可以这样定义传统文化：传统文化是特定的民族或社区群体在长期的生产、生活中创造的，体现该民族或社区群体的身份特征和文化要素的，经过世代相传并处于不断发展的各种创造性成果。是包括文学、艺术、生活方式、共处的方式、价值观体系、传统和信仰等物质文化和精神文化的总和。有语言表达、音乐表达、动作表达和有形表达等类型。一般具有传统性、群体性、非物质性、传承演变性、地域性、公开性、象征性等特征。如果根据传统文化是否具有宗教信仰性质，我们可以将其分为宗教性质的传统文化和非宗教性质的传统文化，本书主要研究的是非宗教性质的传统文化。如果将传统文化是否处于公开状态，可以分为已经公开的传统文化和未公开的传统文化，本书研究的主要内容是已公开的传统文化。综合起来，本书主要研究的传统文化是指非宗教性质的，已公开的，包括传统文化的思想内容及其有形表达载体和它的衍生财产利益在内的传统文化及其知识产权保护研究。

第二章
“一带一路”倡议与传统文化的知识产权保护

“一带一路”倡议①自提出以来，已成为各界讨论的热点话题。本章主要以“一带一路”的内涵为基础，论证“一带一路”倡议与传统文化的知识产权保护之间的关系。

第一节　“一带一路”倡议与知识产权

随着“一带一路”的不断深入发展，国际经济、技术、服务贸易领域的合作、文化交往等日益紧密，相关的法律冲突和纠纷也越来越频繁，这就要求在共建“一带一路”中法律先行：从国情和国际局势出发，围绕“一带一路”共建中的具体法治问题，开展深层次、综合性的专题研究，提出解决疑难问

① 2015 年 9 月，国家发展改革委会同外交部、商务部等部门对“一带一路”英文译法进行了规范：

一、在对外公文中，统一将“丝绸之路经济带和 21 世纪海上丝绸之路”的英文全称译为“the Silk Road Economic Belt and the 21st-Century Maritime Silk Road”，“一带一路”简称译为“the Belt and Road”，英文缩写用“B&R”。

二、“倡议”一词译为“initiative”，且使用单数。不使用“strategy”、“project”、“program”、“agenda”等措辞。

三、考虑到“一带一路”倡议一词出现频率较高，在非正式场合，除首次出现时使用英文全称译文外，其简称译法可视情况灵活处理，除可使用“the Belt and Road Initiative”外，也可视情使用“the land and maritime Silk Road initiative”。其他译法不建议使用。

题的方案与措施，增强合作意识、构建平台意识和全球配置法学法律研究与服务资源的意识，不断提升国际合作能力，立足法治视角、运用法治思维、选择法治方式，为“一带一路”建设发展提供法律服务。①正如王毅所说：坚持以规则法治为基础共建“一带一路”是它能够在短时间内受到如此广泛的欢迎，取得这么多超出预期成果的原因之一。规则和法治既是“一带一路”走向世界的通行证，也是应对各种不确定性风险和挑战的安全阀。②

实然，“一带一路”是新形势下我国构建全方位对外开放新格局和互利共赢国际合作共赢模式的新探索、新统领，它的实施将深刻改变不同国家和地区的创新模式、创新路径，将重新配置不同国家和地区的创新资源、创新能力。创新成为驱动经济发展的主要动力，而创新离不开知识产权保护，正如李克强总理多次指出：“保护知识产权就是保护创新!”随着知识产权与经济发展的深度融合，知识产权已成为激励创新、支撑经济发展新常态的一个关键因素。③可见，知识产权领域的争夺将会逐渐成为中国企业布局全球、融入国际竞争的主战场之一，知识产权战略协同水平的高低也会成为“中国创新”在“全球布局”的成败关键。“一带一路”与“知识产权”战略表面相异，实则暗合，二者具有不可分割的内在逻辑。吴汉东教授认为，知识产权保护制度作为当今国际经贸领域的“标配”，呈现出以双边或多边协定(plurilateral agreement)的方式来谋求高水平、高标准保护的新特征。④建设“一带一路”促进区域经济一体化的制度创建和和谐发展，知识产权制度必须随之跟进，为之护航，才能建构更加公平、合理的知识产权国际保护新秩序，实现知识产权区域一体化的制度创新。

---

① 顾华详：《共建“一带一路”的中国法治研究》，《湖南财政经济学院学报》2016 年第 4 期。

② “加强国际法治合作　推动‘一带一路’建设行稳致远”——王毅在“一带一路”法治合作国际论坛开幕式上的演讲，http://www.fmprc.gov.cn/ce/ceukr/chn/tpxw/t1578376.htm。

③ 张燕生：《“一带一路”建设有利于世界和谐发展》，载《中国经济周刊》，2014 年第 Z2 期。

④ 吴汉东：《“一带一路”战略下知识产权保护的中国选择》，载《人民论坛》，2017 年第 3 期。

一、“一带一路”倡议下知识产权贸易规则重构

“一带一路”所带来的“贸易畅通”,使得与中国相关的国际贸易与投资更加自由化、便利化,随着知识产权成为货物与服务贸易之外的世界第三大经济支柱,知识产权贸易的畅通也是“一带一路”倡议的应有之意。

在《与贸易有关的知识产权协定》(Agreement on Trade-Related Aspects of Intellectual Property Rights,简称 TRIPS)以前,知识产权国际保护与国际贸易是由两个不同的国际法律体系分别加以处理。自 WTO 成立与《知识产权协定》生效以后,在知识产权国际保护与国际贸易体制建立起集实体性与程序性规范为一体的保护机制。随着全球化的深入发展,WTO 多哈回合谈判逐渐停滞,以美国为主导的发达国家并没有停止扩张知识产权保护的态势,通过搁置多边贸易谈判形式,转向采用平台转移的方式,运用一系列双边和诸边谈判的形式来推行区域贸易自由化的新体制,继而不断推行其高水平、高标准的知识产权保护。可以看出,以知识产权国际保护为后盾的国际贸易体制,已不仅仅是国家综合国力的体现,更是成为谋求国际经济贸易利益的有力武器。

当前,我国已成为世界经济总量第二大国,正在实现由“中国制造”向“中国创造”的转变,是转型升级、实现创新驱动发展的关键时期。而“一带一路”倡议的提出,既是我国全面实现“走出去”策略的优化升级,也是我国积极参加和主导国际贸易往来新规则的重要契机。据统计,2014 年至 2016 年间,中国企业对“一带一路”沿线国家和地区并购金额从 22.64 亿美元增至 97.55 亿美元,并在 2016 年超过美国及日本,成为对“一带一路”沿线国家和地区并购最主要的买方。2016 年,中国与沿线国家贸易总额为 9 535.9 亿美元,占中国与全球贸易额的比重为 25.7%,其中,中国向沿线国

家出口 5 374.8 亿美元，中国向沿线国家出口占中国总出口额的比重为 27.8%，中国自沿线国家进口 3 661.1 亿美元，中国自沿线国家进口占中国总进口额的比重为 23.0%。[①]2017 年，中国与“一带一路”沿线国家的进出口总额扭转连续两年负增长局面，达到 14 403.2 亿美元，同比增长 13.4%，占中国进出口贸易总额的 36.2%，“一带一路”沿线国家重要性愈发凸显。其中中国向“一带一路”沿线国家出口 7 742.6 亿美元，同比增长 8.5%，占中国总出口额的 34.1%；进口 6 660.5 亿美元，同比增长 19.8%，占中国总进口额的 39.0%，近五年来进口额增速首次超过出口。[②]由此可见，“一带一路”已经成为我国对外贸易的核心板块之一。“一带一路”倡议的核心思路是共商、共建和共享，而“一带一路”沿线国家多为新兴经济体与发展中国家，其资源禀赋各异，经济互补性强，多处于经济发展上升期，人口总数与经济总量分别占全球的 63% 和 29%，未来经济发展规模具有相当大的潜力。有学者预期，“一带一路”建设的实施将惠及东亚、南亚、中亚等多个国家和地区，有利于区域经济一体化的和谐发展。[③]

然而，“一带一路”沿线国家的知识产权环境十分复杂，知识产权的保护水平不高，且在很大程度上参差不齐。不难发现，“一带一路”所涉及的沿线国家内部之间、相关国家与发达国家之间存在着诸多知识产权贸易往来的利益冲突和贸易风险：(1)区域性知识产权的政策法律风险。这种风险主要来自两个方面：一方面是“一带一路”区域中的中东、非洲等地区政治不稳定风险使得其经济贸易与知识产权政策缺乏一定的连贯性；另一方面，中国企业海外知识产权的法律风险，由于缺乏知识产权保护意识与自

① 详见程晓波主编：《“一带一路”贸易合作大数据报告(2017)》。程晓波，国家信息中心主任。
② 详见程晓波主编：《“一带一路”贸易合作大数据报告(2018)》。程晓波，国家信息中心主任。
③ 吴汉东：《“一带一路”战略下知识产权保护的中国选择》，《人民论坛》2017 年第 3 期。

主创新意识，较容易陷入侵权、维权的纠纷之中；[①](2)区域性知识产权制度的差异性矛盾。“一带一路”经济区覆盖亚欧非三大区域，各区域的国家在知识产权有关的产业、法律、价值、文化等方面均存在着巨大差异性；(3)区域性知识产权话语权的欠缺。“一带一路”倡议下，构建知识产权整体保护框架，一方面，存在经验欠缺的难题，区域内难以树立一定的话语权；另一方面，在国际政治上，包括中国在内的许多发展中国家还会面临发达国家的排挤和遏制，在国际上，难以形成一定的话语权。因此，我国在实施“一带一路”建设的过程中，需要根据国际经贸体制的实践发展，因地制宜地提出和发展我国知识产权贸易往来的新部署。

立足于“一带一路”倡议，我国知识产权贸易规则的重新部署应当遵循两个基调。第一是和平发展。“一带一路”倡议的提出，充分表明我国调整对外开放格局的决心，从 20 世纪 80 年代以来，中国初步完成了与国际经贸规则的对接。可以说我国经过三十多年的对外开放，已然成为全球吸引外资最多、经济发展最快的国家之一。但正如前文所说，改革开放取得巨大成就的同时也存在着缺乏顶层设计、谋子不谋势和不注重改善国际发展

① 以美国欧特克公司和奥多比公司为例，该两公司近年已多次起诉中国信息文化龙头企业，中望软件(ZWsoft)、水木动画股份有限公司、广州市凡拓数码科技有限公司、北京印迹广告有限公司都曾经被两公司“请”上被告席，中望软件(ZWsoft)还曾经到荷兰海牙法庭和美国加利福尼亚北部地区法院与欧特克公司庭审对峙。两公司大多起诉认为，中方企业在生产经营过程中使用了原告享有著作权的 adsmax，Maya，Adobe photoshop 等系列软件，或者在软件中抄袭了原告的源代码，故要求中方企业按照中国政府在《伯尔尼保护文学和艺术作品公约》中做出的承诺，承担相应的侵权责任，包括停止使用该两公司的相关系列软件、赔偿经济损失、公开赔礼道歉等。从审判结果来看，除中望软件在荷兰海牙法庭胜诉外，国内企业要么与该两公司达成和解协议，要么被判定为计算机软件著作权侵权，判令停止继续使用相关软件系统，并向两外国公司赔偿经济损失和合理开支。参见喻志强：《“一带一路”亟须知识产权保障先行》，载《人民法院报》，2015 年 4 月 29 日。再比如，2014 年，北京小米科技有限责任公司(下称小米公司)因涉嫌侵犯爱立信所拥有的 8 件专利的专利权，在印度被爱立信诉至印度德里高等法院。爱立信向法院提出的“临时禁令”包括禁止小米公司在印度市场销售、推广涉嫌侵犯涉案专利权的相关产品等，由于“临时禁令”最终获得法院支持，导致小米公司旗下多款产品在一定时期内无法进入印度市场，这给当时正在谋求国际化的小米公司带来了重大影响。

环境等问题，“一带一路”倡议便是为了顺应世界多极化、经济全球化、文化多样化、社会信息化的潮流，促进经济要素有序自由流动、资源高效配置和市场深度融合而提出的。时至今日，和平与发展①依然是当今时代的主题，是全世界各国谋求的共同目标。而作为丝绸之路的传承，“一带一路”也必将和平合作、开放包容、互学互鉴、互利共赢的丝路精神传递下去。正如习近平总书记2013年1月28日在主持十八届中央政治局第三次集体学习时所强调的，要“加强战略思维，增强战略定力，更好统筹国内国际两个大局……不断夯实走和平发展道路的物质基础和社会基础”，“我们的和平发展道路来之不易，是新中国成立以来特别是改革开放以来，我们党经过艰辛探索和不断实践逐步形成的”，“纵观世界历史，依靠武力对外侵略扩张最终都是要失败的。这就是历史规律”。②实然，我国一直以相互尊重各国知识产权为对外开放和国际经济贸易交往的前提，在此基础上进行经济、贸易与文化的交往。在当下这个知识经济时代，知识产权是国家在国际贸易中的地位以及综合实力的重要判断标准。伴随“一带一路”走来，我国企业（如华为、中铁）以知识产权为支撑，实施对外开放格局中的“走出去”战略。正如《推动共建丝绸之路经济带和21世纪海上丝绸之路的愿景与行动》中所强调的：加强科技合作，共建联合实验室（研究中心）、国际技术转移中心、海上合作中心，促进科技人员交流，合作开展重大科技攻关，共同

① 和平与发展是邓小平提出的当今时代的主题，和平问题讲的就是政治问题，发展问题讲的就是经济问题，和平与发展是互为条件，相互联系，相互影响。和平与发展之间的关系可以表现为：和平是发展的前提和基础。只有在和平的国际环境中，世界各国才能保持正常的经济交往和顺利实现本国的发展计划。战后世界经济的发展就是得益于世界相对和平的国际环境，战乱和冲突则是经济发展的重大障碍。战乱不仅使参战国消耗大量的人力、物力、财力，造成严重的经济损失，而且导致交通运输瘫痪，国际贸易中断，给世界经济的发展造成严重的影响。发展经济是维护世界和平的有力保障。和平事业需要一定的物质基础，而经济贸易往来则能增进各国人民的友好往来。具体地说世界经济的发展促进了国际分工，增进了各国间的交流和联合，有可能抑制世界战争的爆发；经济的发展有助于消除世界不稳定的因素，减少发生军事冲突的可能性；世界经济特别是发展中国家经济的发展有利于世界和平力量的壮大。

② 《习近平谈治国理政》，外文出版社2014年版，第247—248页。

提升科技创新能力。据国家知识产权局公布，2017年，国家知识产权局共受理《专利合作条约》(PCT)国际专利申请5.1万件，同比增长142.3%。2017年中国在“一带一路”沿线国家(不含中国)专利申请公开量为5 608件，同比增长16%。与此同时，2017年，“一带一路”沿线国家在华申请专利4 319件，较2016年增长16.8%；在华申请专利的国家新增4个，国家总数达到41个。这反映出沿线国家对中国市场及中国知识产权保护环境的信心正在不断增加。[①]这些都是对我国建立知识产权强国与“一带一路”走“智慧之路”的直接反映。所以，我国建设“一带一路”，发展“走出去”战略，必然是以尊重和保护各国的知识产权为前提，以“一带一路”建设为契机，积极优化对外经贸结构，推进建设区域化发展的对外开放新格局，走互利、共赢、创新、和平的发展道路。

第二是合作创新。习近平主席总览世界大势，提出“构建以合作共赢为核心的新型国际关系”的构想：以合作取代对抗，以共赢取代独占，不再搞零和博弈和赢者通吃那一套。[②]而“一带一路”建设并不是中国一家的“独角戏”，强调“共商、共建、共享”，就是让有关各国共同参与，根据本国利益自主作出决断，共建政治互信、经济融合、文化包容的责任共同体、利益共同体和命运共同体。近年来，中国提出的共建“一带一路”倡议已得到100多个国家和国际组织的响应，先后与沿线国家和国际组织签署了50多份“一带一路”政府间合作协议。中国电建与孟加拉国铁道部在孟首都达卡签署总价3 332万美元的铁路建设合同；在中国—巴基斯坦贸易项目签约仪式上，双方签署38项贸易协议合同金额3.25亿美元……这些成功的案例都是对那些诸如“一带一路形成闭环”“一带一路是转移中国过剩产能”

① 载中国一带一路网，https://www.yidaiyilu.gov.cn/xwzx/gnxw/51095.htm。

② 王毅：《构建以合作共赢为核心的新型国际关系》，《国际问题研究》2015年第3期。

等评论的有力回击。正如习近平总书记在 2016 年 8 月 17 日推进“一带一路”建设工作座谈会上强调的，总结经验、坚定信心、扎实推进，聚焦政策沟通、设施联通、贸易畅通、资金融通、民心相通，聚焦构建互利合作网络、新型合作模式、多元合作平台，聚焦携手打造绿色丝绸之路、健康丝绸之路、智力丝绸之路、和平丝绸之路，以钉钉子精神抓下去，一步一步把“一带一路”建设推向前进，让“一带一路”建设造福沿线各国人民。[①]因此，合作、分享应当是“一带一路”知识产权贸易规则重构中的重要内容。

其次，创新是一项高风险，高投入的活动，需要强有力的利益保障和高强度的激励机制做保证。美国著名经济学家曼斯菲尔德曾经做过一项调查研究，结果显示，如果没有专利保护，60％的药品发明难以问世，65％不会被利用；38％的化学发明难以问世，30％不会被利用。因此，完备的知识产权保护是促进自主创新的重要外部条件。掌握科技发展的主动权是自主创新的目的，没有主动权就会丧失创新机会。知识产权推动就成为掌握科技发展主动权的关键，其中知识产权保护就是推动技术创新的重要筹码。提高知识创新和推进技术进步是知识产权保护的目的，知识产权保护终极目标就是促进区域的经济社会发展。如果不能有效地保护知识产权，那么完善知识产权制度的速度就会相当缓慢，也就难以提高投资者对于创新成果的兴趣。反之，如果知识产权能够得到有效保护，那么产权所有者与投资者就能免受侵权，就能激励产权成果的市场化。知识产权保护正是一种通过给予创新者高额利益回报的未来预期的确定性的激励保障机制，为创新者化解不可预见的重大投资风险，为其解决创新的后顾之忧，从而激励创新者的创新热情。所以，促进和保障自主创新的前提就要保护知识

---

① 载人民网 http://politics.people.com.cn/n1/2016/0818/c1001-28644469.html。

产权。因此，建设“一带一路”不仅要提高自身的自主创新能力，更是要加强区域整体制度创新的建设，它不仅是科技创新之路，更是制度创新之路。通过政策上的互联互通，努力改善沿线各国知识产权保护的法律环境和市场环境，在“和平合作、开放包容、互学互鉴、互利共赢”的知识产权合作保护新秩序中实现互惠互利，共同建设创新型国家。

二、构建区域知识产权制度

纵观保护知识产权的国际性公约，如《保护工业产权巴黎公约》《保护文学艺术作品的伯尔尼公约》《与贸易有关的知识产权协定》《世界知识产权组织版权条约》《世界知识产权组织表演和录音制品条约》，大多是发达国家为保护自身利益提出的，作为综合实力较低的广大发展中国家只能被迫接受。在“一带一路”的倡议下，在区域内建立起公平合理、切实有效的知识产权保护新秩序逐渐成为中国和沿线国家的共同愿望，也只有这样才能有效应对发达国家在经济和科技上的优势，从而实现“一带一路”的持续、健康发展。所以，应当构建区域知识产权制度和知识产权事业共同体，建立知识产权合作保护规则，实现区域知识产权制度一体化，夯实“一带一路”建设的制度基础。而“一带一路”区域知识产权的制度构建应当至少包括以下内涵：

第一，应体现自身对知识产权制度价值目标的认识，尊重发展中国家的国情，不推行超越国家发展水平和承受能力的过度保护，始终致力于维护知识产权权利人与社会公众的利益平衡，建立以维护发展权为宗旨的区域知识产权保护制度；

第二，立足于“一带一路”经贸合作的重点领域。例如，根据商务部数据显示，对外承包工程是我国与沿线国家开展经贸合作的主要形式之一，区域知识产权保护体系的构建应当根据实际情况就保护承包企业的既有专利权、商标权和商业秘密等知识产权，以及合理分配基于承包工程产生的新权利，做出协同保护的特别规定；

第三，关注维护文化多样性、促进优秀文化传播的知识产权问题。“一带一路”作为国家交往的顶层设计倡议，在强调政策、设施、贸易、金融方面互联互通的同时，也需要“民心相同”作为由下而上的源动力，推动“一带一路”建设更加深入地发展。“一带一路”沿线国家拥有丰富的历史文化资源，如何保护这些资源并挖掘其潜在价值是知识产权合作的重要内容。协同保护非物质文化遗产不仅是“一带一路”知识产权规则体系的特色内容，更是“一带一路”继承和发展丝绸之路的历史使命；

第四，符合科技创新和经济发展趋势。构建新的知识产权保护秩序，应当与新兴产业的发展相协调，挖掘知识产权潜能，结合现有科技成果和未来创新能力，充分发挥知识产权的政策导向功能，制定合理的以知识产权为导向的公共政策体系，从而促进知识产权密集企业、行业的发展，以提高区域整体创新能力；

第五，构建起立法、执法、司法和普法国际合作的基本框架。虽然沿线各国法律制度差异较大，但要实现知识产权有效保护，都离不开法律运行各环节的全面协同。只有建立起各国知识产权法制系统的协同机制才能保障知识产权保护目标的实现。其次，还要努力构建区域性多边知识产权争端解决机制，只有完善区域性知识产权保护体制，加强区域知识产权合作，优化配置劳务、资金、技术、资源、信息，形成相互补充的产业链条，才能促进区域知识产权发展，提升区域组织在国际贸易体制建构和改革中的话语权，形成区域内共生性的经贸合作态势。

总之，归结起来，就是积极倡导在“一带一路”建立起“和平合作、开放包容、互学互鉴、互利共赢”的知识产权合作保护新秩序。

2016 年 7 月 21 日至 22 日，“一带一路”知识产权高级别会议在中国北京举行，近 50 个沿线国家知识产权机构代表参加。会议指出，知识产权作为保护人类智慧结晶的无形财产权，已经成为国家发展的重要资源，在激励创新、促进经济发展和文化繁荣方面发挥着重要作用。“一带一路”沿线国家在知识产权领域保持紧密合作符合各国共同利益，有利于建立良好的知识产权生态体系，促进各国知识产权制度完善，营造有利于创新和可持续发展的环境。“一带一路”沿线国家知识产权机构对加强知识产权领域对话与合作表达出强烈意愿，在充分考虑并尊重沿线国家在经济发展水平、文化、创新能力以及国内法律制度方面的差异下，积极探索在知识产权领域加强对话与合作的前景，并提出合作倡议：(1)加强知识产权法律法规、政策、战略方面的交流与合作；(2)支持各国知识产权机构不断加强能力建设，为知识产权用户提供便捷高效、惠而不费的服务，帮助其更好地利用知识产权制度；(3)鼓励各国加强知识产权保护方面的务实合作；(4)支持各国在促进公众知识产权意识提升方面开展交流合作；(5)支持各国加强知识产权人才培养方面的合作；(6)鼓励各国加强知识产权信息的共享和利用。这次“一带一路”知识产权圆桌会议可以说为“一带一路”区域知识产权制度整体建设奠定了合作共识基础，相信在“一带一路”倡议下的多层次合作机制中，区域知识产权制度整体建设必将成为“一带一路”新的风帆。

2018 年 7 月，“一带一路”法治合作国际论坛发表的《“一带一路”法治合作国际论坛共同主席声明》表示，要在共商、共建、共享原则基础上开展法治合作，为“一带一路”建设夯实法治之基；要遵守和完善有关国际规则体系，推进贸易、投资、金融、税收、知识产权、环境保护等各领域的法律协调与合作，为“一带一路”构建稳定、公正、透明、非歧视的规则和制度框架；要积极预防和妥善解决贸易、投资等有关争端，包括利用现有争端解决机制和探索建立新机制，为“一带一路”营造稳定公平透明、可预期的法治化营商环境；要深化“一带一路”法治交流，推进法律制度、法律文化、法律教育和法律服务等领域合作，加强法律信息和实践交流机制建设，促进法治能力建设和人才培养。①

我国提出的“一带一路”倡议涉及政治、经济、文化、贸易等多层次合作，而知识产权在当今知识经济的时代背景下扮演着重要的角色，可以说，知识产权的“一带一路”发展是国家“一带一路”建设的应有之意，也必将在“一带一路”建设中大显身手，为建设“智力丝绸之路”贡献自己的力量，知识产权的“一带一路”发展也将见证国家“一带一路”建设的辉煌历程。

第二节 “一带一路”倡议下的传统文化保护

“一带一路”建设是以习近平同志为核心的党中央统筹国内国际两大格局，着眼实现“两个一百年”奋斗目标和中华民族伟大复兴的中国梦，为进一步提高我国对外开放水平而提出的伟大构想：以“政策沟通、设施联通、贸易畅通、资金融通、民心相同”为主要框架展开，坚持和平合作、开放包容、互利共赢、互学互鉴的理念，与“一带一路”沿线国家共同打造政治互信、经济融合、文化包容的责任共同体、利益共同体和命运共同体。在“一带一路”建设进程中，传统文化保护不仅是其中的重要内容，同时也是我国

① 参见 https://www.yidaiyilu.gov.cn/xwzx/gnxw/59254.htm。

传统文化理念植根于发展经济文化事业的应有之意。

一、“一带一路”倡议的文化内涵

“丝绸之路经济带”和“21 世纪海上丝绸之路”的核心词汇是“丝绸之路”，但显然“一带一路”并不是要重建历史上的国际贸易路线，而是借用“丝绸之路”的文化内涵，倡导和平、友谊、交往、繁荣等核心理念。

(一) 文化共通是前提

尽管不同地域的人们，在不同活动中具体目标、具体结果、具体过程和运用的具体符号各不相同，但都必然地趋于一个共同的总目标、总结果和总过程——在探究世界、创造文化的活动中不断模塑自身、不断解放自身！我们可以从人类学宗师爱德华・泰勒、安德鲁・兰和詹姆斯・弗雷泽等大家的研究成果那里获悉到这种共识的渊源：人类生理机制普遍一致，人类心理本性也是共同的，由此导致古代人类“在观念、幻想、习俗和欲望上惊人地相似”。①而在世界上不同文化的历史中几乎都可以看到这种实质内容上的共同性，例如，对死亡的恐惧本能和对人类的生命共同体的信念，②还有斯宾塞发现的各种不同原始宗教却存在共同的祖先崇拜这个主题，罗马人的全部社会政治生活都带有他们对玛纳斯(古罗马人对死者神化了的灵魂的称呼)崇拜的印记，而古代中国则是典型的祖宗崇拜国家。尽管不同地域、不同部族的神话作品体现出形式与内容上的多样性和差异性，而不同的宗教其具体教义、信条以及体系也不尽相同，有的甚至对立冲突几乎不可调和。然而，诸神的品格、性情、功能以及这些神话、宗教所传递的价值信息和反映的思维方式却存在实质上的相近性和内在的统一性。

---

① 郑凡：《震撼心灵的古旋律》，四川人民出版社 1987 年版，第 54 页。

② [德]恩斯特・卡西尔：《人论》，上海译文出版社 1985 年版，第 107—108 页。

通过比较东西方关于人类社会的文化价值理念，我们也可以发现二者的一致性。在古代中国，《礼记》的“大同说”以及自古即有的“天下”情怀的责任感和道德感是其代表，在西方，则可以追溯至古希腊晚期的斯多葛派，这些思想亦倡导“世界大同”、“人类普遍理性”和宇宙人生哲学，可以说是真正意义的普世主义思想的精髓。[①]而文艺复兴、宗教改革和启蒙运动则开启了现代版的全球主义，尤其是康德以极具综合性的三大批判，打通了从普遍知识（理性）到普遍实践、从个人内在德性（感性）到社会普遍伦理（义务规范）的逻辑环节，进而又从自由主义的个人道德观念中提炼出普遍理性主义的“永久和平”和“世界公民”的预设，为现代版的全球主义理念构筑了一整套的价值人类学原理。直至马克思的社会主义理论，作为一种对人类理想境界的勾画，更是深刻地展示出人类对普遍价值和人类社会共同体的不懈追求。

人类正是基于这种与生俱来的文化共通性和内在的生存发展的冲动及普世主义情怀，才能得以从封闭的、隔绝的地域走向开放的、联系的世界，于是也就有了古代海陆丝绸之路。络绎于途的丝绸、瓷器、香料、茶叶等商品贸易和多种文化碰撞交汇将中国与亚、欧、非三大洲的不同国家和族群联系起来，使中国开始了解世界并影响世界，为推动东西方经济文化交流交融、人类文明多样化发展谱写了重要的历史篇章。而处于全球化大潮的当今世界，提出确认和建立人类共同价值观和发展共同体已经不仅仅是美好的愿望，更是现实的需要。在这种背景下，中国倡导共建“一带一路”，其影响广大，意义深远，不仅只是意识、领悟到开放和融入世界的必要性和可能性，更是对人类面临共同问题、危机的深刻体会，“一带一路”的主

① 倪稼民：《基于文化共通与文化多元视角解读“一带一路”的意义》，《党政研究》2015 年第 5 期。

旨即借用古丝绸之路的历史符号，在和平发展的旗帜下，主动地发展与沿途沿线国家和地区的经济合作伙伴关系，共同打造政治互信、经济融合、文化包容的利益共同体、命运共同体和责任共同体。

（二）“一带一路”建设需文化助力

德国哲学家卡西尔曾经讲述过：“作为一个整体的人类文化，可以被称为人不断自我解放的历程。语言、艺术、宗教、科学，是这一历程中的不同阶段。在所有这些阶段中，人都发现并且证实了一种新的力量——建设一个人自己的世界、一个‘理想’世界的力量。哲学不可能放弃它对这个理想世界的基本统一性的探索，但并不把这种统一性与单一性混淆起来，并不忽视在人的这些不同力量之间的张力与摩擦、强烈的对立和深刻的冲突。这些力量不可能被归结为一个公分母。它们趋向于不同的方向，遵循着不同的原则。但是这种多样性和相异性并不意味着不一致或不和谐。所有这些功能都是相辅相成的。每一种功能都开启了一个新的地平线并且向我们展示了人性的一个新方面。不和谐者就是与它自身的相和谐；对立面并不是彼此排斥，而是互相依存：‘对立造成和谐，正如弓与六弦琴’。”①人类文化史展示了不同文化之间对立中统一、冲突中融合的事实，揭示了文化中的隐型层面的东西也不是绝对不可通约的事实，而随着世界历史进程的深入和人类共同利益的生成，将达成越来越多的共识，提升出越来越多的价值被整个人类所普遍接受。

全球化理论专家罗兰·罗伯森教授指出：全球化……正在使所有社会文化形态相对化，并使它们“平等化”；在全球化过程中凸显的“文化同质化与文化异质化之间的张力”是“当今全球性互动的中心问题”。“特殊社会

---

① ［德］恩斯特·卡西尔：《人论》，上海译文出版社 1985 年版，第 288 页。

的文化在不同程度上是它们与全球体系中其他社会的互动的结果。换言之,民族社会的文化是在与其他重要文化的互相渗透中分别形成的。由于同样原因,全球文化本身部分地说也是从民族社会文化之间的具体互动的意义上创造出来的。”罗伯森认为某种全球化的认知理念和文化价值观念是可以特殊化的,并把这一过程称为“全球地方化”(glocalization);又认为只要各民族群体或本土群体放弃各种绝对特殊形式的文化原教旨主义,以开放的心态融入全球化进程,或者不再固执于对本土文化或某种特殊文化的知识权力的过度诉求,那么,地方性知识或族群文化同样可以获得全球化的普遍意义,他将这一过程称为“地方全球化”(locglobalization)。因此,尽管全球化存在悖论,但只要文化交融得当,互相“求同存异”,全球化的最终结果不会是坏的。

就我国提出的“一带一路”倡议而言,文化是化解矛盾冲突的有效元素,通过发现不同文化之间的相通之处,让不同的民族团结到一起,填补中外在政治、经济、文化领域的一些空白,也就是在文化交流中“求同存异”:互相理解、包容、和谐、共赢。例如,我国新疆、陕西、云南等地部分穆斯林少数民族与域外中亚五国以及泰国、缅甸等东南亚地区的穆斯林族群地域相邻、历史相通,“血缘相亲、语言相同、风俗相近”以及由此而形成的文化心理上的亲近感,由此形成的文化共通优势将为与这些国家政治、经济方面的交往积累互信和共识。甚至有学者说,实质上,“一带一路”的建设是以政治和经济为先导,构建一个跨文化、跨宗教、跨民族的公共交往空间。①实然,以开放、包容的姿态承载贸易与商业的丝绸之路亦将成为一条人文交流的文明互鉴之路。

① 杨志波:《用伊斯兰文化交流助力“一带一路”建设》,《中国宗教》2015 年第 10 期。

（三）“一带一路”亦是“文化之路”

当今世界经济体系是一个发达的高度融合的贸易体系，不论是国家之间的经济活动还是人民的日常生活都已离不开贸易交流。人们如此熟悉当今的贸易，以至于经常忘记古代时期曾经存在着相当发达的贸易。事实上，远在春秋战国时期（甚至是商周时期），古代中国就与欧亚大陆其他国家存在贸易活动。东汉以后，这种贸易活动逐步由官方主导，甚至是垄断，贸易规模和范围进一步扩大，鼎盛时期遍及欧亚大陆，甚至包括北非和东非。历史上，这些跨国长途贸易交流并无一个专有名词来描述，直到德国地理学家李希霍芬 1877 年在《中国：我的旅行与研究》一书中将其称为“丝绸之路”（当时李氏所用“丝绸之路”仅指自中原经河西走廊和塔里木盆地到中亚和地中海的贸易路线），因自汉至唐这条贸易路线上交易的大宗商品是丝绸，故命名为“丝绸之路”。此后，这个具有强烈的历史文化内涵的名词得到了广泛的认可和拓展应用。历史悠久的“南方茶路”和北方草原贸易路线，以及自宋、元开始的海上贸易路线，很多时候也被称为“丝绸之路”。当然，不同历史时期主导贸易产品不同，并非仅有丝绸一种。比如宋、元、明时期，海上丝绸之路贸易产品以丝绸、瓷器、茶叶和香料为主。伴随商品贸易和人员交流，丝绸之路沿线各国的文化相互借鉴，产生了灿烂的文明。例如，据 A.普拉法伊著的《加洛族》一书曾对加印度东北地区的加洛族语和藏语进行了比较，发现有不少词语是相似的，①且二者习俗也有关。②可

---

① A.普拉法伊：《加洛族》，1975 年英文第一次再版，第 7—8 页。转引自朱昌利：《印度东北地区民族族源和习俗研究——与中国滇、藏和缅北一些民族比较》，《南亚研究》1984 年第 1 期。

② 加洛人传统上珍视牦牛，而这种牛在加洛人居住的地区是没有的。他们在跳吉雷瓦塔舞时就使用牦牛尾巴。他们的歌词里经常提到牦牛尾巴。当问及他们怎么会知道这样一种动物时，他们会郑重地对你说，使用牦牛尾巴的风俗是由他们祖先传下来的；他们甚至还说，他们现在所有的牦牛尾巴是最早的移民带来的。他们还用牦牛尾巴装饰他们的佩刀刀柄，并且视为珍品，加洛人称牦牛为麦契克和唐格鲁。前者和加洛人称本地牛为麦楚的叫法很相近。参见朱昌利：《印度东北地区民族资源和习俗研究——与中国滇、藏和缅北一些民族比较》，《南亚研究》1984 年第 1 期。

以说，“丝绸之路”已经不仅仅是古代贸易的代名词，而是历史上中国与欧亚大陆各国文化交流的“符号”。①

在“一带一路”倡议提出以前，我们对“丝绸之路”的讨论和关注主要局限于史学界、文物学界等。但近年来各地兴起了挖掘“丝绸之路”历史和文化遗迹的热潮，以期确立自己在“一带一路”建设中的地位。虽不能完全否认这种“借古谋今”做法的意义，但这显然误解了“一带一路”使用“丝绸之路”的内在含义。历史上，丝绸之路的具体线路和空间走向随着地理环境变化、经济发展状态以及政治和宗教演变而不断发生变化。“丝绸之路”是具有数千年历史壮丽图景，我们站在现代社会发展的角度去理解“丝绸之路”，它应当是一种不具有固定线路的空间现象。也就是说，“丝绸之路”对于当今社会而言更多的是一种抽象意义的文化符号，而非一种带有强烈具象的空间现象。此外，历史上“丝绸之路”主要存在于和平时期(战乱时往往中断)，而且商品和文化的交流带来了共同繁荣，因此这个文化符号的内涵可以归结为和平、友谊、交往和繁荣。从这个角度看，我国正是凭借“丝绸之路”这个文化符号向世界传递一种理念，即“和平、合作、发展、共赢”。

所以，古丝绸之路不仅仅是一条通商互信之路、经济合作之路，也是一条文化交流之路、文明对话之路。“国之交在于民相亲，民相亲在于心相通。”文化的交流与合作是我国同沿线国家合作的民意基础。各国间的关系发展既需要经贸合作的“硬”支撑，也离不开文化交流的“软”助力。“一带一路”倡议涉及几十个国家、数十亿人口，这些国家在历史上创造出了形态不同、风格各异的文明形态，是人类文明宝库的重要组成部分。只有通过文化的交流与合作，才能让各国人民产生共同语言、增强相互信任、加深

① 陈炎：《海上丝绸之路与中外文化交流》，北京大学出版社 1996 年版。

彼此感情。近年来，中国与“一带一路”沿线国家的文化交流形式越来越新、内容越来越多、规模越来越大、影响越来越广。到2016年年底，中国已经和“一带一路”沿线的60多个国家签订了政府间文化交流合作协定，高层交往密切，民间交流频繁，合作内容丰富，与不少沿线国家都互办过文化年、艺术节、电影周和旅游推介活动等，在不同国家多次举办了以“丝绸之路”为主题的文化交流与合作项目。在充分发掘沿线国家深厚的文化底蕴的同时，继承和弘扬“丝绸之路”这一具有广泛亲和力和深刻感召力的文化符号，积极发挥文化交流与合作的作用，促进不同文明的共同发展。因此，“一带一路”建设应当坚持文化先行，通过进一步深化与沿线国家的文化交流与合作，促进区域合作，实现共同发展，让命运共同体意识在沿线国家落地生根。

二、我国传统文化理念在“一带一路”倡议中的体现

我国传统文化理念以儒学为核心，而儒学的核心是为“仁”，从文学的角度看，“仁，亲也，从人从二”。①强调人与人之间的相互联系、互亲互爱。孔子把“仁”作为最高的道德原则、道德标准和道德境界。在孔子看来，“仁”是内容，“礼”是形式，只有具备了“仁”之欲望的人，才能够自觉地遵循“礼”之法则去行事，反之，经常按照“礼”之法则去行事的人，也会逐渐培养起“仁”之欲望。于是最终达到“一日克己复礼，天下归仁焉”(《论语·颜渊》)的“和”的理想境界。他把整体的道德规范集于一体，形成了以“仁”为核心的伦理思想结构，包括孝、弟(悌)、忠、恕、礼、知、勇、恭、宽、信、敏、惠等内容。我国治国精英们的治理理念也无不体现着传统文化“仁”的思想。

① 许慎:《说文解字》,转引自陈炎:《文化的挑战与应战——关于儒学分期的一种新阐释》,《学习与探索》1994年第5期。

改革开放以来，我国一直积极实践和平共处五项原则，以和平发展为主线，反对霸权主义，强调建立国际政治经济新秩序。1984年5月，邓小平在会见厄瓜多尔总统乌尔塔多时指出：“世界上最根本的问题有两个：一个是反对霸权主义、维护世界和平，另一个是南北问题。”①1985年3月，邓小平提出“中国现在是维护世界和平和稳定的力量，不是破坏力量”的观点，“中国发展得越强大，世界和平越靠得住”。②1992年初，邓小平在武昌、深圳、珠海、上海等地考察时再次指出：“世界和平与发展这两大问题，至今一个也没有解决。社会主义中国应该用实践向世界表明，中国反对霸权主义、强权政治，永不称霸。中国是维护世界和平的坚定力量。”③

从党的十八大以来，在传承历史的基础上，习近平主席提出“构建以合作共赢为核心的新型国际关系”的理念，并且在各种不同场合所作的演讲，每当话题涉及“一带一路”倡议时，习近平主席总是把国际经济交往与合作的政策宣示同精神文明建设和人文主义情怀紧密地联系在一起。他谈论最多、最充分的话题似乎不是具体的经济交往与合作的建议，而是如何理解、认识和看待人类文化的多样性问题。习主席尤为重视通过国与国之间具体的经济交往与合作来推动文明交流互鉴。主要表现在：

第一，坚定不移走和平发展道路。2013年1月28日，在主持十八届中央政治局第三次集体学习时，习近平总书记强调指出：要“加强战略思维，增强战略定力，更好统筹国内国际两个大局……不断夯实走和平发展道路的物质基础和社会基础”，“我们的和平发展道路来之不易，是新中国成立以来特别是改革开放以来，我们党经过艰辛探索和不断实践逐步形成的”，

① 《建设有中国特色的社会主义》(增补本)，中央文献出版社1991年版，第94页。
② 《邓小平文选》第三卷，人民出版社1993年版，第104页。
③ 《邓小平文选》第三卷，人民出版社1993年版，第383页。

“纵观世界历史,依靠武力对外侵略扩张最终都是要失败的。这就是历史规律”。[①]2014 年 3 月 28 日,在德国科尔伯基金会演讲时,习近平主席进一步指出:“中华民族是爱好和平的民族。一个民族最深沉的精神追求,一定要在其薪火相传的民族精神中来进行基因测序。有着 5 000 多年历史的中华文明,始终崇尚和平,和平、和睦、和谐的追求深深植根于中华民族的精神世界之中,深深融化在中国人民的血脉之中。”[②]

第二,走合作共赢新路。2013 年 6 月 19 日,在接见联合国秘书长潘基文时,习近平主席明确指出:“零和思维已经过时,我们必须走出一条和衷共济、合作共赢的新路子。”他说:“历史告诉我们,一个国家要发展繁荣,必须把握和顺应世界发展大势,反之必然会被历史抛弃。什么是当今世界的潮流?答案只有一个,那就是和平、发展、合作、共赢。”2014 年 4 月 1 日,在布鲁日欧洲学院演讲时,习近平主席特别强调:“中国愿意同欧盟一道,让和平的阳光驱走战争的阴霾,让繁荣的篝火温暖世界经济的春寒,促进全人类走上和平发展、合作共赢的道路。”[③]2015 年 3 月 26 日,在博鳌亚洲论坛的主旨演讲中,习近平主席强调:“迈向命运共同体,必须坚持合作共赢、共同发展。东南亚朋友讲‘水涨荷花高’,非洲朋友讲‘独行快,众行远’,欧洲朋友讲‘一棵树挡不住寒风’,中国人讲‘大河有水小河满,小河有水大河满’。这些说的都是一个道理,只有合作共赢才能办大事、办好事、办长久之事。要摒弃零和游戏、你输我赢的旧思维,树立双赢、共赢的新理念,在追求自身利益时兼顾他方利益,在寻求自身发展时促进共同发展。”[④]

---

① 《习近平谈治国理政》,外文出版社 2014 年版,第 247—248 页。
② 《习近平谈治国理政》,外文出版社 2014 年版,第 265 页。
③ 《习近平谈治国理政》,外文出版社 2014 年版,第 282 页。
④ 参见新华网 http://www.xinhuanet.com/politics/2015-03/28/c_1114794507.htm, 2015 年 3 月 28 日。

第三，坚持亲、诚、惠、容的理念。2013年10月24日，在周边外交工作座谈会上，习近平主席指出：“我国周边外交的基本方针，就是坚持与邻为善、与邻为伴，坚持睦邻、安邻、富邻，突出体现亲、诚、惠、容的理念。”①2013年3月25日，在访问坦桑尼亚期间，习近平主席强调：“中国坚持国家不分大小、强弱、贫富一律平等，秉持公道、伸张正义，反对以大欺小、以强凌弱、以富压贫，反对干涉别国内政，将继续同非方在涉及对方核心利益和重大关切的问题上相互支持，继续在国际和地区事务中坚定支持非洲国家的正义立场，维护发展中国家共同利益。”②2014年6月5日，在中阿合作论坛第六届部长级会议开幕式上，习近平主席说道：“千百年来，丝绸之路承载的和平合作、互学互鉴、互利共赢精神薪火相传。中阿人民在维护民族尊严、捍卫国家主权的斗争中相互支持，在探索发展道路、实现民族振兴的道路上相互帮助，在深化人文交流、繁荣民族文化的事业中相互借鉴”，丝绸之路就是要促进文明互鉴、尊重道路选择、坚持合作共赢和倡导对话和平。③

第四，坚持义利合一的价值观。2014年7月4日，在首尔大学的演讲中，习近平主席强调指出：要“在国际关系中践行正确义利观。国不以利为利，以义为利也。在国际合作中，我们要注重利更要注重义。中国主张‘君子义以为质’，强调‘不义而富且贵，于我如浮云’。在国际关系中，要妥善处理义和利的关系。政治上要秉持公道正义，坚持平等相待，经济上要坚持互利共赢、共同发展，摒弃过时的零和思维。既要让自己过得好，也要让别人过得好。不能只追求你少我多、损人利己，更不能搞你输我赢、一家通吃。只有义利兼顾才能义利兼得，只有义利平衡才能义利共赢”。

---

① 《习近平谈治国理政》，外文出版社2014年版，第296页。
② 《习近平谈治国理政》，外文出版社2014年版，第306页。
③ 《习近平谈治国理政》，外文出版社2014年版，第314—316页。

和平发展、合作共赢与和谐共存已经成为各国和地区追求的共同目标，世界各国在经济交往中秉持正确的态度和原则，才能正确地理解和认知人类共同创造的世界文明。首先，文化是多样的，唯有交流互鉴才能体现其价值；其次，文化是平等的，互相平等是交流互鉴的前提；再有，文化是包容的，只有相互平等的交流才能推动更深层次的文化沟通。习近平主席指出，我们要把合作共赢的理念体现到政治、经济、文化、安全等对外合作的方方面面，外交部长王毅也认为，“中国率先提出构建以合作共赢为核心的新型国际关系，不是偶然掉在我们头上的一个苹果，而是中华民族传统文化和新中国外交实践厚积薄发，水到渠成的结果。中华文明蕴含着博大精深的立身处世之道，至今仍滋养着中国人的精神，例如‘己欲立而立人，己欲达而达人’，‘丈夫贵则济，岂独善一身’的道德情怀……”①中国传统文化和而不同的思想理念，必将在世界经济领域展现出巨大的现实意义。可以说我国在处理国际经济社会各种关系中始终贯彻着中华传统文化理念，而“一带一路”倡议正是以和平合作、开放包容、互学互鉴、互利共赢的丝路精神向全世界传递中国传统文化理念。

三、“一带一路”倡议的传统文化保护

“一带一路”作为一条互相理解包容、和谐共赢的“文化之路”，传统文化的重要性已不言而喻了，正如埃及前总理伊萨姆·沙拉夫表示：修正后的全球化是以文化为基础的全球化。“一带一路”倡议是一个以文化为基础的理念。这是中国提出的倡议，但却是全球多领域的项目。中国给出第一推动力，剩下的责任就是全球所有人的责任。“一带一路”倡议是一个理

① 王毅：《构建以合作共赢为核心的新型国际关系》，《国际问题研究》2015 年第 3 期。

念，而不是一个项目，它的发展网络，不仅仅是一个交通的网络，而是一个能够弥合发展鸿沟的桥梁，连接不同的文化。为什么要合作？合作是要实现和谐。我们认为，最重要的一件事情就是要能够与时俱进，利用很好的资源在环境和法律的框架内进行合作。①实然，传统文化是国家和民族的精髓，是“民族的精神命脉和创造源泉”。但打铁还需自身硬，在经济全球化的今天，文化传播越来越广阔和迅速，由于世界各国政治、经济、人口等诸多方面的因素，文化传播逐渐失衡，正如章新胜先生指出：“经济全球化是一把双刃剑，一方面可以拉动不同民族、国家去遵循同一经贸规则。另一方面，它又可消弭不同民族、国家的文化个性，丧失自我发展的内涵支撑。特别是会引发单一文化的危险性。所以我们要注意在经济全球化中因势利导、趋利避害，避免强势经济对弱势经济的文化侵吞。”②经济全球化带来的不平等的“文化交流”，使得文化同化过程加速，特别是我国“一带一路”倡议下，我国与沿线国家以及沿线国家之间的传统文化的交流日益频繁，保护区域内传统文化的平等交流与合作已刻不容缓，而知识产权作为有效的政策工具，可以为传统文化保护贡献自己的力量，从而为“一带一路”建设保驾护航。

---

① 陈醒、越石：《中外专家谈“一带一路”产业合作》，《国际融资》2017 年第 6 期。

② 章新胜：《在中国人民大学孔子研究院成立庆典暨“孔子与当代”学术讨论会上的讲话》，转引自梁颂成主编：《中国传统文化思想精华》，中南大学出版社 2005 年版，第 13—14 页。

第三章
传统文化知识产权保护的理论依据

传统文化作为一种资源的结合体，本身具有稀缺性和特殊性，在过去很长的历史发展过程中，这种特性都体现着特定群体、民族甚至国家的特殊精神，但在经济全球化发展的大潮中，传统文化的传播和流动已经逐渐突破了原有地域和民族的限制，原有的精神层面的价值也在商业化利用的浪潮中呈现萎缩的趋势，传统文化正在面临消亡的危险。目前，保护传统文化的主要途径，一般考虑运用知识产权，要使得传统文化在现有的知识产权框架内得到充分的保护，就必须重新认识现代知识产权框架已有的利益平衡关系。在现如今的理性社会中，各种社会制度，包括政治、经济、法律等无不接受思想家和哲学家们的理性检验。只有合乎理性和正当性的社会制度才会被广泛地接受，并易被人们遵从和执行。①从法哲学、文化学、经济学等不同学科理论角度出发，可以对知识产权有不同的理解，我们也可以从中阐释传统文化知识产权保护的合理性，从而作为理论支撑。

① 冯晓青：《知识产权法哲学》，中国人民公安大学出版社 2003 年版，第 1 页。

第一节 “一带一路”倡议下传统文化的价值发掘

价值是关于个体或者群体所特有的、期望的显性或者隐性的概念，它影响人们的思维、行为、手段、目标的选择。功能学派大师马林诺夫斯基在《文化论》中指出：“文化是包括一套工具及一套风俗——人体的或心灵的习惯，它们都是直接或者间接地满足人类的需要。一切文化要素，若是我们的看法是对的，一定都是在活动着的，发生作用且有效。文化要素的动态性质指示了人类学的重要工作就是研究文化的功能。”①传统文化是一个国家的民族记忆与精神象征，是各民族在共通的历史、文化、传统等方面的制约下，所有生活领域中衍生出来的相互关系，这种精神文化是物质文化不能代替的。传统文化承载着漫长的人类历史，包含着人类对无限事物的理解和人类与无限事物之间的关系，是对人类存在方式的高度审视。作为承载“和平合作、开放包容、互学互鉴、互利共赢”的丝路精神的“一带一路”，不仅是经济意义上对两千多年的“商贸物流之路”的延续，文化意义上的“民心相同之路”，通过发掘传统文化在“一带一路”倡议中存在的价值和意义，可以更加妥善地部署传统文化保护策略，夯实“一带一路”建设基础。

一、文化价值

费孝通在释义马林诺夫斯基的功能理论时说：把文化看作满足人类生活需要的人工体系，是功能学派的基本观点。文化是为人们生活服务的体系。人是体，文化是用，体用分明，这是一种朴实的文化论。这种功能的需

① ［英］马林诺夫斯基：《文化论》，费孝通等译，中国民间文艺出版社 1987 年版，第 14 页。

要实质上就是“价值”，马林诺夫斯基也认为：价值是“有机体为了满足其有机体之需要而对某些目标、规范以及有助于有机体欲求满足的人的强烈而不可避免的附属品”。[①]按照功能理论的学说观点，一个社会的所有文化其实只是一组工具，其存在目的在满足人类自身的种种生理和心理需求。[②]然而各文化要素之间是环环相扣，且不断变动以保持有效的运作，所以我们可以在各文化中找到一套自己的运作原则，而这些原则也和社会中的实质功能保持紧密的关联。如果我们把文化看做成套的行为系统，那么文化的核心则有一套传统观念，尤其是价值系统所构成。正如习近平总书记在北京大学师生座谈时说：“古人说：‘大学之道，在明明德，在亲民，在止于至善。’核心价值观，其实就是一种德，既是个人的德，也是一种大德，就是国家的德、社会的德。国无德不兴，人无德不立。”一个群体所共同接受并遵从的价值观，集中代表着那个群体的文化精神。一个群体的价值观以及体现价值观的社会行为规范、物质载体，通过符号传承作用，涵盖群体所共有的意思系统，形成一套完整的价值体系。具体包括三个方面：

一是群体内部认同的价值观。这是一个社会或群体中的人们所共有的区分事物好坏、对错、善恶的体现共同愿望的观念，这种人类行为选择的标准体系，既是人行为的直接结果，也是人行为的指南针。它集中地反映

---

① 引自《云五社会科学大辞典》第十册《人类学》，台湾商务印书馆 1971 年版，第 275 页。

② 功能主义(Functionalism)，也称作结构功能主义(Structural functionalism)，它的基本观点是把社会看成一个具有一定结构和组织化手段的系统，各社会组织有序的关联系统，并对社会整体发挥有效功能。强调整合的作用，忽视冲突。功能论指出，所有社会现象——不管这现象看来是多么不道德、多荒谬、多邪恶、多不应该存在——只要它确实存在，那么这种社会现象在社会中必然扮演着某种社会功能，比方说贿选、强奸、黑市交易等。而功能论的研究目标，就是寻找这些表象底层所代表的社会功能到底是什么，进而寻找完成相同社会功能更有效合理的替代方法。罗伯特·金·默顿(Robert King Merton)将功能主义的主要观点概括为：(1)一个社会是由相互关联的各个部分组成的系统；(2)这样的社会自然会趋向一种动态平衡的状态；一旦出现不平衡，各种趋于稳定的力量将会出现；(3)一个社会的各种重复活动具有维持社会稳定的作用；(4)一个社会中至少有一些规范和重复的行动有着满足该系统关键需求的功能，否则此系统无法生存。

了群体意志和心理，因此是传统文化的核心组成部分。如我国的传统文化以个体农业经济为基础、以儒家伦理道德为核心的社会文化体系，因而我国的传统文化价值取向大体分为三个基本点：以土地为基础的人生本位，以家庭为基础的群体本位，和以伦理为基础的道德本位。①同时，由于每个部族的内部价值观念的不同，传统文化便在社会生活的各个方面不断交流和影响，主要表现在社会习俗、道德观念、人生礼仪及各种文化制度。据学者研究发现，阿洪人作为傣族的一支，他们13世纪开始从云南西南部和缅甸北部沿着陆上通道移动到布拉马普特拉河谷时，带去了傣族文化。如朗格利·比胡节，与傣族重要节日泼水节十分相似。比胡(Bihu)一词是傣语，即“Bo”和“Bu”，有“崇拜”和“牛”的意思。这个节日在4月中旬，一连举行三天。节日期间要唱比胡歌，跳比胡舞。人们互相泼水，给牛洗澡。因此可以认为比胡节来源于泼水节，同时吸收了当地文化的特点，可以说它是傣族文化与当地文化相结合的产物。②

二是社会行为规范。价值观看不见摸不着，但社会群体通过制定社会行为规范来表达他们的价值观念，这种行为规范是具体化的、外在化的价值观，包括习俗、道德、法律、制度礼仪等。有的民族集体活动方式，如成人礼、丧礼等特殊仪式，都是具体的礼仪制度，集中体现和反映了每个民族的信仰、崇尚观念和价值取向。按照前述功能主义理论，正是部族制定的行为规范，使得社区内存在一些重复的行为和制度以维持社会的动态平衡和稳定，使得人类社会得以维系、发展和进步。

三是价值观念的物质载体。社会是物质的，文化同样是离不开物质的，美国人类学家林顿说：“在人类学研究的早期发展中，物质文化一词所

---

① 参见司马云杰：《文化价值论》，人民出版社1988年版，第257—258页。

② 朱昌利：《南方丝绸之路与中、印、缅经济文化交流》，《东南亚》1991年第3期。

指的就是人工制品。然而人类学家现代的趋势是从文化概念中排除实务本身，但却涵括可称为实物模式的那些东西。因此，石斧的本身不认为是文化元素，而其形状、大小、制作、质料等特征，才是社会之文化元素。”[①]不可否认，物质文化是人类制造的物质财富的总和，广义地讲，人类制造的所有的物质产品都融入了一定的价值观，所以，可以说人类制造的所有物质形态的产品都是文化的载体。如印度与中国在古代时期佛教文化的往来十分密切，[②]印度教的“摩诃迎罗”（大黑天神，其形有一面八臂和三面六臂，身青黑色），在西南一些少数民族供奉的神祈中可找到它的踪迹。《云南通志》收入的《大灵庙碑记》说，“蒙氏威成王尊信摩诃迩罗大黑天神，始立庙肖像祀之”。楚雄州武定县和禄劝县交界地的彝族聚居区三台，其山顶的绝壁上，以浮雕形式刻着两个神像，其一为“大圣摩诃迎罗大黑天神”，像高4.52米，肩长六臂，右前手持戟，右后手垂下捏佛珠一串，左前手屈于胸，左后手托塔，身上斜挂骨骼。四川凉山彝族自治州昭觉县鸿长沟拎什瓦候岩画，主神为三头六臂，形似大黑天神，其手持枪、锤和具有彝族文化特征的八方宝轮。云南大理、昆明、晋宁、姚安和剑川等地均有类似的大黑天神石雕神像。[③]文化通过物质载体的保留得到了传承和延续，最终形成了多样化的意义体系。

联合国教科文组织北京办事处原文化项目专员木卡拉指出：“非物质遗产是人类遗产非常重要的资源，正像有形文化遗产给人类留下的永恒记忆一样。就语言、民间音乐、舞蹈和民族服装来说，它们都能让我们从更深刻的角度了解它们背后的人和这些人的日常生活。通过语言途径传播的

① Ralph Linton. The Tree of Culture, New York, Knopf, 1995, pp.36—37.

② 据《太平广记》卷190记载，“唐咸通（公元860—874年）有天竺三藏僧，经过成都，晓五天胡语，通大小乘经律论，以天竺与云南接壤，欲假借道而归”。

③ 参阅《云南社会科学》，1988年第5期，第77页。转引自朱昌利：《南方丝绸之路与中、印、缅经济文化交流》，《东南亚》1991年第3期。

口头传统和哲学、价值观、道德尺度及思考方式构成一个社会生活的基础。这些无形传统转瞬即逝的特征使得它们非常脆弱。非物质遗产所涉及的范围非常广泛，每一个人与它都脱不开关系，因为在每个人身上都包含着他所在社会的传统。”①一个国家、一个民族的强盛，总是以文化兴盛为支撑的，国家发展道路、精神动力、突出优势都与优秀的传统文化息息相关。在“一带一路”倡议下，只有真正懂得传统文化的价值所在，才能懂得“一带一路”整体的内涵和意义。

我国的传统文化以民族为“根”，以精神为“魂”，正如习近平总书记指出：“中华文化强调‘民惟邦本’、‘天人合一’、‘和而不同’，强调‘天行健，君子以自强不息’、‘大道之行也，天下为公’，强调‘天下兴亡，匹夫有责’，主张以德治国、以文化人；强调‘君子喻于义’、‘君子坦荡荡’、‘君子义以为质’；强调‘言必信，行必果’、‘人而无信，不知其可也’；强调‘德不孤，必有邻’、‘仁者爱人’、‘与人为善’、‘己所不欲，勿施于人’、‘出入相友，守望相助’、‘老吾老以及人之老，幼吾幼以及人之幼’、‘扶贫济困’、‘不患寡而患不均’……等等。像这样的思想和理念，不论过去还是现在，都有其鲜明的民族特色，都有其永不褪色的时代价值。这些思想和理念，既随着时间的推移和时代变迁而不断与时俱进，又有其自身的连续性和稳定性。”②“要坚定中国特色社会主义道路自信、理论自信、制度自信，说到底是要坚定文化自信。文化自信是更基本、更深沉、更持久的力量。历史和现实都表明，一个抛弃了或者背叛了自己历史文化的民族，不仅不可能发展起来，而且很可能上演一场历史悲剧。”③从传统文化的文化价值层面看，“一带一路”倡

① 刘红婴：《世界遗产的精神》，华夏出版社 2006 年版，第 166 页。
② 参见党见网 www.wenming.cn/djw/gcsy/yjjd/201405/t20140507_1923604.shtml。
③ 习近平在哲学社会科学工作座谈会上的讲话，《人民日报》2016 年 5 月 19 日。

议下传统文化保护的意义在于：第一，通过对传统文化的保护和研究，充分发掘不同文化中的相同元素，求同存异，在相互认同的文化价值观念下，增强文化自信，同向而行，谋取共同利益；第二，在充分尊重和学习传统文化所遵循的社会行为规范过程中，增加文化交流和合作的机会，同时也减少了"一带一路"建设中的误会与摩擦；第三，通过文化产品的贸易与合作，实现互惠互利。

二、经济价值

传统文化是社区群体在长期的历史实践中创造出来的物质财富和精神财富的总和。其经济价值与文化价值是密不可分的，一方面从文化价值的开发利用角度出发，传统文化已经产生后，其文化价值就对经济价值产生了反作用，可以说，传统文化的经济价值依附于文化价值，另一方面，从发生学意义上看，传统文化的经济价值是其他价值（包括文化价值）的基础，因为，人们最先创造出某种传统文化时，都是由于改造自然，让自然为人类带来更多更好的财富的目的。同样，传统文化能否继续传承也取决于它最终能否为社会实践带来利益（但就某个历史时期而言，当某种传统文化的经济价值的实现条件尚不成熟时，我们就当将它作为潜在资源来保护，如战争期间）。因此，传统文化的文化价值以及其他派生的政治、历史、宗教、艺术等价值都将最终服务于其经济价值。可见，传统文化的经济价值是十分重要的内容。

世界各地不同的文化背景形成了各具特色的传统文化形态。如别具特色的古建筑文化，千姿百态的雕塑文化，绚丽多姿的服饰文化，美味丰盛的饮食文化，还有那些脍炙人口的文学作品、热情奔放的民族打歌、催人奋进的民族音乐等，都是具有地方特色和丰富内涵的传统文化的重要组成部分。优秀灿烂的传统文化，不但具有自身的精神动力，而且是经济活动的重要资源。这种经济资源分为有形资产和无形资产两个方面：有形资产，如一般的文化产品包括手工艺品、服饰、建筑等这类物质载体产品，它可以做成产品供人们娱乐、观赏和使用，例如民族服饰文化就可以为服装提供高附加值；无形资产，如名城、名山、名水、名人、名歌、名画和民族节日等具有悠久历史文化内涵的无形文化产品，传统文化对各行各业来说，都是一种宝贵的资源。

从消费者的角度看，在知识经济时代，随着消费者文化素质和收入水平的不断提高，消费模式必然由实用功能型消费向文化审美型消费转变。现代消费者购买商品，并非仅仅为了购买商品的物理功能或效用，他更希望从中获得一系列的使用价值、审美价值、心理需求等一系列利益的满足。利用现代人追求返璞归真，民族特色的心理，在现代市场经济中，可以在商品的构思、设计、造型、款式、装潢、包装、商标、广告、营销、消费等每一个环节体现出一定的传统文化内涵、地方特色。商品和服务因传统文化内涵和个性而凸显具有特色的精神功能和审美价值，提升其档次和品味。富含文化内涵的商品和服务能有效满足消费者的物质需求和精神需求，在众多的同类商品中脱颖而出，受到消费者的青睐，赢得消费者的“货币选票”。

传统文化在世界范围形成的行业产值和巨大市场是不容忽视的。对一些国家来说，手工艺品生产和销售占其GDP的主要部分，如在布基纳法索占70%，在秘鲁占50%，在摩纳哥占10%，仅在拉丁美洲，就有大约2 500万人从事手工艺品的生产。[①]在新墨西哥，印第安工艺遗产成为一个年

① Betsy J. Fowler, “Preventing Counterfeit Craft Designs”, edited by J. Michael Finger Philip Schuler, Poor People's Knowledge: Promoting Intellectual Property in Developing Countries, the World and Oxford University Press, 2004, p.114.

收入达80亿美元的产业。[①]我国2016年文化产品和服务进出口总额达到1 142.1亿美元，文化体育和娱乐业对外直接投资39.2亿美元，与“一带一路”沿线国家和地区文化产品进出口额达到149亿美元，占文化产品进出口总额的16.8%。2016年文化服务出口占我国服务出口总额的比重为3.1%，比上年提升0.7个百分点。影视、动漫、网游等新兴文化产品出口同比增长25%，版权输出达到1万种。一大批影视剧出口到哈萨克斯坦、吉尔吉斯斯坦、埃及、阿联酋等国；部分国产动画片成为印尼、土耳其、越南等国的热门儿童节目。截至2016年年底，中国已经和沿线64个国家签订政府间文化交流合作协定。截至2017年，中国已在11个“一带一路”沿线国家设立了中国文化中心。文化贸易承载着丰富的传统文化元素，不仅推动着“一带一路”的经济发展，还可以逐渐消除国家、种族之间的陌生感，增进相互信任。

传统文化的经济价值着重体现在旅游行业。旅游说到底是一种文化现象，任何一次旅游的经历，都是一次对新文化的体验，我们将与文化有关的旅游称为“文化旅游”，是指人类记忆中一种正在消失的生活和生产方式场景或地方特色，表现形式如旧式房子、自家的纺织物、马或者牛拉的车和犁、手工艺品。旅游地活动包括在简陋的农家旅馆进餐，民间风俗表演，化妆酒会或酒节，或者如粗犷的美国西部生活中的骑牛赛等。[②]具体表现形式可以分为遗迹遗址旅游、建筑设施旅游、人文风俗节庆旅游和特色商品旅游及综合性旅游等几大类型。文化旅游是一种全新的、知识含量非常高的旅游形式。据世界旅游组织预测，原市场份额较大的自然风光旅游产品增长率下降，而文化旅游将与探险旅游等成为最有吸引力的旅游产品。文化

① Agnes Lucas-Schloetter, folklore, Edited by S.von Lewinski, Indigenous Heritage and Intellectual Property: Genetic Resources, Traditional Knowledge and Folklore, Kluwer Law International, 2004, p.260.

② Smith Valene L Introduction. V L Smith. Hosts and Guests: the Anthropogy of Tourism. Pennsylvania: The University of Pennsylvania Press, 1997. pp.1—14.

旅游经济将是世界旅游产业的一个重要趋势，“今天约有35%—75%的国际旅游者被视为文化旅游者。如果以这些数据为依据，那么每年有多达2.4亿人次的国际旅游都包含了某种文化旅游因素。文化旅游可以说已经超越了生态旅游而成为旅游的时尚术语”。①“一带一路”倡议下，文化旅游交流成为民间交流的主要渠道，它不仅是文明互鉴、文化交流和友谊播种的重要桥梁，而且是人员交流的主要载体。通过文化旅游交流与合作，发挥旅游业在“一带一路”建设中的带动性作用，联合打造具有丝绸之路文化特色的旅游产品和遗产保护。通过互办旅游年活动，推广对方的旅游产品，介绍对方的旅游产业，增强中国与“一带一路”沿线人民对彼此旅游人文资源和自然资源的认知，增强对对方国家的认识和了解，增进人民之间的友谊与感情。根据国家旅游局预测，“十三五”期间，中国将为“一带一路”沿线国家输送1.5亿人次中国游客和超过2 000亿美元的旅游消费。同时还将吸引沿线国家8 500万人次游客来华旅游，拉动旅游消费约1 100亿美元。随着“丝绸之路旅游年”宣传主题的推广，“丝绸之路”文化品牌效益将激发“一带一路”沿线游客入境中国旅游的潜力。正如中国社科院旅游研究中心秘书长金准说，丝路旅游是人文交流的主要载体之一，通过旅游进行的民间交流，已经是“一带一路”沿线民心相通的基本形态。

第二节 “一带一路”倡议下的文化多样性保护

文化，可以说是人类智慧、精神和美学的发展过程，②关于文化多样性，

---

① [加]Bob Mckercher、[澳]Hilary du Cros:《文化旅游与文化遗产管理》，朱路平译，南开大学出版社2006年版，第1—2页。

② [英]约翰·斯道雷:《文化理论与通俗文化导论》，杨竹山等译，南京大学出版社2001年版，第2—3页。

目前尚未有一个严格的定义。有学者认为，文化多样性是人类在长期发展过程中形成的生活方式，分为有形的和无形的两种多样性：有形的多样性包括村落、祭祀神灵祖先的庙堂、舞场、建筑、饮食、传统的加工活动（如烹饪、编制、舂米、雕刻等）、实物（如衣服、家具、生活用品、民间工艺等）、礼仪活动和与民族文化相联系的历史文献；无形的多样性包括世代相传的家庭生活、神话、民俗、民歌、民间舞蹈、口头传说、信仰意识等。①联合国教科文组织在2001年发布的《文化多样性宣言》中指出："文化在不同的时代和不同的地方有不同的表现方式。"不同的时代和不同的地方文化的"不同表现方式"使得文化呈现出丰富的状态，从这个角度来看，文化多样性可以理解为"多样性文化"和多样性的文化类型。在"一带一路"倡议下，文化同化与文化安全是沿线国家共同面对的困境，同时，文化多样性保护也成为其共同的愿望与期待。

一、"一带一路"倡议下文化多样性保护的重要性

美国人类学家鲁斯·本尼迪克认为文化是通过某个民族的活动而表现出来的一种思维和行为模式，一种使该民族不同于其他民族的模式。②从这种意义上讲，文化多样性的原因在于文化差异。③从进化的观点来看，任何一个文化主体都生存在一个复杂多变的自然环境和社会环境中。在文化类型长期的发展演变过程中，为了应对复杂的自然环境和社会环境的挑战，文化类型会自觉或不自觉地调整和进化，以增强其生存能力、保护能力和适应能力。这样，文化类型的劣性因素就会逐渐淘汰。从文化类型之间

① 刘冬雪：《文化全球化与文化多样性》，《社会科学辑刊》2003年第1期。
② [法]维克多·埃尔：《文化概念》，康新文、晓文译，上海人民出版社1988年版，第5页。
③ 文化差异是不同文化之间的差别，当他们相遇之时会产生冲击、竞争及失落等反应。文化差异可能由于宗教界别、种族群体、语言能力、政治立场、社会阶级、性别、民族主义、年龄代沟、文学修养、艺术认知、教育程度等之不同而产生。

的交流来看，不同文化之间通过长时间地相互作用和影响，在不断淘汰劣性因素和接受优质要素的过程中对自身进行“改良”和“加工”，实现该文化的新发展。正如联合国教科文组织总干事的科学顾问欧文·拉兹洛认为："借助生物进化理论有助于作出正确的判断：文化像物种一样，能够在与外界相互影响的接触中得到丰富和加强。"①因此，任何一个现存的文化，都是特定文化主体对社会历史和环境挑战的结果，都经历了漫长的演变过程。这种历练使得每一种文化都形成了不同的自身特色。“其每一个部分都是特殊的和唯一的，而且具体到细枝末节都彻底不同于其他文化的相应部分。”②不可否认，当代世界的每一个文化都有其独特性。

文化多样性的价值在于维护人类文化和人类本身的可持续发展。第一，文化多样性是人类应对挑战的重要基础。世界上不同类型的文化，“可以储存好的和有用的做事方法，储存这方面的知识和经验”。③文化也是通过自然界中优胜劣汰的规则生存下来的，在不利于自身存在的环境和条件下，只有通过不断改变，吸取其他文化的优势因素取长补短，才能获得生存和延续的机会与可能性。正如瑞士哲学家霍伦斯坦所说：“我们效仿一种模式或根据指导去行动，要比我们独立地、创造性地发展出某些东西容易些。因此如果我们在自己的文化和历史中陷入困境，明智的方法是把目光投向外来传统。”④文化是保存人类经验的重要媒介，而文化多样性则是人类知识经验丰富的象征，文化多样性的存在为“社会的更新和适应性变化提供了丰富的资源”。⑤就“一带一路”建设而言，保护文化多样性，就是在保护“一带一路”建设的多样性，让“一带一路”建设往多方面、更深层次的方

① 姜飞：《跨文化传播的后殖民语境》，中国人民大学出版社2005年版，第147页。

②④ [瑞士]E.霍伦斯坦：《人类同等性与文化多样性》，张敦敏译，《哲学译丛》1999年第3期。

③ 联合国教科文组织编：《世界文化报告1998》，关世杰等译，北京大学出版社2000年版，第3页。

⑤ [美]P.K.博克：《多元文化与社会进步》，余兴安、彭振云、童奇志译，辽宁人民出版社1988年版，第149页。

向发展。

第二，文化多样性是人类自身和人类文化实现健康发展的重要基础。文化多样性所要求的不同文化之间的多元关系，成为各种文化之间的张力结构赖以保持的可靠保障，而不同文化之间的张力关系恰好为人类文化的存在和发展提供了不竭的动力。①人类离开了所有不同文化之间的相互补充，就可能将一种文化的缺陷放大为整个人类文化在总体上所普遍具有的共同缺陷。正如人类进步基金会研究报告《共同创造地球的未来》中指出："多样性的文化是人类的共同财产，也是人类能够应对各种复杂情况、迎接各种挑战的力量和智慧的源泉，因此必须全力保存这种多样性。"文化的多样性可以说是"一带一路"建设可持续发展，是实现"绿色之路""健康之路"的重要基础。

第三，文化多样性是人类文化保持活力的重要条件。许多民族的各类创作都根基于本民族的文化传统，可以说文化多样性正是各民族交流、创新和创作的源泉。离开本民族的文化传统，创作出来的作品也就不会有鲜明的民族特色。因此，各种形式的文化遗产都应当得到保护、开发利用和代代相传。文化的多元并存不仅是提供了彼此交流、学习和借鉴的机会，还提供了人们得以共享彼此文化成果的机会。更重要的是，现代人类面临着许多前所未有的难题，文化的多样性存在为人类解决自身问题提供了选择机会。文化的多样性为不同的文化主体提供了诸多创造的可能，类似生物学上的"杂交优势"。保护文化多样性，可以为"一带一路"建设蓄力，具备文化多样性特征的"一带一路"建设也将越来越广阔长远。

第四，可持续发展不仅仅单纯地强调人与自然的关系，在关注经济、社

① 何中华：《从生物多样性到文化多样性》，《东岳论丛》1997 年第 4 期；刘冬雪：《文化全球化与文化多样性》，《社会科学辑刊》2003 年第 1 期。

会与环境的协调发展的同时，还特别注重不同种族、不同国家、不同民族、不同地域之间的均衡发展及人与人之间的和谐共处问题。统一的文化从表面上看有助于人与人之间的直接交流，有助于人们共享文化成果，有助于形成统一的社会意识。然而这些便利一旦成为现实，人们将失去多姿多彩的文化生活，变得像机器人一样，按照一个统一的模式消磨时光。生命将变得索然无味，社会的发展将失去动力，人类存在的意义将由此受到质疑。①同时，没有了文化的多样性，文化就缺乏在对话、交流的基础上进行扬弃和超越的空间，面临退化和畸变的危险。文化的传承和进化本身就是通过文化的生产和消费得以实现积淀的过程，也是文化的创造过程。文化的存在是经验的积累而绝非先验，是特定民族性与时代性相互制约、优势互补的结果。正如香港社会学家胡国亨认为的：“将不同地区的文化趋向统一化，等同将其他文化淹没，等同人类文明生存的弹性降低。”②季羡林先生也认为：“一个统一的、单一的‘全球’文化，是人类文化发展的歧途，是人类发展的悲哀。”③正是由于文化多样性之间的交流、融合和补充，极大地促进了社会系统相互联系的开放性和交换深度，从而推动社会生态系统的平衡和优化，保证系统发展的稳定性、协调性和持久性，实现人类社会的可持续发展。所以，保护文化多样性是“一带一路”建设的应有之意。

二、“一带一路”倡议下文化多样性保护的紧迫性

2001 年 11 月，联合国教科文组织通过的《文化多样性宣言》指出，“文化多样性增加了每个人选择的机会；它是发展的源泉之一，它不仅是促进

---

① 唐广良：《可持续发展、多样性与文化遗产保护》，《贵州师范大学学报》2005 年第 4 期。
② 贾乐芳：《知识经济与文化多样性》，《哲学视野》2004 年第 1 期。
③ 季羡林、张光璘编选：《东西文化议论集》，经济日报出版社 1997 年版，第 358 页。

经济增长的因素，而且还是享有令人满意的智力、情感、道德精神生活的手段。”“保持文化多样性是交流、革新和创作的源泉，对人类来讲就像生物多样性对维持生物平衡那样必不可少，从这个意义上讲，文化多样性是人类的共同遗产，应当从当代人和子孙后代的利用考虑予以承认和肯定。”①这一宣言的通过，既表现世界各国对保存文化多样性的重视，同时也反映了在全球化背景下，文化多样性受到的冲击和挑战。“一带一路”建设中，我们更要警惕文化多样性受到的威胁和挑战：一是全球化使得文化交流过度“频繁”导致的同化效应，二是国家综合实力的不平等导致的“文化风险”，即文化安全问题。

（一）同化效应

文化同化（Cultural assimilation），在社会学上是指个人或团体，被融入非原本，但具社会支配地位的民族传统文化的过程。同化是社会学借用生物学的概念来的。不同文化类型在发展过程中，相互之间进行反复的交流、博弈和碰撞，由此出现“达尔文”现象，形成强势文化类型和弱势文化类型。强势文化对弱势文化的同化，实质上是一种文化入侵。

在综合实力的比拼中，弱势群体的人口被消灭，土地被占领，其文化也处于消失的边缘。据估计，在巴西，从 1900 年来，每年都有一个印第安部落消亡。正如拉德克利夫·布朗所说：“这些文化正以惊人的速度被破坏。由于欧洲人的贸易或经济开拓、欧洲官员的通知及传教士活动等这些联合行动，这种毁坏的过程正在加速地进行。我从第一次从事这种研究至今已有 25 年。在此期间，我目睹了许多重大的变化。25 年前，从澳大利亚、美拉尼西亚和北美的部落中，我们获得了极有价值的材料；但是，这些部落今

① 冯晓青、符颖：《论传统知识寻求知识产权保护的正当性》，《湘潭大学学报》2005 年第 2 期。

后能告诉我们的已没有多少了。在许多方面甚至是一无所有。在25年里，情况的恶化将是前所未有的。今天在地球各处还能进行研究，将成为再也不可能的事情……大量极重要的材料正在年复一年地迅速消失……”[①]英国人类学家保尔·西力图(Paul Sillitoe)也认为，随着现代通信技术革命和文化全球化的发展，知识类型之间的融合进一步发展，知识类型之间社会文化背景的差异日益模糊了，因而专门讨论作为另类知识的传统文化，在人类学上是没有什么意义的了。[②]事实上，早在半个多世纪前就有人类学家指出了这一点，现代美国文化生活中黑人文化的困境也是如此。[③]

同时，诸多语言也面临着消亡的危险。德国知名学者威廉·冯·洪堡曾经说过：“每种语言都反映了一个民族的精神和智慧。”随着互联网的迅速发展，成为人类生活的一部分，而互联网上有80%以上的信息都是通过英文来传递的，英语更加成为语种中的霸主，人类语言文化的多样性正在面临前所未有的挑战，其他语种正在全球化中加速消亡。人类多种语言共存的局面正逐渐被打破，据推算，公元前地球上曾有12 000种语言存在，公元元年时降为10 000种，到15世纪时减少到9 000种，而如今只有6 000多种左右。根据联合国教科文组织于2013年发布的“全球濒危语言地图”，目前，世界上有6 000多种语言，其中20%—50%已经失传，并表示，每两周就有一种语言消失，语言的消亡速度超过很多动物的灭绝速度。语言是文化的载体，是传播的工具。语言的多样化，意味着人类多元的文化

① [英]拉德克利夫·布朗：《社会人类学方法》，夏建中译，华夏出版社2002年版，第70页。

② Granham Dutfield, TRIPs-Related Aspects of Traditional Knowledge, Spring, 2001, 33, Case W. Res. J. Int'l L. 233.

③ 黑人文化在美国由边缘化走向“虚无”，“虚无主义以及对黑人的存在构成了威胁”，导致了黑人社会的解体，美国黑人文化处于消亡的边缘。参见[美]乔治·瑞泽尔：《后现代社会理论》，谢立中等译，华夏出版社2003年版，第271页。

和人文生态得以保持和传承。一种语言的消亡，意味着人类失去了一种文化、一个信息的源头，或者说是一份珍贵的历史遗产。语言消亡带来的生活和生存方式的单一，甚至会威胁到人类的生存和未来的发展。正如章新胜先生指出："经济全球化是一把双刃剑，一方面可以拉动不同民族、国家去遵循同一经贸规则。另一方面，它又可消弭不同民族、国家的文化个性，丧失自我发展的内涵支撑。特别是会引发单一文化的危险性。所以我们要注意在经济全球化中因势利导、趋利避害，避免强势经济对弱势经济的文化侵吞。"[①]我国所倡导的"一带一路"建设"文化先行"策略也应当以保护文化多样性为先导，以平等互利、开放包容等理念，加强"一带一路"区域保护合作，达成文化多样性保护共识，共同维护区域内文化的多样性。

（二）文化安全

文化安全理论源自美国亨廷顿的"文明冲突"学说，其"冷战后世界冲突的根源不再是意识形态而是文化"的观点得到了诸多国家的认同，并认为文化可以形成民族认同感和凝聚力，且能有效维护和推动国家发展。国家安全已经从传统的军事安全领域扩展至经济、文化、生态领域。[②]经济全球化带动的文化全球化对发展中国家的文化独立提出了新的挑战，并日益呈现国家文化主权的弱化和传统文化的边缘化的"文化风险"。美国哈佛大学教授塞缪尔·亨廷顿在其《文明的冲突》一文中曾说道：文化或文明的冲突在21世纪将取代意识形态和其他形式的冲突而成为世界上的主要冲突形式。[③]正如联合国开发计划署（The United Nations Development Program，简称UNDP）在1990年《人文发展报告》中对文化多样性遭受全球化

---

① 章新胜：《在中国人民大学孔子研究院成立庆典暨"孔子与当代"学术讨论会上的讲话》，转引自梁颂成主编：《中国传统文化思想精华》，中南大学出版社2005年版，第13—14页。

② 周建标：《文化壁垒 民族安全——关于国家文化安全之浅议》，《中外文化交流》2010年第4期。

③ 缪家福：《全球化与民族文化多样性》，人民出版社2005年版，第198—199页。

带来的冲击表示担忧：“因为当今的文化传播失去平衡，呈现出富国向穷国一边倒的趋势……外国文化的入侵已经对文化多样性构成了威胁，必须扶持本土文化和民族文化，让它们同外国文化并驾齐驱。”①文化已成为凝聚和整合民族和国家一切资源的根本力量，这种力量的任何形式丧失，都将构成一个民族和国家的生存安全。②文化价值观的强制输入、挤压弱势文化的文化霸权行径，已经成为危害国际和平与安全的根源之一。因此，保持本国文化的民族性既是民族生存发展的内发动力，又是国家文化安全的力量源泉，也成为全球化背景下国家安全的新屏障。

文化安全的本质实际上是满足国家利益。正如恩格斯所说：“革命的开始和进行将是为了利益，而不是为了原则，只有利益能够发展成为原则。”在民族国家为主体的世界体系里，国家利益是国家存在和发展的前提和基础，是制定国家安全战略的依据，也是国家一切行为的根本动因。国家利益因其需求的不同和多样可分为多种类型，如政治利益、经济利益、文化利益、军事利益等。在国家利益范畴内，国家文化利益是国家利益的延伸，是国家利益的文化存在形态，是最高形式的文化利益。作为一种间接的、深层的、隐约的、曲折的利益表达，文化利益对获取、占有、支配、享用和保障其他形式的利益具有深刻的影响，对国家民族发展有着重要的意义。文化利益的实现可以满足国家精神文化方面的需求，可以继承民族传统、培育时代精神、巩固主流价值，维护文化主权，增强文化软实力，最终促进人的全面自由的发展等。文化利益关系政权的兴亡更替，民族的前途命运，人民的安危祸福，是国家可持续发展的保障。没有文化利益的国家利益不仅不完整，而且难以长久。对文化利益的侵蚀是一种更为致命、更为

① 郑成思：《创新之“源”与“流”》，《人大复印资料》2002 年第 8 期。
② 胡惠林：《中国国家文化安全论》，上海人民出版社 2005 年版，第 5 页。

危险和更为关键性的安全威胁。因此，国家文化安全的本质就在于维护国家文化利益，确保国家文化利益不受侵害。文化安全在文化多样性中就显得格外重要了。

发达国家通过经济强势控制文化输出，并借此宣扬了西方世界观、人生观、价值观，以加强多种方式的文化渗透和文化输出，从而使得国际经贸关系在知识产权体系下表现为对发达国家文化科技成果的有偿利用和对发展中国家传统文化资源的无偿使用，继而引发发达国家与发展中国家在贸易方面的严重失衡并导致发展中国家的传统文化在强大的外来文化攻势下逐渐失去其原本的独有文化特质以及随之减弱了自身文化的话语权、解释权。早在 1965 年，一位非洲批评家恩克鲁玛就这样看待美国传媒及其所代表的意识形态对非洲观众的影响："神气的好莱坞电影是别有用心的，我们只需要听一听非洲观众在看好莱坞英雄们屠杀印第安土著人或亚洲人时爆发的喝彩声便可以理解到这一武器的有效性。"[①]发达国家凭借其经济、科技力量的强大支撑，在国际文化交流中占据绝对主动，并通过文化产品的跨国流动不断进行文化贩卖甚至文化侵蚀。发展中国家与发达国家间平等对话愈加困难，国家文化安全也遭到威胁。由于发展中国家较之发达国家更具有传统文化及其资源的优势，而发达国家已先享受了对高新技术等智力成果进行知识产权保护的成果，它们深知对发展中国家所拥有的大量传统文化进行知识产权保护必将引发巨大经济利益增长以及国家综合实力对比的震动。出于遏制发展中国家及保持本国经济优势的国家利益考量，发达国家普遍拒绝对传统文化进行法律保护，更反对将传统文化纳入知识产权保护体系。他们甚至主张传统文化是历史留给全人类的

① 艺衡、任珺、杨立青：《文化权利：回溯与解读》，社会科学文献出版社 2005 年版，第 308 页。

财富，任何人都可以自由使用而无需征得特定来源群体的同意。这种发达国家与发展中国家在传统文化保护价值理念上的严重分歧，实质体现了国家利益的博弈。有学者认为以美国为首的西方发达国家并未陶醉和满足于其在世界中的统治地位，反而从冷战胜利中看到了文化的作用，更加重视文化安全战略的实施。[①]民族国家文化主权的进一步弱化难以抵挡一些国家通过政治、经济、科技优势以及国际贸易规则进行强势文化战略的“文化霸权主义”的扩张。当今的国际文化领域普遍存在这种不平等的资源流通和文化交流正如胡惠林教授指出：美国虽是一个文化资源稀缺的国家，却通过“全球开放式”的文化资源战略，率先将文化产业纳入产业化轨道，并于1997年出台并实施了“北美行业分类系统”，为其文化产业发展建立起全球文化资源供应与保障系统合法化的法律保障体系。这不仅消除了美国文化产业发展中曾出现的文化资源匮乏危机，且使世界各国文化遗产资源均暴露于国际文化产业巨头的掠夺与竞争压力面前，更丧失了对自身文化资源内容的解释权。[②]

任何民族、宗教想要保持旺盛的生命力，就要在保护、传承好自身独特传统文化的同时，积极吸取其他民族、宗教文化中的合理部分和优秀成果，“一带一路”沿途是世界上典型的多类型国家、多民族、多宗教聚集区域，古代“四大文明古国”诞生于此，佛教、基督教、伊斯兰教、犹太教等也发源于此。在经济全球化下，文化传播逐渐失衡的今天，习近平主席提出“一带一路”倡议，就是以包容发展为理念，强调尊重、平等协作原则，在尊重各国自主选择的社会制度和发展道路，尊重彼此核心利益和重大关切的基础上，求同存异、聚同化异，构建多领域合作体系，打造多层次合作格局，发展多

① 李金齐：《全球化时代的文化安全研究》，中国社会科学出版社2008年版，第145—146页。
② 潘一禾：《文化安全》，浙江大学出版社2007年版，第90页。

渠道合作框架，开辟一条不同发展水平、不同文化传统、不同资源禀赋、不同社会制度国家间开展平等合作、共享发展成果的有效途径，最终打造政治互信、经济融合、文化包容的利益共同体、命运共同体和责任共同体。强调在国际交往中努力构建以合作共赢为核心的新型国际关系，就是以合作取代对抗，以共赢取代独占，不再搞零和博弈与赢者通吃那一套。在文化安全确已成为国家政策需要考虑的重要内容的同时，“一带一路”建设也应肩负起保护区域内各国文化安全的重担，与沿线各国一起共同维护“一带一路”灿烂的传统文化。

第三节　“一带一路”倡议下的传统文化与知识产权

如何保护传统文化是“一带一路”建设的综合性难题，我们也许能从知识产权制度中获取答案。知识产权与传统文化存在潜在的内在联系。首先，近代知识产权制度是科技发展、经济进步和法律完善等因素综合作用的产物，它通过设定独占权利以保护人类的智力成果，从而达到激励创新、调节与平衡知识产权权利人和社会公众之间的利益的目的，最终促进社会进步。这种目的和价值理念与保护传统文化带来的目的和价值是“不谋而合”的，通过保护传统文化，也就保护了人类历史上的优秀智慧，同时也调节了现代商业社会在利用传统文化过程中与传统社区的利益平衡问题，最终得到“双赢”的结果。其次，知识产权具有无形性、时间性、专有性、地域性和可复制性等特征，但其基本特征主要是“专有性”、“地域性”和“时间性”。我们通过上文对传统文化特点的概括(传统性、群体性、非物质性、传承演变性、地域性、象征性)，不难看出，运用知识产权制度来保护传统文化是极有可能的。最后，知识产权作为一种政策工具，其本身就是为政策的需要而诞生的，且在社会的发展过程中不断因政策的需要而作出改变，而传统文化作为一种非物质文化遗产，也不是不可以作为政策工具的保护对象。所以，发挥好知识产权在保护传统文化中的政策作用与价值理念是建设“智力丝路”与“文化丝路”的重要前提。

一、知识产权特征与传统文化

知识产权的专有性主要表现在两个方面：第一，无形财产为权利人所独占，权利人垄断这种专有权利并受到法律的严格保护，未经权利人许可或法律的规定，任何人不得使用权利人的知识产品；第二，对同一样知识产品，不允许有两个或以上的相同属性的知识产权并存，也就是说，如果两个人分别搞出完全相同的发明，在分别申请的情况下，只能由一人获得专利权。同时，知识产权的专有性也是一个历史性概念，虽然广义的知识产权，可以包括一切人类智力创作的成果，也就是《世界知识产权组织公约》中所划的范围，但并非一切人类智力成果都是专有的，正如上文所说的，知识产权制度是在科学技术与商品经济发展到一定阶段才产生的法律制度，正如郑成思教授所说，专有性区分了知识产权与公有领域中的人类智力成果，只有当代作者的作品才处于“专有领域”之中，具有着“专有性”。①

知识产权的地域性是指一国或地区的各种知识产权均只能依一定的法律产生，又只在其产生的地域内有效。比如，在不考虑知识产权相关公约和一体化地区时，在一国出版的享有著作权的作品，被拿到别国后，根据别国的知识产权法，则可能成为人人可翻译出版、并无义务取得该作者许可的公共财产。但现如今，随着跨地域的知识产权侵权日益增加，知识产

① 郑成思：《论知识产权的概念》，《中国社会科学院研究生学报》1996年第1期。

权的地域性对权利人的起诉带来极大的不便，且如果涉及域外侵权案，可能需要法官熟知外国知识产权相关的法律。

知识产权的时间性，一方面是指权利人对无形财产所有权的控制状态与“物”的灭失或者转移没有关系，这种状态是无时间限制的，所以这种无形的财产所有权具有“永恒性”，这是与有形财产权的一个主要区别。有形财产的所有权以有形财产“标的”的存在为前提，一般情况下，在对有形财产进行保护时，其保护不受时间的限制，只要该财产没有灭失，即受到法律的保护。依消灭时效或取得时效也只涉及财产权利主体的变更，而财产本身作为权利客体并不会发生变化。例如，房屋作为“物”倒塌后，其原所有人此时就仅享有一堆砖头的“所有权”了。可以说，有形财产所有权的“时间性”与知识产权相关的无形财产所有权的“时间性”是对不同时空状态下的异种财产性质的描述。另一方面，知识产权的作为权利本身在时间上的有限性，其实是世界各国为了促进科学文化发展，鼓励知识产品公开所普遍采用的原则。知识产权法律制度既要促进科学文化知识的广泛传播，又要注重保护智力劳动者的合法权益，协调知识产权专有性与知识产品社会性之间的矛盾。使得在知识产权法律体系中，不论著作权、商标权还是专利权，都受“一定时期”的限制，时期一旦经过，就不再为发明创造者所独有，而成为社会公共领域的知识，这种时间限制的规定，实质上还是反映出建立知识产权法律制度的社会需要。

对传统文化而言，它是基于传统的信仰、准则和实践，经历了成百上千年的尝试、探索、成功和失败，并通过口传心教而世代延续至今，是历经数代人的试验和尝试而达成的成就，包含着并非任何个人所能全部拥有的丰富经验。同时，传统文化并非一朝一夕形成，而是经过数代人在生产、生活的实践中，逐步积累、总结和完善而形成的精神财富，其形成过程是渐进且漫长的,随着时代、制度、环境和气候等相关因素的变化而变迁,自身是在为适应自然环境和社会结构不断变化和发展的,其存在形式也在不断流动和进化。总之,传统文化经过世代相传、时代延续逐步形成,每一个历史时期的人们在对文化的继承基础上,都会融入本代人的独立意志和再创造痕迹,使其既具有前一历史时期的基本文化形态,又具有本历史时期特有的文化风格。传统文化如此长的历时性,恐怕其他财产都难以“媲美”,传统文化的“时间性”由于具有更强的传承性质,并不会因为个体的消亡而灭失,而传统知识产权的“时间性”却会因为其“私”的因素,在创造发明者不再处于我们所知的时空范围时,其“永恒性”就不存在了,这种意义上讲,传统文化更加具有永恒的“时间性”。

二、知识产权法价值与传统文化

沈宗灵先生对法的价值作出了层次化的表述:一是法律促进哪些价值;二是法律本身具备哪些价值;三是各种价值发生矛盾时,法律根据什么标准对它们进行评价。[①]吴汉东教授将知识产权的价值概括为正义价值(包括平等主体的人格正义、利益均衡的分配正义和权利安排的秩序正义)、效率价值和创新价值[②]:(1)知识产权的平等性首先在于社会个体取得创造者权的机会均等,[③]是一种从事知识创造活动的自由选择。任何人只要通过创造活动取得智力成果即可依法享有相应的知识产权。其次是当事人权利义务关系的对等,各主体对知识产品分别享有专有使用、授权使用、法定许可使用、合理使用等不同利益,知识产权法律制度正是将法律上的权利

---

① 参见沈宗灵:《法、正义、利益》,《中外法学》1993 年第 5 期。

② 参见吴汉东:《知识产权法价值的中国语境解读》,《中国法学》2013 年第 4 期。

③ 也叫平等机会,指社会上每个人获得发展之机会并不因其种族、出身、贫富、性别等因素而有所差异,且并不会确保、也不要求有结果均等(equality of outcome)。

义务关系进行权威性的公正分配，从而实现知识资源的公正分配。最后是个体于智力成果上享有的知识产权是平等的，也就是“法律面前人人平等”的意思。(2)知识产权的分配正义是在制度设计上对知识创造者、传播者、使用者三者利益的公正、合理、协调的体现，对知识财富的分配是通过分配知识创造者、传播者、使用者三者权利义务关系来实现的，而对知识财富相关的利益则是考虑创造者专有权利与社会公共利益之间的平衡性作出的制度安排。具体来说是区分了知识资源在专有领域和非专有领域的界限，还有就是对知识产权独占垄断权利的边界做出了合理的划分，也就是规定了独占垄断权利的例外情况，即对独占权进行了一定的合理限制。从这种意义上讲，知识产权法实质上是对知识资源的利益进行合理分享，是协调创造者、传播者、使用者权利的平衡法。(3)秩序的正义实质上是知识产权法对知识市场秩序的维护体现，如权利的界定、权利的保护、权利的交易等秩序内容。(4)知识产权法的效率价值，一方面体现在制度设计上，通过对著作权、商标权和专利权的管理，协调知识市场中知识产品数量和质量的动态平衡，使得关于知识产品的各项成本—收益达到符合社会与经济发展的合理平衡，①最终实现对知识资源和权利的均衡配置。另一方面，知识产权制度通过界定相关产权，保护创造者的合法利益；又要规制产权关系，促进知识、技术的广泛传播和利用。依照经济学的供给与需求理论，智力创造活动也是一种生产活动，精神生产同样是为了交换，因为只有交换才能获得各类物品的最佳组合，从而达成效用和利益的最大化。就科技创新活动而言，新技术的商品化与市场化是其中的一个关键环节，也是其根本目

① 例如，商标权制度的效益，在于通过给同一质量的保证而节约消费者的寻找成本。而寻找成本实质上就是一种交易成本，是消费者在作出购买产品决策之前对产品质量进行调研而支出的成本。商标权制度中“充分而非象征性使用”的“在先使用”制度便是效率的要求，而“在先注册”制度由于管理和审查成本低于“在先使用”制度，这也是效率的体现。

的。如果一项发明创造完成后不付诸实施，就可能被新的技术所取代，变成无经济效益的技术。知识资源的配置机制和交易制度在法律层面上表现为知识产权的利用，其主要方式就是授权使用、法定许可使用和合理使用。(5)创新价值是知识产权法价值的灵魂，①创新是指以现有的思维模式提出有别于常规或常人思路的见解为导向，利用现有的知识和物质，在特定的环境中，本着理想化需要或为满足社会需求，去改进或创造新的事物、方法、元素、路径、环境，并能获得一定有益效果的行为。创新带动的生产力的增长是经济财富增长的根本原因。从历史发展观来看，创新是社会发展的根本动力、机制和规律。具体到知识产权法律体系中，表现为知识产权法对人在发明创造过程中的能动性的保护，简而言之，就是，知识产权法以尊重创新保护私权为主旨，调整创新所产生的社会关系。同时，为了补贴创新者所支付的成本甚至实现盈利，知识产权制度赋予创新者在一定时间内对其创新成果享有专有权，其他人要想利用其创新成果，必须征得其同意并支付相应的使用费，可谓“给天才之火添加利益之油”，这种巧妙的激励机制为创新者提供了最经济、有效和持久的创新动力，使得创新活动在新的高度上不断地向前推进，从而促进创新成果所蕴藏的先进生产力的快速增长。总之，“尊重知识、崇尚创新、保护精神产权”是知识产权法不可动摇的基石，随着社会的进步，知识产权法应当是以人本主义为最高价值、以和谐发展为终极价值的价值观念体系。最后，我们应该认识到，法价值是历史性、阶段性和选择性的，在不同的历史时期及相对于不同的客观实际，法价值则反映出不同的倾向和选择。

知识产权的以上价值目标对传统文化的保护有着重要的意义。首先，

---

① 参见吴汉东：《知识产权法价值的中国语境解读》，《中国法学》2013 年第 4 期。

对传统知识给予知识产权保护之原因在于它们是人类赖以生存的基础，同时也是社会稳定、和谐、协调发展的需要：第一，因为所有人对共同事务或诸多其他事情的关注都不及对他自己占有东西的关注。第二，倘若每个人都能照管好自己的事务，那么人类社会的运行就会更有秩序。第三，如果每个人都对自己的一份财产感到满意，那么整个人类的相处就会更加和谐。由于传统文化总是来源于一定的社区和特定的群体，历经久远的累积和世世代代的相传，这使得传统文化已经与该社区或群体融为一体，融入他们工作、生活、娱乐等方方面面，并出于对自己传统文化土生土长的热爱和世代相传的责任感，使得传统文化成为他们精神世界的财富和价值观念。对传统文化授予其主体以知识产权，不仅是对传统文化的肯定和强调，更是对传统文化观念的尊重，对传统文化传承者的鼓励，对精神产权的保护，这种价值取向已经与知识产权的人本主义、和谐发展并驾齐驱了。具体来说，以知识产权保护传统文化，将有助于该类文化产品的生产。如果我们将传统文化的所有者界定为一定的社区，这就意味着权利主体可以掌握话语权并且能够支配该传统文化并参与到各种文化交流活动之中，从而提高他们挖掘、整理、开发和传播传统文化的积极性；其次，知识产权主体有获得报酬的权利，传统文化所有人（或传承人）就能够获得独立的经济收益，以促使社区愿意对传统文化进行挖掘、整理、开发和保护，并因此而有益于本地的发展和文化繁荣。

其次，现如今传统文化在现代文化的冲击下正经历着全球主流文化霸权的挤压，人类对传统文化的漠视和叛逆使得很多传统文化形态处于灭失的边缘，通过知识产权保护传统文化从而能在两方面激励其生存和发展：首先，由于传统文化在现代科学技术作用下日益开放，作为公共物品的经济性特征越来越明显，这将造就出为数众多的“搭便车者”。因此，“不受管制的市场将在有创造力的思想上和创造性的作品上生产出小于最优值的信息数量”。[①]有鉴于此，授予传统文化所在社区以知识产权就是要保障信息数量的产出。其次，从客观理性角度分析，传统文化的形成、传播和传承同样需要智力创作者在时间、金钱、智力等方面的消耗，这意味着时间的累积和长期的积淀本身就是价值不菲的无形“资产”，授予一定社区或群体对传统文化享有知识产权，能够使创作者收回投资并刺激其下一轮再创造，如此周而复始以最终确保创作源头活水不断。如果没有让智力劳动者和传承者可能收回其投资和成本的合理预期，没有一个让其可能通过自己的创造性劳动获得合理利润的制度，任何人都不会愿意进行这样的投资(传承)，最后必将造成传统文化资源的枯竭。因此，建立知识产权制度，就在智慧创作物与投资、利润以及财产保护之间，架起一道桥梁，使创作者和投资者能够通过这座桥梁通向自己的预期目的地。

三、知识产权制度政策性质与传统文化

英国是知识产权的发源地，在英国经历了一个由王室特许权向知识财产权的转变过程，15 世纪后期，英国王室为引进外国技术，促进本国技术的发展，以王室特许权的形式授予商人和工匠们在一定时期内对某种商品的垄断经营权利。后来，于 1623 年颁布了《垄断法》，这是公认的世界上第一部完整且正式的专利法，它排除了王室特许权，正式规定了发明人对其创新产品的专有权，即独家生产或制造的权利，而其他人不得利用这种发明，还规定了这种保护期限为十四年。《垄断法》的立法目的在于通过授予发明创造者暂时的市场垄断权利，鼓励人们发明创造新产品和技术，并将其

---

① [美]罗伯特·考特、托马斯·尤伦:《法和经济学》，张军等译，上海三联书店、上海人民出版社 1994 年版，第 153 页。

推广应用，从而实现技术的进步，促进相关产业的发展。之后，英国议会又在1709年颁布了第一部著作权法：《安娜女王法令》，原名为《为鼓励知识创作授予作者及购买者就其已印刷成册的图书在一定时期内之权利的法》，正式确认了作者的著作权主体资格，授予了作者和出版商专有复制权利。从法律名称可以看出，其立法目的在于保护作者对其作品的收益权，鼓励人们进行知识创作以及对出版行业的投资。英国知识产权法律制度的建立奠定了18世纪工业革命的重要制度基础。正如著名经济学家诺思的评价："18世纪的英国获得持久的经济增长，是因为一种所有权演进的环境，这种环境促进了从继承权、无限制的土地所有制、自由劳动力、保护私有财产、专利法和其他对知识产权所有制的鼓励措施，直到一系列旨在减少产品和资本市场缺陷的制度安排。"①可以看出，知识产权实质上是在国家层面上制定、实施和推进的，具而言之，是政府以国家的名义，通过制度配置和政策安排对知识资源的创造、归属以及管理进行指导和规制的社会公共政策的工具。②关于知识产权的政策，实质上是政府为了干预知识市场中其他消费者对知识产品无偿复制行为（搭便车），具体而言，就是通过知识产权制度授予知识产品创造者以独占权（也就是对私人提供的知识产品给以"补贴"）。

从政策工具理论来看，对传统文化而言，长期以来，传统居民和传统社区以其奇特、丰富的传统文化对人文和自然的可持续发展、对文化多样性和生物多样性作出了巨大贡献。但传统文化及其主体在现代化过程中逐

---

① ［美］道格拉斯·诺思、罗伯斯·托马斯：《西方世界的兴起》，厉以平、蔡磊译，华夏出版社1999年版，第23页。

② 公共政策：是指以政策为主的公共机构，在一定时期为实现特定的目标，通过政策成本与政策效果的比较，对社会的公私行为所做出的有选择性的约束和指引，它通常表现为一系列的法令、条例、规章、规划、计划、措施、项目等。转引自吴汉东：《利弊之间：知识产权制度的政策科学分析》，《法商研究》2006年第5期。

渐被边缘化，面临着生存危机。在外部，由于现代知识产权制度及社会价值观的影响，整个世界都表现出了对传统文化及其相应传统知识的轻视和不尊重。在内部，传统文化因缺乏时尚性、缺乏世界主流文化的认同而遭遇年轻人的冷落甚至抵制。而与此同时，现代社会对传统文化进行无偿利用，一些商业主体将一些在传统社区公知的经验知识经过简单加工之后拿来主张知识产权，进而获得经济利益。人类文化的发展（人文的发展）与自然的发展有一个共同的规律，[①]即生物多样性和人文多样性是自然和人文可持续发展的基本条件和重要条件之一。然而，传统文化被边缘化和无偿利用的境遇，无论如何都使得不论发达国家还是发展中国家、现代社区还是传统社区都必须面对这一问题。这个时候，就需要发挥政府政策工具的作用了：以国家之名义，在国家层面上制定、实施和推进，通过制度配置和政策安排对传统文化资源的归属、再创造以及管理进行指导和规制，具体而言，就是以知识产权政策为背景，干预知识市场中商业主体对传统文化无偿复制行为（搭便车），具体而言，就是通过知识产权制度授予传统文化“所有者”（可以是传统社区全部群体，也可以是传统社区的代表机构，也可以是具体的传承人，当然也可以是国家）以独占权，也就是对“私人”的传统文化给以“补贴”。

四、小结

传统文化中的很多内容是零散的、无具体创作人的，它们是与群体生活相关的风俗、习惯，又或者是长期传承的具有群体自身特点的故事、歌曲、手工制品等。它们存在的历史太悠久以至于很难再追根溯源找到某个

① ［美］奥德丽·R.查普德：《将知识产权视为人权——与第十五条第一款第三项有关的义务》，《版权公报》2001年第3期。

具体原始创作人，传统文化在群体内部通过不断的承继发展被以某种载体存储下来，这些载体可能借助于文字记载在纸面上，但更多的却是借助于口口相授或风俗习惯本身保留下来。那些不属于版权保护的传统文化表现形式，或者虽属于作品要件却由于存续时间已超过保护期限而进入公有领域的传统文化作品，对是否应当单独授予持有者于版权之外的特殊知识产权有两种截然不同的意见：一种观点认为，那些满足作品要件的传统文化表现形式将自动受著作权保护，而不符合著作权保护客体要件的对象不应该再获得法律保护，因为这与现行知识产权制度是矛盾的；而与之相反的观点则主要从公平正义和保护文化多样性的需要出发来阐释对传统文化给予专门法律保护的必要性。这两种不同观点看似针锋相对，实际是站在两个不同视野审视同一问题而得出的不同结论：前者是站在传统知识产权架构的技术框架下，认为任何不能被现有知识产权制度容纳的对象都不能纳入知识产权保护框架之中；后者则是以伦理价值为导向，认为确定知识产权制度保护对象不应受立法技术限制而应以公平正义价值为衡量标尺，但这两种观点都没有对传统知识产权制度本身提出质疑。

虽然时代环境已经不同，但对知识产权制度的质疑在知识产权制度历史演进中就一直没有停过。知识产权与物权的最大的不同就是其客体所具备的无实体性，虽以物质为承载体，但却是一种脱离于物质载体之外的非物质之抽象之物，这种抽象之物，有人谓之为信息，有人谓之为知识，但不管称谓为何，都表现了知识产权之“物”的不可确定性。在构建知识产权法律体系的几百年时间里，这种不确定性始终左右或影响了整个知识产权的构建框架，新的技术和新的观点的出现一次次挑战着知识产权的固有理论。以著作权发展史为例，英美法系的版权保护体系的建构就是建立在一次次争端异议妥协退让并达成共识的基础上，但即便如此对现行的立法框架仍然有不少的专业人士提出质疑。美国学者保罗·戈斯汀将法学家分为两派:著作权的悲观派和著作权的乐观派,前者只愿意将著作权保护扩展至为该激励所必需的程度,并且任何超越此限度者,均属于侵占了人的写作自由;而后者则认为作者有权对那些为获取其作品复制件而愿意付费的人收取每一分钱。在著作权乐观派和悲观派的较量中,乐观派的优势直到 20 世纪以后才慢慢体现出来,并体现在美国现行的版权立法中:著作权保护的必要要件由登记变为作品完成即可。英美国家对版权保护的这种争议在大陆法系国家基本没有产生,究其原因在于二者建构的著作权保护理念基础不同,英美法国家赋予作者以著作权皆因其认为著作权制度能激励人们积极创作,所以著作权与经济激励机制是密切相关的;而大陆法系国家著作权建构在作者人格利益基础上,因此作者有权获取著作权所产生的全部利益就显得理所当然。而知识产权制度本身就镀着一层强烈的工具论色彩,当与法律相关时,工具论是这样一种思想:法律是一种工具,拥有资源的人可以利用主观财产抵制客观法律秩序,并且希望对财产规范所作出的变革,当知识财产和主观权利相联系时,其功能会使特权享有者的特殊利益得到巩固。因此,传统知识产权制度本身可能并不像人们想象中的那么完美。

传统文化往往借助于代际之间的传承才被保留下来,同时又不断地改变,这种没有陷入作者观的特定群体内部不断地继承创新和融合使得保留下来的传统文化表达已经很难区分具体的作者。渐进的生态化的以共同体主义的文化为前提的传统知识,同动态的工业化的个人主义文化为前提的发达国家的知识产权制度存在本质差别,以著作权制度保护方式来寻求对传统文化表达的保护是很难相容的。借助于著作权制度,发达国家从传统文化通过符合现在著作权法规定的形式利用并从中获得庞大利益,这使得传统文化的传承群体尤其是具有一定作者权利意识的群体很难接受这种不公平的分配方式，因此有学者直接提出应承认传统文化的特殊性，在版权体系之外为传统文化量身定做一个全新的法律体系，以实现最优保护。

另一方面，虽然“一带一路”沿线国家的知识产权制度差异较大，但经过知识产权数百年的发展，已经具备了一定的知识产权基础，使得在“一带一路”建设下，加强区域内传统文化的知识产权保护合作成为可能。随着知识产权的内容和权利主体的不断扩张，今天的知识产权和传统知识产权在内容上已经发生了很大的变化，虽然以最传统的知识产权观来看，传统文化可能不属于传统知识产权范畴，但它依然可以被纳入知识产权的制度框架内，并且有着深厚的理论基础予以支撑。

第四节　人权理论基础

在《布莱克维尔政治百科全书》中，将“人权”定义为“个体或群体因作为人类，而应享有的权利”。①1948 年 12 月 10 日第三届联合国大会通过《世界人权宣言》，列出了三十条每个人都应该享有的人权，是国际社会第一次就人权作出的世界性宣言。《世界人权宣言》提出，“人人生而自由，在尊严和权利上一律平等；人人都有资格享受本《宣言》所载的一切权利和自由，不论其种族、肤色、性别、语言、财产、宗教、政治或其他见解、国籍或社会出身、财产、出生或其他身份等任何区别”。尽管各国和地区对人权的具体认识与实践互不相同，但是对于一些人权的最基本的内容还是取得了一定的

① 参见[英]戴维·米勒、韦农·波格丹诺:《布莱克维尔政治学百科全书》，邓正来译，中国政法大学出版社 2002 年版。

共识，具体包括生命权、自由权、财产权、尊严权、获助权、公正权、受教育权。然而，人权的基本内容仅仅是一种最低限度的保障，在现代文明社会中，这显然是远远不够的。所以又对人权进行了扩充[①]：发展权。

一、传统文化保护与知识产权的人权属性

根据人权理论学说，对传统文化进行保护是尊重人权的应有之意。传统文化是特定群体在漫长的生产生活过程中创造出来的集体智慧的结晶，带有鲜明的群体、民族特色和地域特点，并且传统文化又是一代又一代创作者对自身生存环境的观察和理解，并将这种对生活方式的独特感受融入自己的创造中，因此传统文化既是创作者自己人格存在的实现，又是群体人格实现的方式，对个体而言，尊重传统文化是识别自己身份的一种重要手段，对群体而言，是这个群体、民族自我认同和尊严的基础，同时也是外界对这个创造群体和他们生存方式的尊重，从而给予传统文化人格权保护是阻止滥用、掠夺，尊重原创群体的最佳保护手段，唯有通过人格权保护，权利人可以在脱离了对创造物的直接控制时，主张权利，维护人格尊严。可以说，人权学说是发展中国家对传统文化保护之正当性的利器。

在人类历史发展的长河中，世界各大洲的文化在其早期都独立发展。16、17 世纪以来，欧洲文化率先实现现代化，构成现代文化，之后现代文化就以各种方式向各大洲扩张，使现代社会范围在地理上不断延展，即所谓的现代化。从文化的角度看，现代化就是现代欧洲文化对各地土著文化、传统文化的同化的过程。从法律的角度看，现代文化就是复兴及改良后的

---

① 人权的进阶内容一般都是基本内容的融合、扩展、深化，但是由于经济发展的不平衡性和文明的多样性，扩充的人权内容和具体的实现方式还存在着不同程度的分歧。

罗马法精神和理念成为社会生活的指南。从文化和法律的角度看，现代化就是知识产品作为精神观念的产物得到法律的保护。[①]西方现代社会的知识产品是在其精密构造的知识产权机制下得到保护的，这也全方位地体现了它的价值取向。而传统文化是传统社区、传统居民这些非现代社会在长期的历史发展过程中所生产、创造的精神产品。这些精神产品在现代社会的私法机制下，其经济价值、精神价值远未得到很好的体现。

人类文化的发展与自然的发展有一个共同的规律，即生物多样性和人文多样性是自然和人文可持续发展的基本条件和重要条件之一。长期以来，传统居民和传统社区以其奇特、丰富的传统知识对人文和自然的可持续发展、对文化多样性和生物多样性作出了巨大贡献。但传统文化及其主体在现代化过程中逐渐被边缘化，面临着生存危机。在外部，由于现代知识产权制度即社会价值观的影响，整个世界都表现出了对传统文化及其相应传统知识的轻视和不尊重。在内部，传统文化缺乏时尚性、缺乏世界主流文化的认同而遭遇年轻人的冷落甚至抵制。而与此同时，现代社会对传统文化的价值进行无偿利用，一些商业主体将一些在传统社区公知的知识经简单加工之后拿来主张知识产权，进而获得经济利益。这种境遇使得发达国家和发展中国家、现代社会和传统社会又增加了一个紧张因素。这种紧张因素实质上是知识产权与人权的冲突。但二者的最终目标又是一致的。

首先，知识产权本身具有人权属性。诸多哲学家和思想家关于财产权与人权的表述是知识产权人权属性的重要渊源。17 世纪英国资产阶级哲学家和政治法律思想家洛克认为："土地和一切低等动物为人类所共有，但

① 郑成思主编：《知识产权文丛》第十七卷，中国方正出版社 2005 年版，第 38 页。

是每一个人对他自己的人身享有一种所有权，除他之外任何人都没有这种权利。他的身体所从事的劳动和他的双手所进行的工作，我们可以说是正当地属于他的。所以只要他使任何东西脱离自然所提供的和那个东西所处的状态，他就已经渗透进他的劳动，在这上面参与他自己的某些东西，因而使它成为他的财产。既然是由他来脱离自然所安排给他的一般状态，那么在这上面就他的劳动加上了一些东西，从而排斥了其他人的共同权利。因为既然劳动是劳动者无可争辩的所有物，那么对这一有所增益的东西，除了他之外就没有人能够享有权利，至少在还留有足够的、同样好的东西给其他人所共有的情况下，事情就是如此。"①洛克强调财产权在天赋人权中的核心地位：财产作为人们生命和自由权的基础，既不是来源于君主的赋予，也不是源于人们的协议，而是在劳动基础上产生的；财产权是神圣不可侵犯的，政府的重大的和主要目的就是保护他们的财产，政府未经人民同意不得取去人民财产的任何部分。②洛克的财产权劳动学说的内涵可以概括为以下几项内容：(1)上帝将天堂留给自己，而将地上的一切赐给人类共有；(2)每个人对于自己的人身拥有所有权；(3)每一个人的劳动属于他自己；(4)当一个人将自己的劳动与处于共有状态的物混合在一起时，他就取得该物的所有权；(5)一个人取得财产所有权时应当留下足够好、同样多的东西给他人；(6)一个人取得财产所有权以不造成浪费为限。③卢梭则更具社会契约的理论，提出了私有财产权的主张：按照自然法的原则，人们要在完全平等的基础上资源结合，建立国家，制定法律，以便保护每个人的天赋权利——自由、生命和财产。④按照启蒙学者的理解，"人权就是个人针对

① [英]洛克：《政府论》下篇，叶企芳等译，商务印书馆1964年版，第53页。
② 参见[英]洛克：《政府论》下篇，叶企芳等译，商务印书馆1964年版，第19页。
③ 冯晓青：《知识产权法哲学》，中国人民公安大学出版社2003年版，第22—23页。
④ [法]卢梭：《社会契约论》，何兆武译，商务印书馆1962年版，第31页。

国家的权利”，而对于知识产权来讲：第一，作为人权的知识产权是“天赋”的，即“与生俱来”的，它不应由国家特许而产生；第二，作为人权的知识产权是“普世”的，即为一种“普遍权利要求”，它不可能是个别或局部的行政保护。概言之，知识产权的人权意义，不仅在于知识财产的私人权利保护，而且应考虑知识财产利益的合理分享。知识产品既是创造者的个人财富，同时又是社会财富的一部分。①

不同历史时期的各种文件，也包含着对知识产权人权蕴意的说明。1789 年法国《人权宣言》宣称：“自由交流思想和意见是最珍贵的人权之一，因此所有公民除在法律规定的情况下对滥用自由应负责外，都可以自由地发表言论、写作和出版。”美国宪法的制定者创造了“推广知识、公共领域保留、保护创造者权利”三项知识产权政策，其宪法修正案有两个重要条款：一方面规定国家不得制定有关法律以剥夺人民言论出版的自由以及其他自由权利，另一方面又授权国家制定法律对作者或发明人的专有权利赋予一定期限的保护。《世界人权宣言》及其他主要国际人权公约都赋予了知识产权的人权属性。如《世界人权宣言》第二十七条规定：“（一）人人有权自由参加社会的文化生活，享受艺术，并分享科学技术进步及其所产生的福利。（二）人人对由于他所创作的任何科学、文学或美术作品而产生的精神的和物质的利益，有享受保护的权利”。②《经济、社会及文化权利国际公约》第十五条第一款也作了类似的规定。有学者还分析指出，国际人权公约对人的劳动、财产、文化等基本权利保护的规定，都包含了知识产权的内容。③

---

① 参见吴汉东：《知识产权的私权与人权属性——以〈知识产权协议〉与〈世界人权公约为对象〉》，《法学研究》2003 年第 3 期。

② 艺衡、任珺、杨立青：《文化权利：回溯与解读》，社会科学文献出版社 2005 年版，第 359 页。

③ Paul Kuruk, “Protecting Folklore Under Modern Intellectual Property Regimes A Reappraisal of the Tension Between Individual and Communal Rights in Africa and the United States”, American University Law Review, April, 1999, p.769.

因而可以认为，知识产权具有人权属性。

其次，知识产权作为社会和文化权利，体现了人在社会文化和精神活动中的价值和尊严，是思想观念表达自由的确认和表现，也是人有思想有理性而与动物存在根本区别的标志。确认创作者、发明者的权利不仅仅是尊重个人创造性劳动的价值和利益，更是维护人的人格自由、文化发展的需要。‘尊重作者的权利将保证公众得到作品的真实性”；“除非作者和科学家的权利得到保护，否则不可能给予文化发展有效的鼓励”。[①]正是在这一认识上的基本一致，1948 年《世界人权宣言》和 1966 年《经济、社会及文化权利国际公约》宣称人人享有保护自己创作的科学、文学或艺术作品带来的精神利益和物质利益的权利。从而使知识产权成为人权的实体内容之一。在上述人权国际公约中，知识产权远不是给予作者、发明者的独占财产权，而是通过人权定位促进知识产权和“参加文化生活”、“享受科学进步及其产生的利益”之间的相互关系，有效地平衡创造者、发明者和更广阔的社会利益，使知识产权制度的实施与其他人权的实现保持一致。

可以肯定的是，任何一个国家的人权都是由其经济发展水平和文化传统所决定的，无法超越现有的物质生活条件。高水平的知识产权保护适合于发达国家，对发展中国家和最不发达国家有很多不利。对于后者，面对因贫穷产生的食品、健康等基本生存问题时，最需要保障的是生命权、健康权这些基本人权，它无疑应当高于知识产权。脱离不发达国家享有发展水平和历史条件，将发达国家的知识产权制度推及全球，不仅使知识产权的实施违反了人权要求，甚至可以说是以知识产权剥夺了发展中国家人民的基本人权。

---

① 奥德丽·R.查普德：《将知识产权视为人权——与第十五条第一款第三项有关的义务》，《版权公报》2001 年第 3 期。

然而，令人遗憾的是，自从知识产权被解释为人权的五十多年来，人们对知识产权和人权的研究都忽略了知识产权人权定位的意义以及知识产权与其他基本人权的关系，致使知识产权制度在不断强化和全球化的发展过程中经常与人权要求不一致。这种不一致在传统文化及传统知识方面表现得尤为突出：现行知识产权制度没有很好地顾及传统文化和传统知识的保护和保存，忽视了现代发明创造等精神生产活动与传统知识及文化多样性之间的关系，“结果导致了一种从发展中国家到发达国家数百年知识的无声盗窃”。这一情况引起了国际人权界的关注。2000 年联合国人权委员会促进和保护人权小组委员会通过了一份《知识产权与人权》的决议。宣称：“由于《与贸易有关的知识产权协定》的履行没有反映所有人权的基本性质和整体性，包括人人享有获得科学进步及其产生利益的权利，享受卫生保健的权利，享受食物的权利和自我决策权利，所以《与贸易有关的知识产权协定》中的知识产权制度作为一方，与另一方的国际人权法之间存在着明显的冲突。”①决议建议，深入分析《与贸易有关的知识产权协定》对人权的意义和影响，做出研究报告。与国际人权界上述动态“遥相呼应”，发展中国家和一些经济文化发展水平较低的发达国家如南非等，一方面对知识产权在某些方面的实施进行抵制。另一方面积极寻求在知识产权框架内保护传统知识、保护生物和文化多样性的可能性，以解决现实中的困扰。

二、发展权与传统文化的知识产权保护

人权包括生命权、自由权、财产权、尊严权、获助权、公正权和受教权，

① 奥德丽·R.查普德：《将知识产权视为人权——与第十五条第一款第三项有关的义务》，《版权公报》2001 年第 3 期。

然而,人权的基本内容仅仅是一种最低限度的保障,在现代文明社会中,这显然是远远不够的。所以又对人权进行了扩充①:发展权。

发展权最早是1970年联合国人权委员会委员卡巴·穆巴耶在一篇题为《作为一项人权的发展权》的演讲中提出的。1979年,第三十四届联合国大会在第34/46号决议中确认,发展权是一项人权,平等发展的机会是各个国家的天赋权利,也是个人的天赋权利。1986年,联合国大会第41/128号决议通过了《发展权利宣言》,对发展权的主体、内涵、地位、保护方式和实现途径等基本内容作了全面的阐释,明确指出:“发展权利是一项不可剥夺的人权,由于这种权利,每个人和所有各国人民均有权参与、促进、享受经济、社会、文化和政治发展,在这种发展中,所有人权和基本自由都获得充分实现。”发展权强烈地反映了发展中国家对公正、合理的国际秩序,以及改变旧秩序,独立地选择自己的发展道路的诉求。从发展权的内容看,发展权应当是政治、经济、文化和社会发展权的统一。联合国教科文组织也这样认为:“发展是多元性质的。发展不仅局限于经济增长这唯一的内容,经济、文化、教育、科学与技术无疑都是各具特点的,但它们也是相互补充、相互联系的。只有当它们混合在一起的时候,才能成为一个以人为核心的发展的保证。”②

为传统文化提供知识产权保护,不仅是在文化遗产保护模式的基础上建立了新的保护和发展传统文化的模式,而且还通过知识产权特有的利益分配机制实现了基于传统文化的各种利益分配,还可以通过知识产权制度建立起独立控制传统文化资源、排斥他人的不正当商业利用的法律机制,

---

① 人权的进阶内容一般都是基本内容的融合、扩展、深化,但是由于经济发展的不平衡性和文明的多样性,扩充的人权内容和具体的实现方式还存在这不同程度的分歧。

② [塞内加尔]阿马杜·马赫塔尔·姆博:《人民的时代》,中国对外翻译出版公司1986年版,第96页。

最终让传统文化丰富的发展中国家实现对自己政治、经济、文化和社会的发展目标。可以说，传统文化的知识产权保护既是实现民族自决的体现，也是实现发展权的重要途径。

综上所述，人权是知识产权制度的应有之意，在发展中国家与发达国家的博弈中，发达国家利用现有的知识产权制度保护着现代知识，而发展中国家却无法将其丰富的传统文化作为知识产权的保护内容，发展中国家的人民也将一直忍受被制度"剥削"的痛苦。如果传统文化被赋予知识产权，传统部族和发展中国家对该传统文化在商业化过程中所产生的巨额商业利益，将获得一定的收益，这也有利于其健康权、发展权等基本人权的维护和实现。传统文化的知识产权保护，具有人权上的正当性。

第五节　利益平衡理论基础

利益平衡也可以称之为利益均衡，它是在一定的利益格局和体系下出现的利益体系相对和平共处、相对均衡的状态。①利益平衡原则是知识产权法律制度架构中的一个重要的支撑原则。从功利的角度讲，知识产权的产生一开始就与特权联系在一起，与国家统治者的意志和利益侧重联系在一起。国家对不具备独占性的知识产品人为地划定一定的权利范围并赋予其权利人享有的过程，事实上限制了社会一定行为的自由从而使权利人得以享有一定利益的过程，也是利益的重新分配的过程。知识产权的专有权是国家的意志出于实现或维护特定利益的功利性考量，通过国家强制力予以承认和保护，这种权利的专有性的正当性在于这种专有权利的功利。知

① 冯晓青:《知识产权法利益平衡原理论纲》,《河南省政法管理干部学院学报》2004 年第 5 期。

识产权制度的功利在于其一直为国家的政策目的而服务，以谋求国家的利益最大化，因此必然在不同历史条件下针对不同的国家利益要求对各种利益进行有目的、有主次地调整“利益天平”平衡。一般来说，当社会处于工业化初期或中期，市场孕育、发展之时，知识产权制度保护的重点应放在权利人一方，帮助权利人尽快占据市场垄断地位，并使之不断稳固，以激发潜在的个体创新能力；当社会发展到市场成熟阶段，法律就应制止垄断权利的扩张，转向维护社会公共利益，以保持社会整体创新的能力。①国家的意志因为不同的历史阶段、不同的国情就会采取不同的政策，那么知识产权制度因为其功利性，也会表现出对权利内容和保护程度的调整。

知识产权法中的利益平衡包括知识产权法上权利和义务的总体平衡、知识产权人的利益与社会公众利益的平衡、知识产权人之间的权利和义务的平衡等，②在知识产权法的利益平衡的总体框架中，知识产权人的利益与公共利益的平衡，才是构成利益平衡的核心内容。③知识产权法本身是作为平衡知识产权人的垄断利益与社会公共利益而作出的制度设计，旨在激励知识创造和对知识产品需求的社会利益之间实现理想的平衡。知识产权人的私权利益与公共利益之间的利益平衡，是知识产权法律制度的基石。知识产权是一种具有很强公共利益性质的私权也表明，需要在知识产权法中的个人利益特别是知识产权人的利益和社会整体利益之间维持一种平衡和协调的关系。知识产权法通过平衡知识产权人和社会公众的利益关系，最大限度地促进了知识产权法公平、正义社会目标的实现。同时，利益平衡也是知识产权法的价值目标。知识产权法本着这一原则，充分考虑知

---

① 冯晓青：《知识产权法前沿问题研究》，中国人民公安大学出版社 2004 年版，第 73 页。
② 冯晓青：《知识产权法前沿问题研究》，中国人民公安大学出版社 2004 年版，第 27 页。
③ 冯晓青：《利益平衡理论：知识产权法的理论基础》，《知识产权》2003 年第 6 期。

识产权人与社会公众的合理权益，协调两者间的关系，是实现既鼓励知识创造又促进公众对知识产品接近的关键。知识产权法也只有在对利益平衡目标的不断追求中，才能实现对社会资源最合理的配置。

知识产权制度对于利益的平衡点在不同的历史时期、不同的国家或地区有不同的“度”。知识产权制度的利益平衡是一个辩证统一的过程，既要考虑到需要平衡的利益之间的矛盾和冲突性，也不能忽视它们之间相互影响相互融合的一面。知识产权的制度在各种围绕知识产品的利益之间进行平衡和调整，并不是说将它们纯粹地对立起来，而是在辩证分析的基础上为追求国家的政策目标找到一个平衡点，使这种相对合理的平衡利益关系尽可能满足国家利益的需要。因此，一个国家的知识产权制度必须在正确解读利益之间对立统一的基础之上，为权利配置寻找一个合适的“度”，把平衡点定位于比较合理的位置，①以谋求以较低的成本——对知识产权的有限的确认和保护，换得较大的受益——激发和鼓励社会成员的创新和对知识产品的实施和公开，并最终使国家的最大利益得以实现。

从经济学分析的角度看，这种权利设置与作为知识产权法的替代机制的其他制度相比，知识产权法在总的社会效用上、在增进社会的总的福利上，应当是具有最佳效果的。也就是说，知识产权法在激励对知识创造的利益与知识产权垄断权对社会公众利用知识和信息限制的社会成本之间相比，其取得的社会净利益仍然大于允许知识产品被自由使用的“社会所有权”环境下的对知识产品使用的利益。虽然要精确地“计算”现行的知识产权法界定的专有权范围是否代表了在激励和接近之间的理想平衡的“度”是很困难的，这却并不意味着不存在这样一种平衡。

① 冯晓青：《知识产权法前沿问题研究》，中国人民公安大学出版社2004年版，第59页。

知识产权制度的制定和发展是为了对知识产品的专有权进行调整和配置，这种利益的调整和配置在不同历史条件下不断发展，也反映出国家通过知识产权制度对知识产品的不同功利性的追求。随着社会发展和经济的进步，知识产权制度的功利性和政策性不仅没有弱化反而逐渐加强，其功利的利益目标随着国家的发展和其利益需求的不断变化而不断发生着调整，以服务于国家的政策目标。

总之，利益平衡理论客观上就是为了缓解知识产权制度从建立之初所具备的天然垄断性带来的权利人与社会公众之间的紧张因素，为了使得智力成果作为财产受到法律保护显得更加合理，而被引入知识产权体系并付诸具体法律框架的，知识产权权利人的个人利益和社会公众的利益如何实现利益平衡，这从来就是知识产权制度中常谈的问题。

在现代社会，平衡的概念广泛存在于社会生活各个领域中，成为解释社会现象的一种重要的方法论和手段。就社会领域适用的平衡概念而言，它是指各种社会矛盾的力量相互抵消形成均势而使得特定的社会关系保持相对稳定的一种状态。平衡的观点在法学领域的渗透也是它在社会生活领域拓展的一种重要表现。平衡构成了现代知识产权制度的“效益”的目标，这种功利性的目标不一定通过直接经济效益的形式体现出来，而是通过制度的设计，促进了知识产品生产和流转的最大化的社会效用而实现的。

在传统文化法律保护领域，利益平衡的理念显得尤为重要。传统文化的创造主体是特定的社会群体或社区部族，他们为自身文化的发展和传承付出了几代人甚至上千年的心血，珍贵的传统文化一方面需要面对现代社会对传统社区的资源掠夺，另一方面又要警惕缺乏传承而濒临灭绝的危险。所以，传统文化的知识产权保护中的利益平衡，既包括了知识产权制度意义上的平衡,还包括了传统文化在知识产权保护中“发展”与“传承”的平衡。

第一,传统文化保护在知识产权制度意义上的利益平衡,即权利人的利益与社会公众利益的平衡,这两种利益之所以需要平衡,是因为他们存在对立和矛盾,我们可以从几个案例中看出。(1)印度的“楝树案”和南非的“蝴蝶亚仙人掌案”。楝树案:印度楝树(Azadirachta indica)是一种产自印度和南亚以及东南亚地区的树木。印度楝树的提取物可用于对抗侵袭粮食作物的数百种害虫和真菌病害。美国格雷斯公司(W.R.Grace)& Co.和美国农业部申请了名为“采用疏水方式提取印度楝树油,用于防治植物真菌的方法”的专利,1994 年欧洲专利局授予欧洲专利 0436257。1995 年,一批国际非政府组织和印度农民的代表对该专利提出不具备新颖性的异议,他们递交的证据证明,印度楝树种子提取物的杀真菌作用是已知的并且该提取物在印度农业中被用于保护作物已有数个世纪。基于这一理由,2000 年欧洲专利局撤销了该专利。仙人掌案:南非的布须曼人(桑人),在长途游猎旅程中为抑制饥饿感,会咀嚼一种六尺高的名为蝴蝶亚(Hoodia)的仙人掌类多汁食物来消除饥饿和口渴,这种传统已经有数千年历史。南非科学与工业研究委员会(CSIR)在 1995 年从蝴蝶亚仙人掌中分离出活性物质,并且获得了蝴蝶亚仙人掌抑制食欲的成分的 P57 专利。1997 年他们将 P57 许可给英国生物技术公司 BBFP。1998 年,美国辉瑞制药公司(Pfizer)以高达 3 200 万美元的使用费从 BBFP 手中得到开发和销售 P57 的权利,打算将其开发成减肥药和治疗肥胖症的药品,其预计的市场价值超过 60 亿英镑。桑人听说可能会开发利用其传统知识时,提出要对南非科学与工业研究委员会的“生物海盗”行为提出诉讼。2002 年 3 月,南非科学与工业研究委员会和桑人达成谅解,其中被认为是与蝴蝶亚仙人掌相关的传统知识保管人的桑人将会分享以后的所有专利提成费。这两个案例都是现代社会利用传统知识开发新技术的案例，楝树案经印度抗议者多年的斗争之后终于获得了胜利，很多抗议者们认为，欧洲专利局的这个决定“标志着生物盗版斗争的一个转折点”。蝴蝶亚仙人掌案是传统知识持有国对他人利用传统知识开发获益后进行分享的典型案例。(2)印度香米(Basmati)案：Basmati 是一种产自印度和巴基斯坦的旁遮普省的水稻。该水稻是一种起源于此地区的有香味的细长粒型品种，并且是这两个国家的主要出口作物。1997 年，美国稻育种公司 RiceTec 公司被授予一项涉及植物和种子的专利 US5663484，该专利试图垄断各种水稻系，包括一些具有与 Basmati 系相似特性的稻系。由于将影响到印度水稻的出口，2000 年印度要求对此专利进行再审。专利权人不得不撤回包括 Basmati 型水稻系的一些权利要求。随后，双方的争议从该专利转移到“Basmati”名称的滥用。在一些国家，“Basmati”只能用于生长在印度和巴基斯坦的长粒型香味稻。而 RiceTec 公司却在英国申请注册商标“Texmati”，宣称“Basmati”是通用名词。英国认为：“消费者、贸易界和科学界相信，由于环境、土壤、气候、耕作方法和 Basmati 品种遗传上的独特性，真正的 Basmati 稻只能从印度和巴基斯坦的部地区获得。”从而否定了该申请。1998 年，美国稻基金会(也称“洛克菲勒基金会”)又提出“Basmati”是通用名词，其含义是指香味稻。美国和印度的民间社会组织集体呈交诉状，试图阻止美国生长的水稻采用“Basmati”做宣传。美国农业部和美国联邦贸易委员会于 2001 年 5 月驳回了此项起诉，认为附加“美国生长的‘Basmati’”标记并不构成一种误导，并认为“Basmati”是通用名词。澳大利亚、埃及、泰国和法国也种植 Basmati 型水稻，并有可能在美国的带头下都认为“Basmati”是通用名词。可以看出，一方是对传统文化有着卓越贡献的社会群体，另一方是试图无偿使用或利用传统文化的现代商业市场主体，如何平衡二者的利益是构建传统文化知识产权保护制度的核心所在。

第二，传统文化在知识产权保护中"发展"与"传承"的平衡。关于知识产权保护的原理，瑞典司法部特别政府顾问亨利·奥尔森(Henry Olsson)指出"立法者已经发现了给予知识产权保护的三个基本原理。就我理解，它们是：(1)激励社会创造与发明的需要，创造与发明事实上是一国社会、经济和文化发展的决定因素；(2)保护相当可观的投资的需要，投资对创造和思想作品的传播是必不可少的，例如，复杂的医药成分和药品；(3)承认和保护发明人和创造人的道德权益，以防止他人滥用其创造成果的需要。发明人由于其发明获得了专利保护，作为回报通过登记公开公知于社会。事实上这正是该制度的美妙之处：作为授予的独占权的回报，将发明和创造的成果广泛地传播。这在整体上服务于社会，因为受保护的生产可能成为进一步发明创造工作的基础"。[①]肯定传统文化的"商业化"，也就是确保传统文化在激励机制中运行，通过商业化形式，使得传统文化在现代社会中不断得到创新和发展，从而为社会创造更多的财富。基于公平观念，传统文化很大部分是在没有补偿的情况下被他人使用的，这的确是一种不公平的存在，并且在知识产权原理中无法实现"投入——回报——激励再创新"的循环。可见，要实现传统文化"发展"与"传承"的平衡，实非易事。

根据另外一种观点：保护传统文化目的在于传承，而传承最好、最有效的方法是"推广使用"，当某一项知识濒临灭绝时，为了挽救这项知识的延续，最好的方式就是鼓励更多人加以使用，这样就不会有灭绝的危险。同时，传统文化存在的价值在于利用，与其用限制其获取来保护传统文化，不

---

① [瑞典]亨利·奥尔森：《知识经济社会里的知识产权——发明者和创造者的权利是基本人权》，载于网站 http://www.sipo.gov.cn/sipo/ztxx/dejczlyfmgjlt/200206/t20020603/_68433.htm。

如以促进其使用为目标。许多传统社区认为其传统文化是一种遗产，只要其文化持续存在，就应当永远受到保护，进而维护传统文化的延续。表面上看，提供知识产权保护肯定能够为传统社区带来利益，但并不意味其拥有绝对权利，因为保护传统文化并非为了垄断式的商业目的，对传统知识传承态度的定位应为“保护”旨在“传承”，而非“控制”或“发财”。而且随着技术的演进，现代技术发明越来越多地融入传统知识的因素，过度强调并绝对保护这些永远不会过期的传统知识特权，一定会减缓创新，这与前述保护传统知识在于激励传统知识的创新，显相背离。

同样地，发展中国家认为传统文化保护问题不仅仅是一个补偿问题，而是让传统部族享有权利和控制这些传统知识的开发利用等。然而，传统文化的保护并不等于是知识产权的“控制”，因为知识产权保护本身强调的“控制”，就是要将其智力成果创新性资讯公开地转化为一种“专有”与“排他”，但是传统文化并不是某个个人、组织独立完成的，因而不可能由任何一个单个成员得对其主张“创造者的权利”。国际社会对于保护传统知识最初的政策取向为“保存”(preservation)，主要侧重于传统知识的多样性、原生性、完整性，以防止其失真和流失。然而随着现代科学技术的运用，则有了更加积极的选择——积极“利用”(utilization)，并且认为如果传统文化带来了商业利润，其保管者应得到公平的补偿，保护传统文化是为了更远大的目标——即保护环境、生物多样性和可持续发展的农业实践，珍存传统实践和文化，阻止未经准许的各方将传统文化据为己有或避免“生物盗版”，促进发挥传统文化的用途，提升传统文化对经济发展的重要性。

从本质上讲，这种观点也是在探讨如何平衡传统文化在保护过程中“传承”与“发展”的问题，为传统文化的知识产权保护中“传承”与“发展”的原则问题提供了一种思路。总之，利益平衡的思想是传统文化的知识产权保护的应有之意和理论基础。

第六节　生物多样性理论基础

一、生物多样性的概念

生物多样性(Biodiversity)一词是在1986年才被提出,是生物的多样性(Biological diversity)的简称,最早是指对地球上所有植物、动物、真菌及微生物物种种类的清查。此后,生物多样性在学术上的定义被扩充及所有生态系统中活生物体的变异性,它涵盖了所有从基因、个体、种群、物种、群落、生态系统到地景等各种层次的生命形式。广泛定义上亦指各式各样的生命相互依赖着复杂、紧密而脆弱的关系,生活在不同形式的人文及自然系统中,也就是人和万物生生不息在地球的生物圈共荣共存。有些学者和研究者将生物多样性概述为:生命形式(从类病毒、病毒、细菌、支原体、真菌到动物界、植物界)的多样化,各种生命形式之间及其与环境之间的多种相互作用,以及各种生物群落、生态系统及其生境与生态过程的复杂性。① 还有的概述为:生物多样性是不同层次、不同等级水平的各种生命系统、生物类群、生命与非生命复合体以及与此相关的各种生态过程的总和,包括植物、动物、微生物和它们所拥有的基因、所形成的群落和所产生的各类生态现象。②

1995年,联合国环境规划署(UNEP)在其发表的关于全球生物多样性的《全球生物多样性评估》(GBA)中,对于生物多样性作了一个较为简单的定义:生物多样性是生物和它们组成的系统的总体多样性和变异性。《生

① 李博:《生态学》,北京高等教育出版社1999年版。
② 李俊清、李景文、崔国发:《保护生物学》,中国林业出版社2002年版。

物多样性公约》(Convention on Biological Diversity)第二条中对“生物多样性”作了如下解释:“生物多样性”是指所有来源的活的生物体中的变异性,这些来源包括陆地、海洋和其他水生生态系统及其所构成的生态综合体,包括物种内部、物种之间和生态系统的多样性。①由此,生物多样性的组成可包括遗传多样性、物种多样性和生态系统多样性三个层次。其中,遗传多样性是物种多样性和生态系统多样性的基础,是生物多样性的内在形式,物种多样性是构成生态系统多样性的基本单元。

生物多样性与人类社会的发展息息相关,在为人类社会提供物质基础的同时孕育了不同生物多样性地区的多样性文化,但随着人类科技的发展,生物多样性如今显得十分脆弱。

二、生物多样性与传统文化的关系

不可否认的是,在生物多样性丰富的地区,民族传统文化也同样丰富。这二者之间必然是存在联系和相互作用的。研究表明,文化多样性与生物多样性紧密联系在一起,地球上物种密集度越高的,自然地理条件越复杂的地区,往往也是人类文化、民族和语言多样性最为丰富的地区。这是因为有助于促进生物类群的分化,而且由于山脉、河流等复杂的地理环境所导致的地理隔离,同样有助于不同民族及其文化的分化。②虽然生物多样性属于自然系统,但它也可以说是社会系统与自然系统相互作用的产物。

(一) 生物多样性是形成传统文化的物质基础和环境条件

人类生存与发展在很大程度上取决于对自然资源认识和利用。生物

---

① “Biological diversity” means the variability among living organisms from all sources including, interlaid, terrestrial, marine and other aquatic ecosystems and the ecological complexes of which they are part: this includes diversity within species, between species and of ecosystems. See Convention on Biological Diversity, Article 2. https://www.cbd.int/convention/text/.

② Riohard Primack、季维智:《保护生物学基础》,中国林业出版社 2000 年版,第 50—210 页。

资源作为具有现实和潜在价值的物质表现形式为人类生活、生产活动提供了多样化的环境空间和必不可少的物质条件。根据不同的自然地理区域，不同的生物资源类型分布其间，这便是不同文化形成的环境条件和物质基础。由于生物多样性分布的不均匀性，也就导致了传统文化上的差异。

文化多样性与生物多样性的关系，从宏观层次上反映了人与自然的相互关系，二者之间虽然是互为影响和作用的，但人无疑是其中的主动因素。人类为了获得生存和发展的机会，首先表现的是对环境条件的适应和对自然资源的基本利用，而文化实际上就是在人类对环境和物质条件所采取生存策略和利用方式的过程中形成的。由于在不同的环境和物质条件下所采取适应策略和利用方式的差异，也就形成了不同的文化。

从人类进化的角度看，在人与自然的相互作用关系过程中，形成了生物学上讲的"人类生态系统"，即指具有社会和文化属性的人与自然组成的生态系统，此时具有社会和文化属性的人类已不是猿人时期自然生态系统中的"动物"了，他们与自然的关系，不仅仅是高级消费者与低级消费者及生产者之间的关系，而是人类社会与自然生态系统的关系，即人类生态系统。①作为人类生态系统中的人是具有复杂思维和主动意识的人，这是人类进化发展中的飞跃，不同于其他动物的是，人类能够通过各种社会组织形式和技术、技能等手段谋求对自然生态系统的最大限度的控制和利用，而在自然生态系统的反作用之下，又不得不通过经验、知识等手段尽可能地适应自然，以避免人类与自然之间更大冲突。人类作为整个生态系统中的关键物种，能够有意识、有目的地最大限度地适应、控制和利用着周围的环

① 尹绍亭：《人与森林》，云南教育出版社2000年版。转引自王娟、杨宇明、王泾、石明、裴胜基：《试论文化多样性与生物多样性的相互关系》，《中国生物多样性保护与研究发展Ⅵ——第六届全国生物多样性保护与持续利用研讨会论文集》，会议时间：2004年5月12日。

境与资源,随着人类社会的进步和发展,人类对环境的适应能力与控制水平在不断地加强和提高,对自然资源的利用方式也极为多样化,利用的范围和规模都不断扩大和增加,尤其是对生物资源的消耗速度也是史无前例的。可以说,没有生物资源的利用和消耗也就没有人类社会的发展及其传统文化的形成。

综上,在人与自然的基本关系中,自然界提供多样性的生物资源是人类文化得以形成和发展的重要物质基础和环境条件,反之,人类对环境的适应和对资源的利用也正是人类传统文化形成的源泉。人类是通过文化的手段对环境产生生态适应,对资源保持持续利用,并达到一种动态平衡。

(二)特定的生物多样性养育了与之相适应的特定的传统文化

上文说到文化是人类对所处环境的社会生态适应和对资源利用的全过程中产生的,而在这个过程中人类的适应策略和对资源的利用程度绝大部分取决于环境条件和资源类型。人类文化多样性可以认为是生物多样性的一部分,表现在语言、风俗、习惯、社会结构等人类社会特征的多样性上。正如遗传多样性和物种多样性一样,人类文化(如游牧生活和移动耕作)的一些特征表现出人们在特殊环境下生存的策略,有助于人们适应不断变化的外界条件。不可否认,文化多样性的发展建立在生物多样性的基础上,人类的文化价值观、社会经济、科学技术、资源管理、政策法规和伦理道德等,与生物多样性保护密不可分。人类从早期采集野生植物、狩猎野生动物开始,到建立原始农业、发展现代农业和现代工业、信息社会,衣、食、住、行、治病、娱乐、体育运动,都离不开动物和植物。不同区域的原住民和居民形成与生态环境和生物多样性相应的各不相同的文化,特定的生物多样性和生态环境对相应区域人的生存生活以及习俗传统有直接的影响。自然地理环境不同,生物资源的类型、分布、种类与数量都不相同,人类在适应其环境和利用资源过程中所采取的策略与手段也就不同。在特定的环境条件和资源类型下，需要形成与之适应的生存方式和利用手段，这是人类传统文化产生形成的基本前提和背景。与人类传统文化形成过程作为直接和密切的因素便是生物多样性，其包含了自然界从宏观层次的生物地理景观、生态系统、物种到微观层次的遗传基因等诸多方面的多样性。由于生物多样性的不同层次，以及同一层次中不同的种类和类型，在人类的生活、生产活动过程中自然界所提供的物质基础和环境条件就是不同的，这就限定或决定了在不同的生物多样性条件下，人类适应环境的策略、方式、利用资源的手段和方法的差异。

例如，居住在黑龙江北部兴安岭高寒地区的鄂伦春族，对驯鹿驯养繁殖和使用形成了一套独特的经验，驯鹿不仅有食用、药用和毛皮御寒等用途，而且被驯化为拉载役兽，拉着雪橇运载鄂伦春人世世代代游动在辽阔的林海中，因而，鄂伦春人被称为“雪橇上的民族”和“使用驯鹿的人”，驯鹿就是由此得名的，并形成了我国东北寒温带森林环境中著名的“鄂伦者驯鹿文化”和“兴安岭森林游猎文化”。赫哲族也居住在黑龙江东北部与俄罗斯接壤的寒温带森林地带，捕鱼是赫哲族主要的资源利用方式和生活经济的主要来源。赫哲族人住的是桦树皮蒙住的木房，捕食的船只用桦木、桦树皮制作，家家户户用桦木、锻木制作鱼楼，供晾晒干鱼等森林产品，其特别的生产方式与生活经验，代代相传，形成了我国东北大森林中独具风格的“赫哲人猎鱼文化”和“乌苏里船歌文化”。云南地区分布大面积的天然竹林，是当地傣族、哈尼族、基诺族、拉祜族、布朗族、德昂族、景颇族等多种热带森林少数民族最重要的生活、生产物质原材料之一。他们居竹楼、坐竹椅、卧竹床、燃竹薪、吃竹笋、烧竹筒饭、戴竹笠、挑竹箩、架竹桥、编竹篓、用竹具等，当地居民在日常生活生产中几乎离不开竹子。在当地原住居民充分的开发利用过程中发展形成了我国传统文化中颇富特色的“竹文化”。傣族、哈尼族等民族把大型丛生竹称为龙竹，并视为象征祖先的崇拜物；景颇族把当地的一种箭竹称为凤尾竹，并视其为爱情和友谊的象征；巨龙竹在佤族中象征着神灵；金竹在彝族中是象征着生殖的崇拜物。[①]在可耕作平地很少的红河元阳山区，原住居民充分利用地资源和涧溪水，沿坡地开垦水灌梯田形成哈尼族著名的“梯田文化”。傣族在具有丰富森林药物资源条件下，采集、种植和加工各类野生药用植物用于防病、治病形成了“傣医药文化”。还有基诺族、布朗族在天然热带森林中种植茶，既保护了森林又利用了林下荫蔽环境而获得高品质茶叶，形成了“基诺山茶园文化”、“布朗山古茶文化”和滇南许多少数民族创造的“采集渔猎文化”等。

可以看出，特定的自然地理环境和生物多样性资源限定和影响着原住居民的生活生产方式和对资源利用管理的方法与手段。一方面，自然环境和社会因素在很大程度上限定了原住民生活、生产的方式，生物多样性资源的组成和结构影响着原住居民利用和管理的方法；另一方面，在不同的环境条件和生物资源类型下，原住居民必然根据其性质和特点，采用与之相适应的生存策略和资源利用方式，使其成为原住居民物质观念和传统文化形成的源泉，同时也影响并限定着本地民族传统文化与其他人群文化相互作用的性质和范围，并形成在环境与物质观念和传统文化表现形式上的差异。所以说，在一定的区域范围内，有什么样的自然地理环境，就有与之相适应的生物多样性结构与组成，而生物多样性在与自然环境的协同进化发展中又深刻地影响着环境条件和生物资源的构成与分布。而有什么样的自然地理环境和生物多样性构成，就有与之相适应的文化表达形式和内

① 参见薛纪如等：《云南竹类资源及其开发利用》，云南科技出版社1995年版，第124—135页。

涵，环境与生物多样性丰富，文化的类型与内涵亦丰富；环境与生物多样性特殊，文化的类型与内涵亦特殊。可以说，文化多样性与生物多样性和自然地理环境多样性是密不可分的整体，三者之间紧密联系，彼此依存，相互作用，协同进化。

（三）生物多样性保护与传统文化

其实早在生物科学发展的初期，达尔文的《进化论》里就肯定了"人类是自然界的一部分"，"是从较低级的动物基础上发展起来的动物"。达尔文强调"物竞天择"，同时也强调"文化是利用自然的手段"。达尔文关于人类是自然界的组成部分的观点恰恰和中国古代文化中"天人合一"的思想不谋而合。然而"文化是利用自然的手段"的观点，却显现出"天人对立"的世界观。也正是这种将生物多样性的直接使用价值和间接生态服务价值分离的价值观，使人类无情、无度地蚕食地球生命系统，引发地球生态危机，从而引发人类自己的生存危机，生物多样性受到有史以来最为严重的威胁，生存问题考验着地球上相互依存的所有物种。

人口的增加、科学技术的不断发展、人类知识的不断丰富以及行为能力的不断提高，人类对环境资源的获取手段不断增加与翻新、能力不断增强，人与自然的平衡已经被打破。工业革命以来的近 200 年特别是第二次世界大战结束以后，人类对环境资源无节制的开发和利用已成为许多国家短期经济发展的主要手段，许多有限的资源逐渐走向枯竭与灭绝。[①]事实表明，自 19 世纪末以来的一百多年中，生物物种大量灭绝的最主要原因是人类直接或间接的干预。[②]虽然物种灭绝是个自然过程，但由于人类活动引起

---

① 唐广良：《可持续性发展、多样性与文化遗产保护》，《贵州师范大学学报（社会科学版）》2005 第 4 期。

② ［法］乔治·梅塔耶、贝尔纳尔·胡塞尔：《民族生物学（下）》，李国强译，《世界民族》2002 年第 4 期。

的人为灭绝比自然灭绝的速度至少快100—1 000倍。①1600年以来，地球上有记录的动植物灭绝的数目为724种，据测算，生境面积缩小90%，其物种将减少一半。热带雨林被砍伐对物种损失的影响更为突出，据估计，1990年到2010年由于砍伐热带雨林引起的物种灭绝，可减少世界物种的5%—15%。目前，地球上濒危物种的数目为植物近2万种，脊椎动物3 400多种，且还在增加。②作为人口最多的发展中国家和农业大国，中国比其他国家更依赖于生物多样性的可持续利用。但是我国的生物多样性过去经受的破坏和当前面临的威胁是非常严重的。61%的原生生境丧失，40%的生态系统已严重退化，15%—20%的物种处于濒危状态，遗传资源多样性大量丧失。特别是掠夺式的资源开发，造成了森林破坏、土地荒漠化、水资源枯竭、旱涝灾害频繁、环境污染严重、景观破碎、外来物种逐渐增多，旅游、采矿和围垦湿地等活动对生物多样性产生严重不利影响。由于几千年来对森林植被及野生物种的严重破坏，高等植物中濒危和受威胁的种类高达4 000—5 000种。③约有400种野生动物处于濒危或受威胁状态，如犀牛、白臀叶猴、大熊猫、金丝猴等。④

人类对生物资源无节制的掠夺正在逐渐破坏文化多样性与生物多样性的固有平衡，无论是东方还是西方，科学家和社会学家都在思考生物与人的新平衡，都在探求和寻找人与自然和谐共存的办法和途径。在影响生物多样性保护的诸多因素中，“文化”这一关键因素的作用日益凸显。《生物多样性公约》《国际植物保护公约》《粮食和农业植物遗传资源国际条约》等都是人类在为保护生物资源、承认和肯定相关族群为保护生物资源所作

① 参见李文华：《生态学研究回顾与展望》，北京气象出版社2004年版。

②③ 张维平：《生物多样性面临的威胁及其原因》，《环境科学进展》1998年第5期。

④ 参见《中国生物多样性国情研究报告》，中国环境科学出版社1998年版，转引自田民、王育新：《生物多样性保护现状及发展趋势》，《河北林果研究》2008年第4期。

出贡献的重要文献。保护传统文化从生物多样性的角度看，其实就是保护传统族群对生物资源的有效合理利用，避免现代工业社会无节制地掠夺生物资源用于商业用途，亦是在保护生物多样性。所以传统文化的知识产权保护具有生物多样性理论基础。

第四章 传统文化知识产权保护的国际公约保护研究

联合国教科文组织无形遗产部主任爱川纪子曾撰文介绍，该组织曾对成员国进行了一次全球性的调查，有 103 个国家作了回答，主要结果为：57 个国家将无形文化遗产作为国家文化政策的一部分；31 个国家具有保护无形文化遗产的基础设施；49 个国家有能力培养收藏家、档案管理人员和纪录片制作人员；54 个国家在学校内外讲授关于无形文化遗产的课程；47 个国家有全国性的民俗协会或相似的社团；80 个国家对致力于保护无形遗产的个人和机构提供道义上或经济上的支持；在 63 个为艺术家和从业者提供支持的国家中，28 个给予国家支持，14 个给予荣誉或地位，还有 5 个给予国家地位；52 个国家的立法中包含了无形遗产的“知识产权”方面的条款；传播无形遗产的事件中 80%被认为是节日或集市；传播无形遗产的机构中 66%是文化和教育组织。[①]这表明，对传统文化这类无形财产的知识产权法律保护已逐渐成为国际社会的共识。在“一带一路”倡议下，实现传统文化的知识产权合作保护机制有必要借鉴其他国际组织的成功

① 联合国教科文组织编：《世界文化报告 2000》，关世杰等译，北京大学出版社 2002 年版，第 163—164 页。

经验。

民间文学艺术是传统文化的重要内容，而生物多样性（生物遗传资源）的保护，实质上就是在保护传统族群对生物遗传资源的有效合理利用。国际公约对传统文化领域的保护大多是主要通过保护民间文学艺术和生物遗传资源以实现传统文化的保存和延续。本章主要通过对世界知识产权组织、联合国教科文组织、CBD、联合国粮食及农业组织、AIPO 等国际组织就传统文化制定的一系列公约，如《伯尔尼公约》《突尼斯示范法》《1982 年示范条款》《班吉协定》等，进行比较研究，探索对“一带一路”倡议下传统文化知识产权保护的整体制度建设的借鉴意义。

第一节　《伯尔尼公约》

国际组织对传统文化的保护主要通过对民间文学艺术和遗传资源的保护来实现。全球化导致现代知识产权制度保护力度加大，而民间文学艺术，甚至说传统知识却被排除在知识产权保护制度之外，在全球化浪潮的挤压下，传统部族的困境不言而喻。保护传统文化，促进文化多样性成为诸多国际公约和计划的核心目标。

1878 年，由雨果主持在巴黎召开了一次重要的文学大会，并建立了一个国际文学艺术协会。1883 年该协会将一份经过多次讨论的国际公约草案交给瑞士政府。瑞士政府于 1886 年 9 月 9 日在伯尔尼举行的第三次大会上予以通过，定名为《保护文学和艺术作品伯尔尼公约》(Berne Convention for the Protection of Literary and Artistic Works，简称《伯尔尼公约》)，它是世界上第一部版权公约。

1967 年第六次补充修订《伯尔尼公约》的斯德哥尔摩大会上，非洲知识产权工作会议(非洲知识产权工作会议是由联合国教科文组织和伯尔尼联盟于1963年在布扎拉维成立的)提交了一个提案,建议《伯尔尼公约》应当包含有"用来保护非洲国家在民间文学艺术领域中利益的特别规定"。印第安代表团也建议将"民间文学艺术作品"纳入《伯尔尼公约》列举的开放式作品类型中。在此背景下,"为了反映越来越多国家关于保护民间文学的要求,但又要使绝大多数公约成员国能够接受,该公约在1971年的修订文本中把民间文学作为'无作者作品'的一种特利来作处理",①即在《伯尔尼公约》中特地增加了第十五条第四款,即关于"作者不明、未出版作品"的条款:

"(a) 对作者的身份不明但有充分理由推定该作者是本同盟某一成员国国民的未出版的作品,该国法律得指定主管当局代表该作者并有权维护和行使作者在本同盟成员国内之权利。

(b) 根据本规定而指定主管当局的本同盟成员国应以书面声明将此事通知总干事,声明中写明被指定的当局全部有关情况。总干事应将此声明立即通知本同盟所有其他成员国。"②

从该条款的背景和形成过程来看,该条款的立法目的是将民间文学艺术作为一种特殊的作者身份不明的作品进行保护,实际上是规定了民间文学艺术的版权保护问题。很多学者认为它是保护民间文学艺术的"暗示性

① 郑成思:《版权法》,中国人民大学出版社1997年版,第126页。

② 原文是:

(a) In the case of unpublished works where the identity of the author is unknown, but where there is every ground to presume that he is a national of a country of the Union, it shall be a matter for legislation in that country to designate the competent authority which shall represent the author and shall be entitled to protect and enforce his rights in the countries of the Union.

(b) Countries of the Union which make such designation under the terms of this provision shall notify the Director General by means of a written declaration giving full information concerning the authority thus designated. The Director General shall at once communicate this declaration to all other countries of the Union.

条款”，并认为民间文学艺术显然符合该条款规定的条件。①但细究下来是不成立，作者身份不明的未出版的作品与民间文学艺术是不同的概念，二者虽然存在重合，但也是很小一部分，正如有学者指出：“作者身份不明的未出版作品未见得就是民间文学艺术表达，而民间文学艺术表达也不单单包括作者身份不明的作品。”②郑成思教授也认为这项规定实际上是暗示：(1)已知作者是谁或虽不知作者是谁但已经出版的作品，应按照一般文学艺术作品受版权保护，不应算作民间文学；(2)能够称为“民间文学”的，必须已经形成“作品”，诸如知识、技术、风格等不应列入其中；(3)虽无法确认作者又未曾传播，但同时也无从断定其是否来源于某个成员国的作品(即根本不反映某一民族或某一个居民团体的传统文化特点的作品)，不能算作民间文学。③所以，事实上《伯尔尼公约》并没有对民间文学艺术的保护难题提供一个令人满意的方案，其保护是间接的且非常有限。但该条款的意义是不可否认的，它引起了国际社会对民间文学艺术问题的广泛关注，并且至少构成了对民间文学艺术版权保护进行国内立法的依据，积极推动了部分国家民间文学艺术版权保护的立法工作。

第二节 《突尼斯示范法》

1976 年，突尼斯政府在世界知识产权组织与联合国教科文组织的协助下，组建了一个“政府专家委员会”，为发展中国家量身制定了《发展中国家突尼斯版权示范法》(以下简称《突尼斯示范法》)。联合国教科文组织秘书

---

① 参见[法]克洛德·马苏耶：《〈保护文学和艺术作品伯尔尼公约〉(1971 年巴黎文本指南)》，刘波林译，中国人民大学出版社 2002 年版，第 73—76 页。

② 李阁霞：《论民间文学艺术表达的法律保护》，《贵州师范大学学报》(社会科学版)2006 年第 1 期。

③ 郑成思：《版权法》，中国人民大学出版社 1997 年版，第 126 页。

局和世界知识产权组织国际局对每条都作了详细的注释和说明。1976 年《突尼斯示范法》定义了民间文学艺术作品，规定了相关权利主体、内容及其限制，以及采用的共有领域付费制度可以说是对民间文学艺术保护的主要贡献。

一、关于保护对象及相关主体的界定

《突尼斯示范法》第十八条第四款定义了民间文艺的概念以及创作民间文艺的主体：民间文学艺术是指创作于某国领土的，由可推定为该国国民或传统族群创作的，世代相传并构成该传统文化遗产基本元素之一的一切文学、艺术和科学作品。[①]可以看出，该规定为民间文学艺术规定了“世代相传”“构成传统文化遗产基本元素之一”等基本要件，并明确相关主体可以推定为某国国民或传统族群。

二、权利内容

《突尼斯示范法》第四条、第五条、第六条相互配合，系统地构建了一套较为完整的权利及保护体系。

第四条规定的是相关经济权利的内容：Subject to Section 6 to 10, the author of a protected work has the exclusive right to do or authorize the following acts [in relation to the whole work or a substantial part thereof]:

(i) to reproduce the work;

(ii) to make a translation, adaptation, arrangement, or other transformation of the work;

① Tunis Model Law on Copyright for Developing Countries, Section 18.

(iii) to communicate the work to the public by performance or by broadcasting.

(作者享有进行或许可他人进行以下行为的专有权利:复制;制作作品的翻译、改编、整理或其他转换形式;以表演或广播形式向公众传播作品。)

第五条第一款则针对普通作品中的精神权利内容规定其作者享有以下权利:第一,"对其作品主张作者身份,尤其在涉及任何本法第四条规定的行为时相应地主张表明其作者身份,除非仅在以广播方式报道新闻时事的情形下附带性或偶然性地包括其作品";第二,"反对以下行为并就其主张救济:对其作品以任何形式进行歪曲、割裂或其他修改,以及针对其作品的任何其他贬损行为,只要该行为已经或可能损害其荣誉或名声"。①

第六条是专门针对民间文学艺术的具体保护条款,该条共 3 款,并附加了一个备选条款:

"(1) 对于国家民间文学艺术作品,第四条以及第五条第一款规定的权利应由第 18 条规定的主管机构行使。

[若国家民间文学艺术作品由公共实体使用于非商业目的,则第一款不适用]

(2) 国家民间文学艺术作品均根据第一款规定的方式进行保护,且不受时间限制。

(3) 若无主管机构的许可,则不得进口或发行在境外制作的国家民间

---

① 原文是:(1) The author has the right:

(i) to claim authorship of his work, in particular that his authorship be indicated in connection with any of the acts referred to in Section 4, except when the work is included incidentally or accidentally when reporting current events by means of broadcasting;

(ii) to object to, and to seek relief in connection with any distortion, mutilation or other modification of, and any other derogatory action in relation to, his work, where such action would be or is prejudicial to his honor or reputation.

文学艺术作品及其翻译、改编、整理或其他转换形式的复制件。"①

第六条针对"民间文学艺术作品"的保护,其注解则进一步说明:就民间文学艺术作品而言,本条款之目的在于防止对民间创作等文化遗产的不合理利用和允许对其适当保护,民间创作不仅是一种经济发展的潜在力量,而且是一种与每个民族的特性密切相关的文化遗产。这些作品的经济权利和精神权利由被授权代表产生民间创作的民族的本国主管当局来行使,无时间限制。②

第六条规定的"由本法第十八条规定的主管机构行使",是指第十八条第三款规定的内容:"主管机构是指,根据本法相关条款涉及任何需要由相关机构决定的事项时,为行使该权限而由政府指定的一名或多名人员组成的一个或多个机构。"③可见,民间文学艺术作品涉及的相关权利将由政府专门指定人员组成的某个专门机构作为主管机构来行使。

同时,《突尼斯示范法》还包括了具体的处罚和执行程序,比如对非法复制、进口等侵权行为的罚款、监禁、责令停止侵权、没收侵权材料等。④

以上权利,第六条第二款明确将其规定为"不受时间限制",这使得民间文学艺术的相关权利获得了永久性保护。

---

① 原文是:

(1) In the case of works of national folklore, the rights referred to in Sections 4 and 5(1) shall be exercised by the competent authority as defined in Section 18.

(1bis) Subsection (1) shall not apply when works of national folklore are used by public entity for non-commercial purposes.

(2) Works of national folklore are protected by all means in accordance with subsection (1), without limitation in time.

(3) Copies of works of national folklore made abroad, and copies of translations, adaptations, arrangements, or other transformations of works of national folklore made abroad, without the authorization of the competent authority, shall be neither imported nor distributed.

② Tunis Model Law on Copyright for Developing Countries, Commentary 39.

③ Tunis Model Law on Copyright for Developing Countries, Section 18.

④ 相关条款参见 Tunis Model Law on Copyright for Developing Countries, and its Commentary; UNESCO & WIPO, 1976。

该示范条款对民间文学艺术相关权利的保护可谓十分广泛。首先，该示范条款在条文中还是使用了“作品”一词，但从立法目的、内容及其他条款的相互配合来看，此处的“作品”不应仅仅指符合版权法保护要件的作品内容及类型，从上文提到的定义中可以了解到，民间文学艺术的主体不确定的，其内容具有世代相传的特点，示范条款中的“民间文学艺术作品”并不是指民间文学艺术领域中符合现代版权法保护要件的“作品”，而是将其划为传统文化的重要内容，并予以特殊保护。其次，《突尼斯示范法》第六条第一款还规定了民间文学艺术作品的作者也享有普通作品版权内容，包括：复制权、演绎权（改编、翻译、整理）、表演权、广播权及精神权利（署名和保护作品完整），可以说，《突尼斯示范法》试图将现代版权法赋予民间文学艺术保护，只是权利主体（行使者）与保护期限不同罢了。

三、公有领域付费制度

《突尼斯示范法》在第十七条还引入了最早出现在《意大利著作权法》中的“付费公有领域”制度，[①]即为了特定目的使用国家的民间文学艺术的必须向国家主管当局按收入比例支付报酬。第十七条规定：“如果使用公有领域中的作品或其改编，包括国家民间文学艺术作品，则使用者应向主管机构支付其由上述使用所得收入的百分之……征收所得款项应用于以下用途：(1)支持作者（及表演者）利益而建立的机构，如作者协会、合作机构、行业工会等；(2)保护并推广国家民间文学艺术。”根据该条款，即使是进入了公有领域的作品，对其使用也是需要支付费用的，这种费用不再涉及作者，而是由主管机构进行征收，并用于特定目的。事实上，在《突尼斯

---

① 见《意大利版权法》第四编，1941年4月22日，Law No.633，第一百七十五至一百七十九条。

示范法》之前的早期公有领域付费制度通常仅笼统地规定适用公有领域作品而不单独提及民间文学艺术，该示范条款中特别提到了民间文学艺术这类传统上也属于公有领域的作品，因此，这种特别的付费制度也构成了直接保护民间文学艺术的规则，一定程度上吸引了人们对民间文学艺术保护的关注，1977 年《班吉协定》中也规定了类似的共有领域付费制度。联合国教科文组织与世界知识产权组织曾对规定共有领域付费制度的国家立法进行总结，多数国家认为：使用不需要事先取得许可，但须交纳一定费用。① 从制度的权利来源看，这种制度与版权法中的法定许可制度（或称为获得报酬权）一分吻合。世界知识产权组织在一份文件中也明确将公有领域付费制度归纳为“合理报酬权（法定许可或补偿责任）”。②

不过，公有领域付费制度在该示范条款中的运用还是很局限的，它会带来制度内部的矛盾：在构建民间文学艺术保护体系，确定相关群体专有权的同时，又将民间文学艺术划分为公有领域一部分，规定使用必须支付一定的费用，这两种保护模式存在直接冲突，正如有学者指出，一方面通过特殊版权建立了民间文学艺术保护的原则，特定群体据此取得了排他性权利，另一方面又建立起一套对民间文学艺术的使用加以限制的机制，规定必须支付一定的费用，这与排他权性质又矛盾。

四、《突尼斯示范法》的整体评述

《突尼斯示范法》专门规定了对民间文学艺术的保护条款，并且在注释

---

① See UNESCO and WIPO, Analysis of the Replies to the Survey of Exiting Provisions for the Application of the System of “ Domaine Public Payant ” in National Legislation, UNESCO/WIPO/DPP/CE/I/2, 1982, p.4.

② See WIPO Secretariat, The Protection of Traditional Cultural Expressions/Expressions of Folklore: Updated Draft Outline of Policy and Legal Mechanisms, WIPO/GRTKF/IC/9/INF/4, March 27, 2006, Annex I, p.10.

中特别写明此条款的目的是为了防止人们对民间文学艺术的文化遗产的不合理利用,《突尼斯示范法》注重对精神权利和经济权利的双重保护,而且不设保护期的上限,所有这些有价值的规定,对后来很多发展中国家版权立法都起到了十分重要的模板作用,例如布隆迪、巴巴多斯等国对民间文学艺术予以著作权法保护,就是仿照《突尼斯示范法》规定的。

基于民间文艺表现形式与著作权法保护客体之作品的相似性,《突尼斯示范法》将民间文艺放进著作权法这一保护模式是有其合理性的;同时,它针对民间文艺的特点设计了永久性保护、种族团体权利、无固定性和原创性限制、不禁止使用但保留获酬权等具体制度,十分贴近民间文艺保护的需要。但是,将民间文艺作品放在国家的著作权法律中,难免有与其他作品的保护不相一致而造成与国际上通行的著作权法体系相冲突的问题,而且使得关于民间文艺作品保护的具体制度不易精细化或甚至可能因无法操作而落空。比如,关于民间文学艺术的权利主体,示范法虽然规定由特定国家机构代为行使,但却并未体现对民间文学艺术真正来源主体的关注,正如有学者指出:"尽管国家民间文学艺术的版权由'主管机构行使',但这并未指明它们原本属于谁,主管机构显然不是民间文艺的来源。"①当代"受民间文艺启发的作品"是应当受到著作权法赋予的专有性权利保护的,那么实行"付费公有领域"制度的"民间文学艺术作品"是否只可能是那些年代久远的作品?二者的时间分界线如何划定?民间文艺的传承是一个延续不断的过程,笼统地宣布群体和个人都享有著作权而二者的著作权权利内容和行使方式又不同,这使得该法在实践中难以具体执行;更何况

① See Ages Lucas-Schloetter, Folklore, in Silke von Lewinski ed, Indigenous Heritage and Intellectual Property: Genetic Resources, Traditonal Knowledge and Folklore, Kluwer Law International, 2004, p.342, fn. 454.

随着科技和人类社会的发展，现代著作权制度内部尚存在有争议的地方，而又作出与一般规则差异较大的规定，也会引起对现代著作权制度的不小冲击。

但不论如何，《突尼斯示范法》还是为广大发展中国家的传统文化保护提供了基本框架。特别是在“一带一路”倡议下，沿途大多国家为发展中国家，传统文化丰富，民族底蕴深厚，《突尼斯示范法》中的权利义务设计以及公有领域付费制度等内容可以说为“一带一路”倡议下传统文化的共同保护提供了基本导向。

第三节 《1982年示范条款》

从1967年修订的《伯尔尼公约》新增对“作者不明作品”的保护，到1976年世界知识产权组织与联合国教科文组织联合制定的《突尼斯示范法》对民间文学艺术（传统文化）的保护可谓发展稳健，然而对广大发展中国家来说还是远远不够的。

1977年，联合国教科文组织就民间文学艺术表达的法律保护问题成立并召集了一次专家委员会会议，就全面研究有关民间文学艺术保护的所有问题达成一致意见。经过联合国教科文组织秘书处与世界知识产权组织国际局的不懈努力，两组织共同成立的工作组于1980年1月在日内瓦召开会议，研究起草一份有关保护民间文学艺术表达而供国内与国际立法参考的示范法条。通过会议讨论，工作组就以下几点达成了一致：(1)为民间文学艺术表达提供适当法律保护是必要的；(2)此示范法应通过示范法条的形式在国内立法层面上加以推动；(3)此示范法既适合于尚无任何相关立法的国家采用，又适合于已经存在相关立法的国家在完善其立法时参考；(4)此示范法应允许采用版权法和邻接权模式保护民间文学艺术表达；(5)该示范法条应该为下一步民间文学艺术表达的区域及国际保护铺平道路。

1982年，联合国教科文组织和世界知识产权组织总干事联合召开了题为“民间文学艺术表达保护知识产权问题政府专家委员会”的会议，讨论了由工作组提交的示范法条草案及相关意见和建议，最终通过了《保护民间文学艺术表达免于不正当利用与其他损害性行为的示范条款》。该示范条款共十四条，篇幅虽然不大，但涉及了保护的客体、权利内容、权利限制、程序规则、国际保护等一系列具体问题，内容涵盖十分广泛，很多规定也是很有特色的。正如世界知识产权组织官方研究所说，这是第一份以“知识产权类型的特别保护”方式来保护民间文学艺术的草案。①

一、关于保护客体的界定

《1982年示范条款》在第二条界定了其保护的客体，即民间文学艺术表达的含义和范围：民间文学艺术表达是指由一国的某一社会群体或者是某一部族继承并世代相传的，构成该群体传统文化遗产特征要素的，能体现该社会群体传统文化诉求的成果。主要包括以下四种形式：第一，语言表达(Verbal Expressions)，如民间传说、民间诗歌、民间谜语等；第二，音乐表达(Musical Expressions)，如民歌、民间器乐等；第三，行为表达(Expressions by Action)，如民间舞蹈、游戏、艺术、仪式等；第四，有形表达(Tangible Expressions)，如图画、雕刻、陶艺、木艺、地毯、乐器、建筑形式等。且对于前三种民间文学艺术表达，“不论是否被固定于有形载体”均受保护。该条款与之前介绍的《伯尔尼公约》和《突尼斯示范法》相比，有两大

① WIPO, Introduction to Intellectual Property: Theory and Practices, Kluwer Law International, 1997, p.174.

特点：

第一，强调保护的对象为“民间文学艺术表达”而非“作品”或简单地称之为“民间文学艺术”，这与之前的许多相关立法有所不同。早期保护民间文学艺术的国家立法大多建立在版权法中，将涉及民间文学艺术内容的客体界定为“民间文学艺术作品”，在1977年《班吉协定》中，直接采用的是“民间文学艺术”的概念，在《突尼斯示范法》中使用了“作品”一词。《1982年示范条款》中采用“民间文学艺术表达”的做法表明：该示范条款保护的对象不是简单意义上版权法中的“作品”。首先，版权法中的“作品”是现代版权法中严格意义上的客体，其对应着一整套法律标准，而民间文学艺术很难被纳入这一法律体系中，也就难以享受现代版权法中“作品”待遇的保护。而且，从上述条款中可以看出，“民间文学艺术表达”所包含的内容比版权法意义上的“作品”要广泛许多。所以，采用“民间文学艺术表达”这一概念，一方面可以区别相关概念，另一方面强调该示范条款不同于一般版权法的特殊性，体现了对“民间文学艺术表达”的特殊保护。其次，该示范法中的“表达”也是不同于版权法中的“表达”的。《1982年示范条款》中的“表达”并不要求固定在有形载体上，包含了许多诸如仪式、民歌、舞蹈等“思想”范畴的内容。其第三十二条注释也同样阐明了这种做法的原因。①

第二，明确了民间文学艺术表达的主体地位。明确地指明了民间文学艺术表达是指由一国的某一社会群体或者是某一部族继承并世代相传下

① See Model Provisions for National Laws on the Protection of Expressions of Folklore Against Illicit and Other Prejudicial Actions, WIPO and UNESCO, Geneva, 1982, Commentary on the Model Provisions 32: The use of the word “expressions” and “productions” rather than “works” is intended to underline the fact that the provisions are sui generic rather than of copyright, since “works” are the subject matter of copyright. Naturally, the expressions of folklore may, and—in fact—most of the time do, have the same artistic form as “work”.

来的。“继承和发展”的表述，一方面阐释了民间文学艺术的发展形成过程，另一方面，淡化了智力创造的含义，避免了与版权法中“独创性”概念的冲突，为民间文学艺术保护“另起炉灶”打下了制度上的基础。

二、许可制度

《1982年示范条款》第三条规定的许可使用制度，在《突尼斯示范法》的基础上进行了发展，规定：出于营利目的且在传统或习惯之外对民间文学艺术进行第三条列举的使用行为，需要得到第九条第一款所指的主管机构或者相关社会群体的许可。①

第一，此条款创造性地规定了两个并列的备选主体，即第九条第一款所指的主管机构或者相关社会群体，虽然在此明确了社会群体或部族关于民间文学艺术的主体地位，但是也带来了一个问题。相关的社会群体或部族不像法人或单独的个人那样在法律上有明确的主体身份，这种做法增加了该示范条款的可操作性难度。

第二，不仅在这一条款中，整部《1982年示范条款》都回避了“所有权人”这一概念，即不涉及民间文学艺术表达的所有权问题，这并不是模糊的表述，而是为了给各国立法保护留下一定的空间。因为该问题在不同的国家处理方式不同，在有的国家民间文学艺术被视为国家所有的财产，而在有的国家则可能属于相关社会群体。②这也是为什么要提供上述两个备选

① See Model Provisions for National Laws on the Protection of Expressions of Folklore Against Illicit and Other Prejudicial Actions, WIPO and UNESCO, Geneva, 1982, Section 3: Subject to the provisions of Section 4, the following utilizations of the expressions of folklore are subject to authorization by the[competent authority mentioned in Section 9, paragraph 1,][community concerned] when they are made both with gainful intent and outside their traditional or customary context.]

② WIPO, Introduction to Intellectual Property: Theory and Practices, Kluwer Law International, 1997, p.178.

主体的原因之一。

该示范条款通过第三条、第四条、第八条、第十条的相互补充，构成了一整套对民间文学艺术表达的许可使用制度，类似版权法的规定，融合了许可的条件、程序、费用、例外、赔偿责任等内容，这种事先许可的"专有权"制度可谓是版权法意义上的特别权利制度。

三、关于精神权利

《1982 年示范条款》在第五条中明确指出：对于任何可辨认的民间文学艺术表达，在其所有印刷版物中，以及任何涉及将其向公众传播的情形时，须以合适的方式指明其来源，即指出该民间文学艺术表达来源于某社会群体或地理位置。[①]第六条第四款还规定：任何以直接或间接方式公开使用民间文学艺术表达，若损害相关社会群体文化利益，故意歪曲民间文学艺术表达，则应受……(具体由相关国家自行选择)的处罚制裁。这与版权法中精神权利的内容十分相似。虽然各国对版权中精神权利的规定各不相同，但在《伯尔尼公约》的影响下，其基本内容得到了广泛的接受。《伯尔尼公约》规定的精神权利主要包括两个方面：第一，表明作者身份的权利；第二，反对对作品的歪曲、割裂等损害行为的权利。[②]《1982 年示范条款》第五条第一款中规定的要求在使用中指明民间文学艺术表达来源的内容，与精神权利中的内容相契合，第六条第四款中针对民间文学艺术表达的故意歪曲行为的行政处罚，也是契合了版权精神权利制度中的内容。虽然现代版权

---

① Section 5, par 1, In all printed publications, and in connection with any communications to the public, of any identifiable expression of folklore, its source shall be indicated in an appropriate manner, by mentioning the community and/or geographic place from where the expression utilized has been derived.

② International Bureau of WIPO, Basic Notions of Copyright and Neighboring Rights, WIPO/INDIP/RT/98/1 Rev., July 13, 1998, para. 35.

法认为精神权利只有自然人才能享有，同时，只有作品的作者才能享有（作者之外的其他版权人是不能享有的），但示范条款中规定指明来源和禁止歪曲的内容，并未将其与精神权利相联系，而是将其归纳为一种义务，这更加表明民间文学艺术表达保护不同于现代版权制度的特殊性，进一步加强了对民间文学艺术表达的保护程度。

四、关于《1982年示范条款》的整体评价

总结起来，《1982年示范条款》的主要内容和创新之处在于，规定了由传统艺术遗产的特有因素构成的、由某国的某居民团体（或反映该团体的传统艺术发展的个人）所发展和保持的产品，是指：(1)口头表达形式；(2)音乐表达形式；(3)行为表达形式；(4)有形表达形式。同时还规定，在确定有授权使用民间文学艺术的实体时，规定可以在“主管部门”和“有关居民团体”二者中选择，避免了使用民间文学艺术的“所有者”这个词。该示范条款不涉及民间文学艺术的所有权问题，是因为各国由于各自的民间文学艺术的所有制现状和法律传统而对这个问题的规定有所不同，所以这个问题只能交给各国国内立法自行解决。该示范法在措辞上采用了“民间文学艺术表达”，用以与版权法中的“作品”相区别。同时，《1982年示范条款》不赞同各国必须以版权法来保护民间文学艺术，而给予各国充分的自由来选择适合本国实际情况的保护模式，既可是版权保护模式，也可是特别权保护模式或者邻接权保护模式。此外《1982年示范条款》对民间文学艺术表达列举的四种典型形式，规定了保护原则、受保护的范围、许可使用、民间文学艺术的来源确认、权利救济措施等内容。

相比较而言，《1982年示范条款》专门为民间文学艺术表达设立了一套独立的保护制度，这是其最大的进步。我们从示范条款的标题及其内容和

方式都可以看出,《1982年示范条款》通过模仿现代知识产权制度框架,为民间文学艺术表达提供了一种新的保护模式,这也是与《突尼斯示范法》相比较的极大进步:在立法框架和规范形式上独立于版权法及其他知识产权部门法,其独立性远胜于《突尼斯示范法》。这种独立的保护制度有利于避免一些国家以版权法提供保护时面临制度协调的障碍问题,更加彻底地避开了版权法中独创性、表明作者身份、有限保护期限等一系列要件,但又保留了版权法中各种制度的雏形,巧妙地运用知识产权制度构建了民间文学艺术这一无形成果之保护体系,具有较大的灵活性和兼容性,一定程度上达到了保护民间文学艺术表现形式,防止不正当利用和其他损害性行为的立法目的。

第四节 《班吉协定》

1977年3月2日,由非洲12个国家①在班吉签订了在非洲极有影响力的重要协定——《非洲知识产权组织公约》,该协定于1982年2月生效,共二个附件,是国际上第一个利用知识产权框架明确为民间文学艺术提供保护的区域性国际公约,通过这一公约,非洲知识产权组织也得以创建成立。随后,非洲知识产权组织又于1999年根据《与贸易有关的知识产权协定》的要求对公约进行了修改,新协定于1999年2月24日通过并与2002年2月28日起生效,被称为《关于〈1977年3月2日关于建立非洲知识产权组织班吉协定〉修改协定》(简称新《班吉协定》),新协定共十个附件。

---

① 分别是加蓬、毛里塔尼亚、贝宁、刚果、乍得、科特迪瓦、尼日尔、布基纳法索、多哥、喀麦隆和中非共和国。

一、1977 年《班吉协定》

1977 年《班吉协定》关于民间文学艺术保护的规定集中于附件七中，该附件为“版权与文化遗产”，分为两编，分别为“版权”和“文化遗产的保护与促进”，即将民间文学艺术分别用版权和文化遗产来保护。

（一）版权保护

针对第一编版权的规定，其第八条第二款对民间文学艺术的概念进行了界定：是指由成员国的国家族群创作、代代相传的文学、艺术或科学作品，并构成非洲文化遗产基本元素的一部分。①

在第八条第四款、第五款规定了对民间文学艺术的使用规则。第四款规定，对属于民间文学艺术的要素进行改编或利用，应当事先通知第四十四条规定的版权管理机构；第五款规定，对民间文学艺术的使用而所得版税应用于文化和社会目的，具体的分配方式和规则由国家主管机关确定。“使用”(utilization)一词的内容十分宽泛，涵盖了版权法中的各种经济利用行为。可以说，此条款并未建立事先许可制度，而是一种“通知”义务，即对民间文学艺术作品的改编和使用行为，事先不需要取得相关的许可，而只是应当事先通知第四十四条规定的相关版权管理机构(shall be notified to the body provided for in Article 44, hereafter)。这就与《突尼斯示范法》形成了鲜明的对比，《突尼斯示范法》是通过将版权制度准用于民间文学艺术的保护中，形成了民间文学艺术的特殊版权制度，即经济与精神权利。因此，很难说 1977 年《班吉协定》对民间文学艺术的版权保护中有“权利”的

① “Without prejudice to the provisions of Article 46, hereafter, for the purposes of Part I, folklore shall mean literary, artistic or scientific works as a whole created by the national ethnic communities of the member States, which are passed from generation to generation and which constitute one of the basic elements of the African cultural heritage.” Agreement Relating to the Creation of an African Intellectual Property Organization, Bangui, 1977, Annex VII, Article 8. http://www.wipo.int/wipolex/en/profile.jsp?code=OAPI.

内容。正如有学者指出,在该部分中民间文学艺术不是专有权利的客体,相关规则既未指出民间文学艺术中存在某种由国家或主管机构行使的版权,也没有规定真正意义上的许可制度作为使用的前提条件。因此,对民间文学艺术的使用在原则上并没有进行限制,只需要满足事先向主管机构申明并支付费用的条件即可。[①]笔者认为,这是为了第三十六条的共有领域付费制度留下一定的空间。

1977年《班吉协定》第三十六条针对民间文学艺术的适用规定了一套“公有领域付费制度”:使用公有领域的民间文学艺术作品应当向国家主管机构支付版税,具体版税额度为通常情况下作者所获报酬的一半,这一版税收入应用于文化和社会目的。虽然该条款没有写明“公有领域付费制度”的字样,但它以公有领域作品为适用对象,需要付费但不需要许可,这本质上就是前文讲到的《突尼斯示范法》中的共有领域付费制度。但不同的是,此处的公有领域付费制度一定程度上与上述“使用规则”形成了协调,因为在上文讲到的使用规则中并没有规定许可制度,即没有针对民间文学艺术构建相应的专有权利,两种规则在同一公约中的矛盾显然比《突尼斯示范法》中减少了许多。此外,第三十九条第二款还规定了违反民间文学艺术保护规则的救济措施,即各种民事救济措施,包括诉前禁令等强制措施。

(二) 文化遗产保护

附件七第二编的标题为“Protection and Promotion of the Cultural Heritage”,第一章第四十六条又对民间文学艺术进行了定义:是指非洲族群创造的,世代相传并构成非洲文化遗产基本元素的,包括文学、艺术、宗

---

① Anges Lucas-Schloetter, Folklore, in Silke von Lewinski ed., Indigenous Heritage and Intellectual Property: Genetic Resources, Traditional Knowledge and Folklore, Kluwer Law International, 2004, pp.279—280.

教、科学、技术和其他习惯和产品在内的整体。[①]可以看出，此处的民间文学艺术的范围比之前版权保护章节中要广泛许多，在版权保护中，强调民间文学艺术作为文学、艺术和科学领域的“作品”概念（literary, artistic or scientific works as a whole），而在文化遗产保护中则扩大为文学、艺术、宗教、科学和技术领域，甚至其他习惯和产品在内的总称（the literary, artistic, religious, scientific, technological and other traditions and products as a whole），这种解释似乎过于宽泛，此处“民间文学艺术”的内容甚至可以与“传统文化”这一大概念相提并论，虽然是将其作为“文化遗产”的一种进行讨论，笔者认为，这一解释与“民间文学艺术”的通常概念并不相符。

第二章第五十条第二款规定了对“未归类”的文化遗产的盈利性复制须获得相关主管机关的特别许可，意味着对民间文学艺术的复制行为施加了许可要件的专有控制，此外，第七十四条作为第五十条的配套条款规定了违反第五十条的各种法律责任，包括罚款、监禁等行政和刑事措施，并明确前述责任并不影响损害赔偿责任，这就说明除前述公力救济外，还存在私力救济方式，与第五十条的专有权形成呼应。

在第二章第五十七条和第七十三条还涉及了对民间文学艺术的精神权利保护。第二章第五十七条第一款第一项规定，被编列入文化遗产目录的文化财产，主管机关有权反对任何损害文化财产完整性的作品（listing shall empower the administrative authority to oppose any works liable to injure the integrity of the cultural property），第七十三条规定了违反第五十六条和第五十七条规定的罚款数额，并强调并不影响主管机关另外提起

① “For the purposes of Part II, ‘folklore’ means the literary, artistic, religious, scientific, technological and other traditions and products as a whole, created by African communities and handed down from generation to generation and which constitute the bases of the African cultural heritage.” Agreement Relating to the Creation of an African Intellectual Property Organization, Bangui, 1977, Annex VII, Article 46. http://www.wipo.int/wipolex/en/profile.jsp?code=OAPI.

损害赔偿责任的诉权。这些规则一定程度上具备了版权法中精神权利保护的要件:第一,反对任何“作品”对文化财产完整性的损害行为;第二,主管机构就损害行为进行起诉。这就与版权法中“保护作品完整权”的内容十分相似了,如《伯尔尼公约》中第六条规定的精神权利的主要内容就是“反对针对作品的歪曲等贬损行为的权利”。

可见,在文化遗产的保护规则中,既包括事先许可以控制复制行为的专有权内容,又包括类似版权法精神权利中保护作品完整权的内容,还规定了一系列保护上述权利的救济途径。从这种意义上讲,主管机关实施的“许可”和“反对”权利内容,从内容和性质上看,都具有版权法保护的色彩。至于其将客体表述为“文化财产”(cultural property)的做法,笔者认为,文化财产并不是不可以被纳入知识产权的保护领域。事实上,很早就有学者特地采用“文化财产”这一概念描述无形财产中涉及的相关权利,并将其与现代知识产权置于同一框架中讨论。例如,有学者曾以“知识与文化财产权的多变体制”为题,统一讨论了知识产权与文化财产权,并指出“传统上,文化财产与知识财产的关联是时间。文化财产是随着时间进入了公有领域并被‘民族化’的个人知识产权;当然,其中也有些本来就是并且至今仍是公有财产”。[①]

就法律保护而言,1977年《班吉协定》是与民间文学艺术保护有关的第一个区域性国际条约,在知识产权领域具有较大的影响力。它最早在知识产权框架内,创造性地采用了版权和文化遗产两种保护模式对民间文学艺术进行保护。极大地丰富了对民间文艺的保护方式。同时,作为具有强制力的生效条约,《班吉协定》对其成员国有直接效力,从而促使其成员国必须在知识产权法律制度中对民间文学艺术进行直接保护,对成员国家及其

① Harry Hillman Chartrand, Multilateral Intellectual and Cultural Property Rights Regime, Compiler Press, 2008, P.15. 转引自杨鸿:《民间文艺的特别知识产权保护——国际立法例及其启示》,法律出版社2011年版,第183页。

他非洲国家产生了深远的影响。《班吉协定》和《突尼斯示范法》可以说是制定传统文化法律保护的重要参考范本,在"一带一路"倡议下,对传统文化的知识产权保护区域制度构建有较强的借鉴意义。

二、1999年新《班吉协定》

非洲知识产权组织于1999年对《班吉协定》进行了修改,新协定于1999年2月24日通过并于2002年2月28日起生效,简称新《班吉协定》,新协定的成员国共十六个[①],全协定由十个附件组成,每一个附件都涉及知识产权的一个领域,其中只有附件七涉及民间文学艺术的直接保护。该附件标题改为了"文学与艺术财产权",但仍采取了原来的版权制度和文化遗产制度两个框架部分。

(一)区分"民间文学艺术表达"与"民间文学艺术"

对保护客体的修改是此次修订的重大内容,明确区分了"民间文学艺术"和"民间文学艺术表达",并将两者分别纳入文化遗产保护体系和特殊版权保护体系。在第一编的版权制度中使用过了"民间文学艺术表达"一词,第五条首先明确了民间文学艺术表达属于版权制度保护的"作品",并与其他各类普通作品相互并列,第二条界定了"民间文学艺术表达"的概念:民间文学艺术表达是指具有传统艺术遗产特色要素的,由特定群体或满足该群体期望的特定人传承并延续下来的,包括民间故事、民间诗歌、民歌、器乐、民间舞蹈、娱乐形式、仪式及民间艺术产品等艺术表现形式在内的产品。[②]明确排除了广义民间文学艺术中不具有"传统艺术遗产特色要

---

① 它们分别是:中非共和国、贝宁、刚果、加蓬、尼日尔、塞内加尔、喀麦隆、多哥、布基纳法索、科特迪瓦、几内亚、几内亚比绍、赤道几内亚、马里、乍得、毛里塔尼亚。

② See Agreement Revising the Bangui Agreement of March 2, 1977, on the Creation of an African Intellectual Property Organization, February 24, 1999, Annex VII, Article 2(xx). http://www.wipo.int/wipolex/en/profile.jsp?code=OAPI.

素”的各种技术知识和民俗事项，并增加了来源主体，除了来自特定主体之外，还包括有“满足该群体期望的特定人”。需要说明的是，这个地方虽然称为“表达”，但实质上与版权法中的“表达”含义并不相同，此处的“表达”包括了思想范畴的内容，如仪式、习惯、娱乐方式等。此外，新《班吉协定》还明确区分了“民间文学艺术表达”和“由民间文学艺术演绎的作品”，根据附件七第六条第一款第一项的规定，“由民间文学艺术演绎的作品”是指“对民间文学艺术表达进行演绎、改编、编排和其他形式改编的作品”，相比较下，“由民间文学艺术演绎的作品”是由确定的创作主体的，属于民间文学艺术的演绎型，新《班吉协定》对两类作品规定了不同的保护待遇。

在第一编的版权制度中，新《班吉协定》删除了 1977 年《班吉协定》中针对民间文学艺术使用规则的事先通知义务，但保留了公有领域付费制度，即相应的使用者只需要付费，不再负有通知义务。可以说，修订后的新《班吉协定》仍是将民间文学艺术的保护纳入版权保护体制下进行的，只是将其视为一种特殊做法而规定了一些特别条款而已。①

（二）文化遗产保护的修改

与 1977 年《班吉协定》相同，新《班吉协定》附件七第二编也基本沿用了其制度框架和保护方式。但在具体内容上做了较大的修改和扩充：在沿用了事先向相关机构取得许可的条件和相对应的民事赔偿责任的同时，扩充的一些内容增强了对民间文学艺术的保护力度。例如，在上文提到的 1977 年《班吉协定》第五十条第二款中，仅针对未归类的营利性复制需要事先得到相关机关的许可，在新协定第七十三条中，增加了一项：特定行为只要以营利为目的，就须取得主管机构的实现许可。具体来说，不仅是未归

① 张耕：《民间文学艺术的知识产权保护研究》，法律出版社 2007 年版，第 107 页。

类的文化财产需要得到许可，对除复制行为以外的出版、发行行为，甚至只要“文化资产”构成国家文化遗产的元素，则对其进行的公开朗诵、公开表演、有线或无线方式的传输，以及任何其他方式向公众传播的行为，都需要事先得到有关机构的许可。①在之后的第七十四条中，增加了“自由使用”的条款，即第七十三条的例外情况：出于教学目的的使用、作者在其独创作品中为说明问题而进行的复合诚实信用惯例的使用、为创作独创性作品二进行的借鉴②，则不需要事先得到主管机构的许可。这与版权法中的合理使用制度就十分相似了。通过比较可以发现，此第七十三条和第七十四条与上文中讲到的《1982 年示范法》第三条与第四条的规定惊人相似，③这也表明国际社会对民间文学艺术的认识和保护在世界知识产权组织和联合国教科文组织的框架内逐渐形成统一的认识。

新《班吉协定》与 1977 年《班吉协定》所处时代虽然不同，但其特殊意义仍然存在，新《班吉协定》是国际社会对民间文学艺术保护的重视之体现，也是国际社会在世界知识产权组织和联合国教科文组织领导框架内进行立法的重要典范，可以说至今它仍是国际知识产权法中唯一为民间文学

① 原文是：Except where a special authorization is issued by the competent national authority designated to that end, the following shall remain prohibited when carried out for profit making purposes:

(a) the publication, reproduction and distribution of copies of any cultural property, whether classified or not, listed or not, ancient or recent, and considered by this Act as part of the national cultural heritage;

(b) any recitation, public performance, any transmission by wire or by wireless means and any other form of communication to the public of any cultural asset, whether classified or not, identified or not, ancient or recent and considered by this Act as an element of the national cultural heritage. See Agreement Revising the Bangui Agreement of March 2, 1977, on the Creation of an African Intellectual Property Organization, February 24, 1999, Annex VII, Article 73(2).

② 原文是：(1) The provisions of Article 73(2) shall not apply in the following cases:

(a) use for teaching;

(b) use as illustration of the original work of an author on condition that the scope of such use remains compatible with honest practice;

(c) borrowings for the creation of an original work from one or more authors.

③ 参考关于《1982 年示范条款》的相关内容。

艺术直接提供保护的区域性国际公约。当然，新《班吉协定》在其他知识产权领域也作出了卓越的贡献。①其倡导的版权、工业产权和文化遗产保护等相关法律对民间文学艺术进行综合保护的理念对“一带一路”下传统文化保护宏观制度设计具有重要的参考价值。

第五节 《生物多样性公约》

《生物多样性公约》是一项保护地球生物资源的国际性公约，具有法律约束，旨在保护濒临灭绝的植物和动物，最大限度地保护地球上的多种多样的生物资源，以造福于当代和子孙后代。其在遗传资源保护方面开创的事先知情同意机制受到了国际社会广泛的认同，同时也为保护与遗传资源有关的传统知识提供了法律依据。《生物多样性公约》为“一带一路”倡议下传统文化区域整体保护提供了一个广泛的共识基础。

一、《生物多样性公约》产生的背景及意义

1972 年，联合国在斯德哥尔摩召开了关于人类环境的大会，决定建立联合国环境规划署，各国政府签署了若干地区性和国际协议以处理如保护湿地、管理国际濒危物种贸易等议题，这些协议与管制减慢了破坏环境的趋势，但这种趋势并未被彻底扭转。

1987 年，世界环境和发展委员会得出了发展经济必须减少破坏环境的结论，这份划时代的报告题为“我们共同的未来”指出，人类已经具备实现自身需要并且不以牺牲后代实现需要为代价的可持续发展的能力；报告同

① 值得一提的是，新《班吉协定》中有关工业产权的规定，在附件三中关于商品和服务商标的规定，附件五中关于地理标志的规定以及附件八中关于不正当竞争的规定，这些规定都能对民间文学艺术，甚至是传统文化的保护起到不可磨灭的作用。

时呼吁开创一个健康的、绿色的经济发展新纪元。

1992 年 6 月 1 日，由联合国环境规划署发起的政府间谈判委员会第七次会议在内毕罗通过，各国首脑在巴西里约热内卢召开的最大规模的联合国环境与发展地球峰会上，签署一系列有历史意义的协议，包括两项具有约束力的协议：气候变化公约和生物多样性公约。前者目标是工业和其他诸如二氧化碳等温室效应气体排放；后者是第一项生物多样性保护和可持续利用的全球协议，即《生物多样性公约》。《生物多样性公约》作为一项有法律约束力的公约，旨在保护濒临灭绝的植物和动物，最大限度地保护地球上的多种多样的生物资源，以造福于当代和子孙后代。该公约于 1993 年 12 月 29 日正式生效。常设秘书处设在加拿大的蒙特利尔。联合国《生物多样性公约》缔约国大会是全球履行该公约的最高决策机构，一切有关履行《生物多样性公约》的重大决定都要经过缔约国大会的通过。《生物多样性公约》快速获得广泛的接纳，截止到 2016 年，该公约的签字国（包括欧盟在内）达到 196 个。我国于 1992 年 6 月 11 日签署该公约，1992 年 11 月 7 日批准，1993 年 1 月 5 日交存加入书。

《生物多样性公约》的目标十分广泛，凡是关于人类未来的重大问题几乎都是它关心的内容，可以说是国际法的里程碑。《生物多样性公约》的主要目标有三个：第一，保护生物多样性；第二，生物多样性组成成分的可持续利用；第三，以公平合理的方式共享遗传资源的商业利益和其他形式的利用。

该公约提醒着人们特别是决策者，自然资源不是无穷无尽的，公约为 21 世纪建立了一个崭新的理念——生物多样性的可持续利用，过去的保护努力多集中在保护某些特殊的物种和栖息地，公约认为，生态系统、物种和基因必须用于人类的利益，但这应该以不会导致生物多样性长期下降的利用方式和利用速度来获得。同时还为决策者提供一项指南：当生物多样性发生显著的减少或下降时，不能以缺乏充分的科学定论作为采取措施减少或避免这种威胁的借口。公约确认保护生物多样性需要实质性投资，但是同时强调，保护生物多样性应该带给我们环境的、经济的和社会的显著回报。公约还规定，发达国家将以赠送或转让的方式向发展中国家提供新的补充资金以补偿它们为保护生物资源而日益增加的费用，应以更实惠的方式向发展中国家转让技术，从而为保护世界上的生物资源提供便利；签约国应为本国境内的植物和野生动物编目造册，制定计划保护濒危的动植物；建立金融机构以帮助发展中国家实施清点和保护动植物的计划；使用另一个国家自然资源的国家要与那个国家分享研究成果、盈利和技术。

可以说，《生物多样性公约》是人类为了共同发展和共同利益第一次取得了保护生物多样性方面的全面共识，公约涵盖了所有的生态系统、物种和遗传资源，把传统的保护努力和可持续利用生物资源的经济目标联系起来，建立了公平合理地共享遗传资源利益的原则，尤其是作为商业性用途，涉及了快速发展的生物技术领域，包括生物技术发展、转让、惠益共享和生物安全等，尤其重要的是，公约具有法律约束力，缔约方有义务执行其条款。

二、《生物多样性公约》事先知情同意机制

事先知情同意机制是《生物多样性公约》创立的并被广大国家接受和认可的关于保护遗传资源及有关传统知识利用机制的统称，这种机制在许多发展中国家的国内立法中都有所体现。具体来说，该制度主要包括以下三个原则内容：

(一) 国家主权原则

这是一个关于国家和传统部族对遗传资源享有主权和所有权的原则内容。《生物多样性公约》第十五条第一款规定了国家对其境内遗传资源享有主权,确认了所在国家对遗传资源的主权控制:"确认各国对其自然资源拥有的主权权利,因而可否取得遗传资源的决定权属于国家政府,并依照国家法律行使"。[①]这一条款是1962年联合国《自然资源永久主权宣言》中确立并在此后签署之《公民权利和政治权利国际公约》《经济、社会及文化权利国际公约》中重申的民族(国家)自然资源永久主权原则的继承和发展,[②]也是自然资源永久主权原则在遗传资源保护问题上的运用。《生物多样性公约》的这条规定已为一些国家的立法所认可。如安第斯国家联盟在其1996年第391号决议通过的《遗传资源获取共同规则》(the Common Regime on Access to Genetic Resources)第十六条中明确承认传统部族和传统社区对其遗传资源和传统知识的权利。菲律宾第247号行政令序言也规定国家对生物资源及有关传统知识享有所有权。如野生生物、植物群和动物群等及其所体现和与其有关的传统知识,均为国家所有。对它们的处置、发展和利用均受国家的监督和控制。[③]哥斯达黎加《生物多样性法》第二条规定,所有生物遗传资源和传统知识均隶属于国家主权的控制之下,根据其情况分别归国家、私人土地主或传统部族社区所有。国家主权原则

---

① Article 15, Access to Genetic Resources, para 1: Recognizing the sovereign rights of States over their natural resources, the authority to determine access to genetic resources rests with the national governments and is subject to national legislation. See Convention on Biological Diversity, https://www.cbd.int/convention/text/.

② 《经济、社会及文化权利国际公约》和《阶段性公民权利和政治权利公约》第一条第二款分别规定:"所有民族得为本身之目的,自由处置其天然财富及资源……"

③ Graham Dutfield. Developing and Implementing National Systems fro Protecting Traditional Knowledge: A Review of Experiences in Selected Developing Counties, UNCTAD Expert Meeting on Systems and National Experiences for Protecting Traditional Knowledge, Innovations and Practices. Geneva, 30. Oct-1. Nov. 2000.

意味着遗传资源隶属于所在国主权控制，对它们的处置、开发和利用的决定权属于所在国政府并依照该国法律进行。国家主权原则可以说为实现知情同意和利益分享奠定了坚实的法律基础。一般来说，这里的国家所有权不能等同于私法意义上的财产所有权。国家控制权也具有相对性。实际上，对遗传资源而言，国家只是处于一种类似于托管人的地位。国家只是代行某些所有人的职能。而传统部族则行使着较多的所有权权能。

（二）事先知情同意原则

事先知情同意(prior informed consent)是《生物多样性公约》在第十五条第五款规定的遗传资源获取制度核心内容：“遗传资源的取得须经提供这种资源的缔约国事先知情同意，除非该缔约国另有决定。”①即传统部族以外的组织和个人在获取遗传资源和对遗传资源进行商业化利用前，必须事先通知有关国家和传统部族，使其知晓遗传资源商业化利用的有关情况，并获得依该国法律确定的由该国政府有关部门或传统部族的同意(一般根据传统部族习惯法来作出这种表示)，与此相联系，许可是指遗传资源利用人在事先知情同意后取得有关遗传资源使用许可证书，才可以对该遗传资源进行商业化开发和利用。事先知情同意和许可制度在菲律宾、秘鲁、印度等国有关法律中已有规定。如菲律宾第247号行政令规定，在对遗传资源开发利用时，传统部族对这种开发有事先知情权和同意权。《菲律宾原住民权利法》第三十五条规定，经过有关社区依据其习惯法事先知情同意后，方被允许获取有关遗传资源。《秘鲁原住民集体知识保护条例》

① Article 15, Access to Genetic Resources, para 5: Access to genetic resources shall be subject to prior informed consent of the Contracting Party providing such resources, unless otherwise determined by that Party. See Convention on Biological Diversity, https://www.cbd.int/convention/text/.

规定，为科学研究、商业或者工业利用的目的，需要接近和获得遗传资源的组织或个人，应获得遗传资源持有人的事先知情同意。该组织或个人还需要获得一个非排他的许可证。《印度生物多样性法》第六条规定，“任何人均不得以任何名义在印度国内外就基于申请前未经国家生物多样性局事先批准而从印度获得的生物资源研究或信息的任何发明申请知识产权。”在其2002年专利法中对来源披露制度也做了规定，要求专利申请人必须在申请时披露专利产品所涉及的任何生物物质的来源和地理起源。并且在第25节中将“整个说明书没有披露或错误地披露发明所用生物材料的来源或地理起源”设定为对专利提出异议申请撤销的理由之一。《生物多样性公约》第六次缔约国大会（The Conference of the Parties-COP-6）于2002年通过的《关于获取遗传资源并公正和公平分享通过其利用所产生惠益的波恩准则》(Bonn Guidelines on Access to Genetics Resources and Pair and Equitable Sharing of the Benefits Arising out of their Utilization，简称《波恩准则》)也重申：在获取原生态环境中的遗传资源时，应事先通知资源提供方的有关部门（包括中央和地方各级部门），并获得其同意，即事先知情同意。[①]可以说，事先知情同意原则不仅是对相关传统部族和国家主权的尊重，还为遗传资源及有关传统文化主体实现相关利益的公平合理分享提供了保证。

(三) 利益分享原则

利益分享是指非传统部族的组织和个人在对遗传资源进行商业化利用时，传统部族有权参与利益分享。《生物多样性公约》第十五条第七款规定：“每一缔约国应按照第十六条和第十九条，酌情采取立法、行政或政策性措施，并于必要时利用第二十条和第二十一条设立的财务机制，旨在与

---

① WIPO/GRTKF/IC/2/11, Annex, p.20.

提供遗传资源的缔约国公平分享研究和开发此种资源的成果以及商业和其他方面利用此种遗传资源所获得的利益。这种分享应按照共同商定的条件进行。”①为了有效保护有关国家和传统社区对遗传资源享有的权益,《生物多样性公约》缔约方大会第Ⅵ/24号决定请缔约方和各国政府,“如申请的主题涉及或在开发中使用了遗传资源,在知识产权申请中鼓励公开遗传资源的原产国,作为跟踪遵守实现知情同意和同意获取该资源的相互约定条件的一种可能手段”,以及“如申请的主题涉及或在开发中使用了这种知识,在知识产权申请中鼓励开发关于生物多样性的保护和持续利用的相关的土著和地方社区的传统知识、创新和实践”。②

传统部族参与遗传资源商业化利用过程中的利益分享是《生物多样性公约》的宗旨之一。确认国家对遗传资源的主权控制为这种利益分享创造了前提。而事先知情同意和许可机制则为利益分享提供了制度保障。一些国家的法律规定了利益分享权以及利益分享的具体方法和额度。如菲律宾第247号行政令规定,对遗传资源商业化利用所得的利益。菲律宾国家和有关传统社区有分享权,有关研发方应当向政府和有关传统社区交纳使用费。《秘鲁原住民集体知识保护条例》规定,如果有关遗传资源被用于商业目的,则必须签署一个利益公平分享的特别许可协议。③另外,获得有

---

① Article 15, Access to Genetic Resources, para 7: Each Contracting Party shall take legislative, administrative or policy measures, as appropriate, and in accordance with Articles 16 and 19 and, where necessary, through the financial mechanism established by Articles 20 and 21 with the aim of sharing in a fair and equitable way the results of research and development and the benefits arising from the commercial and other utilization of genetic resources with the Contracting Party providing such resources. Such sharing shall be upon mutually agreed terms. https://www.cbd.int/convention/articles/default.shtml?a=cbd-15.

② 转引自世界知识产权组织关于专利制度中与遗传资源和传统知识有关的公开要求问题的技术研究报告草案[EB/OL]。[2009-10-20]. http/sipo.gov.cn/sipo2008/ztzl/ywzt/yczyhctzsbh/zlk/gjhywj/200804/PO20080411462626027I5820.doc.

③ Elizabeth Longrace. Advancing Science While Protecting Developing Countries from Exploitation of Their Resources and Knowledge. Spring, 2003, 13, Fordham Intell. Prop. Meia & EnT. L. J. p.963.

关遗传资源的非排他许可证，该法人或个人需交纳遗传资源获取费外加0.5％的将来销售所得，这些费用交给原住民发展基金（Fund for the Development of Indigenous Peoples）。对于已处于公共领域部分，原住民仍可以与外部社会的使用者签订协议，并要求补偿，利用者应向原住民发展基金缴纳0.5％的未来产品销售额。①

（四）来源地证明原则

来源地证明原则包括来源地的证明、事先知情同意的证明和许可证明三个内容，它们并不是《生物多样性公约》直接规定的保护措施，而是有关地区和国家根据《生物多样性公约》的宗旨和目标在区域性或本国知识产权法律制度中就涉及遗传资源的发明获取专利知识产权时设计的新的程序要求。是指专利申请人在申请与遗传资源相关的专利时，应提交和披露遗传资源来源地证明和传统部族事先知情同意的证明和许可证明，否则可能得不到专利授权或者可能导致专利权的无效。意思就是说，在就涉及遗传资源和传统知识的发明申请专利时，把遗传资源和传统知识来源、事先知情同意及许可证明作为获取专利的一个要件。一些国家的专利制度已采纳这条规则。如印度1999年及2002年专利法均规定了专利申请人就有关生物资源申请专利时须披露生物材料来源地，如果没有标注或错误标注则可能不能获得专利权。②《哥斯达黎加生物多样性法》规定，有关人员在申请与遗传资源利用有关的知识产权时，必须提交该国生物多样性管理委员会技术办公室发布的来源证书和传统部族事先知情同意的证明。欧共

① Graham Dutfield. Developing and Implementing National Systems fro Protecting Traditional Knowledge：A Review of Experiences in Selected Developing Counties，UNCTAD Expert Meeting on Systems and National Experiences for Protecting Traditional Knowledge，Innovations and Practices. Geneva，30. Oct-1. Nov.2000.

② See Report of the Commission. Intellectual Property Rights，Chapter 4，Traditional knowledge and Geographical indications，London，Sep. 2002.

体也已明确认可涉及遗传资源的发明专利申请中必须公开有关遗传资源来源的规则。同时，一些国家和地区专利机构在专利申请实践已运行该制度。如在法、德、美等国及欧洲专利局的 500 多份专利申请案中，专利申请多标注了生物资源的来源，有的还指出了传统知识的来源。①

由此，事先同意知情原则的四项内容相互联系，形成一个较为完整的运行整体。首先，明确承认了有关国家对遗传资源享有的主权，以此为起点，建立了事先知情同意和许可机制。为了较充分地保护有关国家和传统部族传统知识上的利益，防止他人谋求传统知识上的知识产权利益，事先知情同意机制还要求在涉及遗传资源和传统知识的发明专利申请中，要求申请人披露事先知情同意证明，把这种证明作为专利授权的一个条件。缺乏这个条件，可能使专利申请人得不到专利授权，或者可能导致专利无效或被撤销。《生物多样性公约》这种颇为精巧的制度设计，为有关国家和传统社群参与利益分享奠定了坚实的基础。从目前情形来看，《生物多样性公约》开创的事先知情同意保护机制代表了遗传资源和传统知识保护的最高水平。为此，遗传资源和传统知识的事先知情同意保护机制得到了 WTO 很多成员国的赞成。②

但从制度层面上看，事先知情同意机制仍然存在许多缺陷和不足。第一，《生物多样性公约》虽然确定了一个国家与公约之间的争端解决机制，却缺乏解决具体的遗传资源和传统知识争端的程序规则。③这样使遗传资

① See David R. Downes. How Intellectual Property Could Be a Tool to Protect Traditional Knowledge. 2000, 25, Colum. J. Envtl. L. 253.

② 欧共体及其成员：《TRIPS 协议与〈生物多样性公约〉和传统知识——欧共体及其成员关于 TRIPS 协议理事会对 TRIPS 协议第 27.3 条(b)的审查和关于 TRIPS 协议与〈生物多样性公约〉和传统知识及民间文化保护的关系的意见》，陈仲华译，《专利法研究》(2003)，知识产权出版社 2003 年版，第 438 页。

③ Lauren E. Godshall. Making Space for Indigenous Intellectual Property Rights Under Current International Environmental Law. 2003, 15, Geo. Int'l Envtl. L. Rev. p.497.

源和传统知识物权利益的救济机制存在重大缺漏，从而使其物权利益得不到国际范围的足够保护。第二，就利益分享而言，传统部族所得到的资金，实际上是用来保护生物多样性的投资，而不是给传统部族的直接补偿。[①]同时，这种经济补偿和利益分享是鼓励性的，没有具体的、强制性的法律条文。所以在利益分享的实现机制上，只有通过道义说服这种主要方式以及获取遗传资源过程中的合同规范来实现博弈。由于道义说服的非强制性和合同博弈中的信息不对称，遗传资源的相关利益的实现就很难得到有效的保障。第三，在遗传资源的获取和利用中，《生物多样性公约》没有明确规定传统部族的同意或分享权（当然，有的国家将事先知情同意权交给了传统部族）。这样，遗传资源和传统知识上的权利都集中于国家之手，而完全忽略了传统部族的权利。如其第十五条规定是国家而不是传统部族有决定外方能否获得有关遗传资源的权利。[②]第四，该机制的基本出发点是承认有关国家对遗传资源的主权性质，防止他人获得遗传资源和传统知识的知识产权，没有强调国家和传统社群对其遗传资源应当享有的利益，即没有明确这种利益的具体内容和性质，这也就导致了事先知情通知机制在知识产权保护上的重大缺陷。但总体来说，被广泛接受的《生物多样性公约》为“一带一路”倡议下的传统文化保护奠定了合作保护的共识基础，其事先知情同意机制在“一带一路”倡议下的传统文化的知识产权合作保护中也有较大的运用空间。

---

① Lester I. Yano. Protection of the Ethno biological Knowledge of Indigenous Peoples. 12 1993, 41 UCLA L. Rev. 443.

② Elizabeth Longrace. Advancing Science While Protecting Developing Countries from Exploitation of Their Resources and Knowledge. Spring, 2003, 13, Fordham Intell. Prop. Meia & EnT. L. J. p.963.

第六节 《粮食和农业植物遗传资源国际条约》——联合国粮食及农业组织农民权

一、农民权的产生

发展中国家起初并没有意识到作为现代生物工程产业特别是生物农业发展基础的粮食和农业植物遗传资源的重要性，致使发达国家及其农业产业每年通过欺骗手段从发展中国家取得至少价值450亿美元的遗传资源。[①]而在认识到植物遗传资源的科研价值和现实意义后，双方对粮食和农业植物遗产资源的权利展开了争夺并发生了深刻的矛盾和分歧。发达国家意图通过“人类共同财产”观点，将粮食和农业植物遗传资源视为人类共同的财产，要求各国将遗传资源无条件地提供用于研究。由于发达国家的优势地位，这种意见被1983年联合国粮食及农业组织《粮食和农业植物遗传资源国际行动纲领》所采纳。发展中国家却不能接受。经过发达国家和发展中国家的多年博弈，“农民权”的概念被提出并逐渐确定下来。

“农民权”一词最早源于1979年联合国粮食及农业组织内部的一场讨论，讨论的主题是在以遗传资源为基础的现代生物技术应用中，遗传资源材料提供者与生物技术提供者在利益分配中的不平等现象。1985年墨西哥代表团在联合国粮农遗传资源委员会的一次会议上也提出了农民权概念，以保护农民的植物传统知识和植物遗传资源。1989年，联合国粮食及农业组织第25届大会通过的第4号决议(Resolution 4/89)承认了各区域种植者(农民)在植物遗传资源保护与开发方面做出的巨大贡献构成了全

① Madeley J., Yours for Food, Christian Aid, UK(1996)，转引自崔国斌:《文化及生物多样性保护与知识产权》，北京大学博士论文2002年。

球植物生产的基础，在此基础上第 5 号决议（Resolution 5/89）首次明确地承认了种植者的权利——农民权，联合国粮食及农业组织在 1991 年第 26 届大会通过的第 3 号决议（Resolution 3/91）也正式承认了各国对植物遗传资源的“主权”，并认为，农民权将通过国际植物遗传资源基金的支持加以实现。1992 年，《生物多样性公约》出台后，《粮食和农业植物遗传资源国际行动纲领》面临着与其协调的问题，农民权问题再次成为讨论的核心。1999 年 4 月，粮食和农业遗传资源委员会召开修改行动纲领的会议，这次会上达成了以下共识，即成员国应当承认当地和原住民社区、农民（特别是植物遗传资源起源地或植物遗传资源多样性中心地的农民）在保存和发展构成世界粮食和农业生产基础的植物遗传资源中已经作出和将要继续作出的巨大贡献。成员国应当通过适当的国内立法等措施以保护和促进农民权。这些农民权包括：第一，保护与粮农遗传资源有关的传统知识；第二，对起源于粮农植物遗传资源的利益的公平合理分享；第三，对本国（在国家层面上）粮食和农业植物遗传资源保存和可持续利用事项的参与和决策权。①

为了使《粮食和农业植物遗传资源国际行动纲领》与《生物多样性公约》相互协调，经过多年的磋商，2001 年 11 月，联合国粮食及农业组织第 31 届大会通过了《粮食和农业植物遗传资源国际条约》（International Treaty on Plant Genetic Resources for Food and Agriculture），农民权的概念和机制才得以基本定型。

二、农民权的内容及意义

《粮食和农业植物遗传资源国际条约》确定的目的是保存和可持续利用

① Michael Halewood, Indeginous and Local Knowledge in International Law: A Preface to Sui Generis Intellectual Property Protection, December, 1999, 44, McGill L. J. 953.

粮食和农业植物遗传资源，并对这种利用中产生的利益进行公平分享，以实现农业的可持续发展和粮食安全，并最终放弃植物遗传资源的人类共同财产观点，承认国家对遗传资源享有主权。[①]为了实现这些目标，该条约第二部分规定了成员国的义务，以促进对植物遗传资源的开发、保存和可持续利用。在条约的第三部分，即第九条，比较明确地界定了农民权的内容，目前这一内容已被国际社会广泛接受[②]，农民权是指“源于过去、现在和将来农民在保存、改良和提供植物遗传资源(尤其是那些集中体现物种起源与多样性的遗传资源)过程中所作贡献的一种权利”。[③]具体要求为：“各缔约方同意落实与粮食和农业植物遗传资源有关的农民权利的责任在于各国政府。各缔约方应酌情根据其需要和重点，并依其国家法律，采取措施保护和加强农民的权利，其中包括：(1)保护与粮食和农业植物遗传资源有关的传统知识；(2)公平参与分享因利用粮食和农业植物遗传资源而产生的利益的权利；(3)参与在国家一级就粮食和农业植物遗传资源保存及可持续利用有关事项决策的权利。”[④]联合国粮

---

① 唐广良：《遗传资源、传统知识及民间文学艺术表达国际保护概述》，郑成思主编：《知识产权文丛》(第8卷)，中国方正出版社2002年，第40页。

② 农民权已经被110多个国家所接受。参见Cary Fowler, By policy or law? The Challenge of Determining the Status and Future of Agro-Biodiversity, 3.1 Journal of Technology law & policy 1, (1997), at 4。

③ The Contracting Parties recognize the enormous contribution that the local and indigenous communities and farmers of all regions of the world, particularly those in the centres of origin and crop diversity, have made and will continue to make for the conservation and development of plant genetic resources which constitute the basis of food and agriculture production throughout the world. See International Treaty on Plant Genetic Resources for Food and Agriculture, Article 9—Farmers' Rights, 9.1. http://www.fao.org/documents/card/en/c/5895b670-1177-57fb-a40d-3ab534b110ad/.

④ 原文是：The Contracting Parties agree that the responsibility for realizing Farmers' Rights, as they relate to plant genetic resources for food and agriculture, rests with national governments. In accordance with their needs and priorities, each Contracting Party should, as appropriate, and subject to its national legislation, take measures to protect and promote Farmers' Rights, including:

(a) protection of traditional knowledge relevant to plant genetic resources for food and agriculture

(b) the right to equitably participate in sharing benefits arising from the utilization of plant genetic resources for food and agriculture; and

(c) the right to participate in making decisions, at the national level, on matters related to the conservation and sustainable use of plant genetic resources for food and agriculture。

食及农业组织把这种权利析解为互相关联的三项子权利：一是传统知识保护权，即保护农民与粮农植物遗传资源有关的传统知识的权利；二是平等利益分享权，即平等地参与分享因利用粮农植物遗传资源而产生的利益的权利；三是决策参与权，即在国家层面上就与粮农植物遗传资源的保护和可持续利用有关的事项参与决策的权利。①

从法理角度看，农民权旨在承认农民在保存和发展粮食作物品种及生物多样性过程中的传统角色和传统作用。从具体权利角度看，主要是承认他们在植物遗传资源改进中所享有的利益分享权以及有关的特权，如允许农民保留、交换或出售受保护的品种或植物的种子，或用它们进行进一步的繁殖等。②植物遗传资源和农民权保护机制，即通过农民权对农民的粮农植物遗传资源提供保护，使农民在其上的利益得以实现。农民权首先强调了粮食和农业植物遗传资源以及传统知识保护的重要性。从而为实现农民在其粮食和农业植物遗传资源权利和经济利益提供了基本前提。进一步，联合国粮食及农业组织从经济利益分配的角度，规定了农民对粮食和农业植物遗传资源商业化利用过程中产生的利益参与分享的权利。然后通过规定农民在粮食和农业植物遗传资源保护与可持续利用事项中的参与决策权，对粮食和农业植物遗传资源的保护提供了保障。具体来说，就是通过农民的参与，制定出保护农民植物遗传资源的法律规则，特别是制定出农民平等参与该等资源商业利益分享的法律规则，对于承认世世代代的农民在保存和改良植物遗传资源过程中的贡献，实现农民对自己所创造的经济利益很有帮助。可以说，这正是粮食和农业植物遗传资源和农民权

① Michael Halewood, Indeginous and Local Knowledge in International Law: A Preface to Sui Generis Intellectual Property Protection, December, 1999, 44, McGill L. J. 953.

② Lauren E. Godshall. Making Space for Indigenous Intellectual Property Rights Under Current International Environmental Law. 2003, 15, Geo. Int'l Envtl. L. Rev. p.497.

保护机制价值和意义所在。

但是,这种农民权保护机制的缺陷和不足仍是很明显的。首先,就权利客体和权利本身的性质来看,联合国粮食及农业组织并没有明确界定粮食和农业植物遗传资源的法律性质(究竟是物权法意义上的"物",还是知识产权法中的知识产品)。农民权的率先提出者即是针对植物品种权,因而其权利精神和构成要素应类似于植物品种权。但联合国粮食及农业组织确定的农民权,并不涉及对农民权的权利性质,使农民参与其粮食和农业植物遗传资源商业利益分享的权利依据在法理上性质不清。这种模糊界定在法理上留下了相当遗憾,也深深地影响到农民权的实现程度。其次,就具体权项来说,平等分享权并没有可靠的法律保障。《粮食和农业植物遗传资源国际条约》虽然认可了国家对粮农植物遗传资源和传统知识的主权,但是农民和资源国在粮食和农业植物遗传资源的获取环节上,并没有利益分享谈判的主动权。在后续商业开发的利益分享过程中,虽然《粮食和农业植物遗传资源国际条约》规定了向发展中国家以公平和最优惠的条件转让有关技术、加强发展中国家"能力建设"等有助于农民的惠益,但对商业化所产生的金钱利益的分享,采取了一些模糊做法。如规定通过发达国家与发展中国家企业的合作,实现商业利益的分享;规定商业开发中资源供方和受方签订的《材料转让协议》应包括资源受方在销售与粮农植物资源有关的产品时,向规定的财政机构支付一笔占其利润合理份额的资金并直接或间接首先流向资源国等。[①]这种模糊说法,使农民对粮食和农业植物遗传资源的经济利益很难得到实现。而农民的决策参与权又主要指向粮食和农业植物遗传资源的保护和可持续利用事项,没有明确规定为商

---

① 唐广良:《遗传资源、传统知识及民间文学艺术表达国际保护概述》,郑成思主编:《知识产权文丛》(第8卷),中国方正出版社2002年版,第40页。

业化利用时利益分享问题的谈判参与权，因而使农民粮农植物资源和传统知识上的经济利益没有稳定而比较充分的保障。

与《生物多样性公约》所确定的事先知情同意保护机制相比，联合国粮食及农业组织的农民权机制就显得比较逊色了。《生物多样性公约》为国家和传统部族对遗传资源的主权和所有权规定了一定的保障机制。如通过事先知情同意和许可以及专利申请过程中的资料来源证明和事先知情同意证明这些制度设计，使遗传资源持有人对遗传资源的商业利益进行分享有了一定的保障和可行性，因而对遗传资源提供了一定的强硬保护；并可能限制他人对遗传资源取得专利权，这实质上是传统部族保有一种消极的知识产权利益的体现。而联合国粮食及农业组织却没能提供农民参与利益分享的具体措施，使农民权机制对粮食和农业植物遗传资源利益的保护过于空泛，更谈不上知识产权利益。甚至可以说，农民权机制只能起到一种价值传播和道义宣示作用。二者共同的不足之处是，没有把有关遗传资源视为一种知识形态或者是知识产品，没有对其知识产权利益和知识产权保护进行一些探索。当然，这也是由于其职能所限，《生物多样性公约》和联合国粮食及农业组织都不适合讨论知识产权问题，这些问题后来也落入了世界知识产权组织的讨论范围。

从实质上看，有关的遗传资源是一种历史性的知识形态和知识产品，在其上存在一种类似于知识产权的权利。承认有关遗传资源上的知识产权，对相应的传统文化提供知识产权保护，方能体现法律的公正与公平。特别是“一带一路”沿途国家物种资源丰富，为了有效地共同开发与合理利用，有必要在传统文化保护的基础上对遗传资源的保护问题进行讨论。

第五章
现行知识产权制度的运用与传统文化保护

现行知识产权制度的运用与传统文化保护仍然存在一定的间隙，这也是许多学者提出的不同学术意见的缘由，具体体现在传统文化知识产权保护非必然性的困境，传统文化知识产权保护主体的确定问题，以及“公有领域”对传统文化知识产权保护的冲击等。本章主要围绕这几个问题展开讨论，为“一带一路”倡议下传统文化的知识产权协同保护厘清思路。

第一节　传统文化与知识产权保护非必然性的困惑

传统文化是特定的民族或社会群体在长期的生产、生活中创造的，体现该民族或社会群体的身份特征和文化要素的，经过世代相传并处于不断发展的各种创造性成果。“没有一个单一的可行的办法去解决非物质文化遗产的盗用问题”①，况且“一带一路”沿线国家传统文化内容丰富、范围广

① Daniel Wuger, “Prevention of Misappropriation of Intangible Cultural Heritage through Intellectual Property Laws”, Edited J. Michael Finger & Philip Schuler, Poor People's Knowledge: Promoting Intellectual Property Developing Countries, the World Bank and Oxford University Press, 2004, p.197.

泛，这就需要各国在可供选择的立法保护方式中达成有效共识才行。

一、“公法”与“私法”保护的抉择

公法与私法的划分是大陆法系国家对法律进行的基本分类，可追溯到罗马法。罗马法学家乌尔比安首次提出了公法和私法的划分，他在公元3世纪的著作《学说汇纂》中写道：“它们（指法律）有的造福于公共利益，有的造福于私人。公法见之于宗教事务、宗教机构和国家管理机构之中。”[①]优士丁尼在《法学阶梯》进一步肯定了罗马法学家的分类，他指出：“法律研究有公法和私法两个领域。公法是关系到罗马人的公共事务之状况的法律；私法是关系到个人利益的法律。”[②]19世纪后公私法之分在广泛开展的法律编纂和法律改革实践中被普遍采用，最终作为一种制度在法律活动中得以确立。20世纪以来，公私法的划分出现了一些新的情况，公法与私法相互渗透，产生了公法调整方法渗入私法领域，私法调整方法引入公法领域等新现象，但这些并没有动摇公私法划分的社会基础。

私法保护的是私人利益，公法保护的目的在于维护公共利益，其权利主体是国家。公法的价值侧重于社会秩序与社会公平的维护，实现的是分配正义，分配的正义强调对不同的人不同对待，[③]这种调整是自上而下的，关系到社会资源的利用和再分配。私法则强调平均正义，即对一切人同等对待，以实现商品交换中的等价、自愿、有偿，体现权利主体的自主和平等。私法的规范主要是授权性规范，当事人可以根据自己的需要和意志进行选择。私法价值倾向于自由和效率，实现的是校正正义，这种调整是自下而

① [意]彼德罗·彭梵得：《罗马法教科书》，黄风译，中国政法大学出版社1992年版，第9页。
② [古罗马]优士丁尼：《法学阶梯》，徐国栋译，中国政法大学出版社2000年版，第11页。
③ 付子堂：《法理学进阶》，法律出版社2005年版，第167页。

上的，与市场经济的自行调节相适应，主要关系到社会资源的初次分配。

知识产权的本质是私权，所谓私权，是与公权相对应的，指私人所享有的各项民事权利。知识产权作为民事权利的属性取决于它所调整的利益关系的性质，而利益关系是客观存在，不以人的主观意志而改变的。知识产权之所以属于民事权利是由于它所反映的和调整的社会关系是平等主体之间的财产关系，因而具备了民事权利共同的本质和特征。《知识产权协定》在序言中就要求各成员承认知识产权的私权属性。基于知识产权的私权属性，将知识产权确认为私有产权，从而为权利的实现提供可靠的私法保障。从洛克的财产权劳动价值理论出发，财产权是一种天然赋予的权利，任何社会和法律都应保护。劳动使人们获得私有财产，而现代劳动价值理论中的劳动包括体力劳动和智力劳动，所以生产的产品不仅包括实物形态中的物质商品，还包括非物质形态的精神商品，如知识产品。在洛克的自然法学说的基础上，知识产品是智力劳动的产物，智力劳动者应对其知识产品享有财产权，即知识产权。立法上，一般将知识产权作为一种民事权利予以规定，知识产权法则是民法的组成部分之一。

对传统文化来说，国家对传统文化，如民间文学艺术、传统科学知识等，其法律保护制度往往也包括公权保障与私权保护两方面。公权保障往往是一种行政保护，它的责任主体主要是政府，保障措施主要是国家通过行政手段对各类传统文化进行搜集整理、对濒危的民间文学艺术实行重点保护、建立研究机构、培养传承人、建立博物馆等，这些目的就是让传统文化能够在现代社会中存续下去，不至于消亡，公法保护主要是为了“保存”(reserve)。而私权保护主要是一种“保护”(protect)，以知识产权保护为例，其权利主体是民事权利人，通过赋予权利人(传统文化的来源部族或特定的传承人)一定的专有权，主要是精神权利和经济回报权两个方面的内容，其目的是将保存下来的传统文化进行合理利用，不至于发生剽窃、篡改、未经允许使用以及未支付合理报酬等情形，使得传统文化可以健康延续下去。

(一) 公法保护的实践探索

2003 年联合国教科文组织第 32 届大会上通过的《保护非物质文化遗产公约》规定了缔约国有义务采取必要措施确保其领土上的非物质文化遗产受到保护，公约认为“保护”指采取措施，确保非物质文化遗产的生命力，包括这种遗产各个方面的确认、立档、研究、保存、保护、宣传、弘扬、承传主要通过正规和非正规教育和振兴。[①]就“一带一路”沿线国家而言，也大多存在两种保护方式并存的情况，例如，我国 1982 年颁布的《中华人民共和国文物保护法》，是我国有形文化遗产方面的基本法律，其保护的客体是文物，即传统文化的有形载体，也可称为有形文化财产。2000 年 5 月，云南省颁布的我国第一部专门保护民族文化的地方性法规《云南省民族民间传统文化保护条例》。2002 年 7 月贵州省也通过了《贵州省民族民间文化保护条例》。云南、贵州等地的地方性法规以保护无形的非物质文化遗产为主、有形的物质文化遗产为辅。[②]菲律宾于 1997 年 7 月 28 日颁布了《菲律宾土著居民权利法》(An act to Recognize, Protect and Promote the Rights of Indigenous Cultural Communities/Indigenous People, Creating a National

① 参见《保护非物质文化遗产公约》第三条、第十三条。参见《保护非物质文化遗产公约》第二条定义第一、第二款。《中国世界遗产年鉴 2004》，中华书局 2004 年版，第 308 页。

② 例如《云南省民族民间传统文化保护条例》第二条规定：“本条例所保护的民族民间传统文化是指：(1)各少数民族的语言文字；(2)代表性的民族民间文学、诗歌、戏剧曲艺、音乐、舞蹈、绘画、雕塑等；(3)具有民族民间特色的节日和庆典活动、传统的文化艺术、民族体育和民间游艺活动、文明健康或者具有研究价值的民俗活动；(4)集中反映各民族生产、生活习俗的民居、服饰、器皿、用具等；(5)具有民族民间传统文化特色的代表性建筑、设施、标识和特定的自然场所；(6)具有学术、史料、艺术价值的手稿、经卷、典籍、文献、谱、碑、楹联以及口传文化等；(7)民族民间传统工艺传承人及其所掌握的知识和技艺；(8)民族民间传统工艺制作艺术和工艺美术珍品；(9)其他需要保护的民族民间传统文化。”

Commission on Indigenous People, Establishing Implementing Mechanisms, Appropriating Funds Therefor, and for Other Purposes. Short Title: “The Indigenous People Rights Act of 1997”),该法案为当地和土著文化社区在遗传学资源和生物多样化的保护和维护方面作出卓越贡献的社区提供一个智力权利的保护系统,在确认、保护、促进当地文化社区土著人关于遗传资源、民间文学艺术、科学技术等权利方面作出了具体规定,①并明确传统社区的利益分享权。当然,发达国家也相当重视传统文化的保护工作,1976年,美国国会建立了美国民间文学艺术中心,该中心容纳了国会图书馆自1928年以来为创建美国民间音乐知识库所建立的美国民间文学艺术档案,该中心的收藏涵盖美国和全世界民间传说和民间文学艺术的各个方面,包括100多万件图片、手稿、录音带和录像带,是美国第一个关于传统生活方式的国家图书馆,也是世界上最古老和最大的此类知识库之一。②

日本是一个非常重视传统文化保护的国家,是世界上最早立法保护无形文化财产的国家,也正因为其重视传统文化的保护,才具有现如今保存较为完整的民族文化。早在1950年就颁布了《文化遗产保护法》(后经过数次修改,一直是保护文化遗产的重要法律,最近一次修订是在2007年),

① 该议案第四部分声明,特定社区对起源于下列财产的知识产权享有永久的所有权:(1)当地社区所发现或者选择并且保存的亲本品种和遗传材料,而这些亲本品种和遗传材料已经用于新植物品种的培育,并且可能被利用于其他潜在的用途;(2)由当地社区在原处选择、培育、驯化和发展的种子和可再生材料;(3)从当地材料、习惯和知识发展而来的农作技术和设备;(4)由当地社区和土著人们从草本植物的鉴别、选择、培育、配制、储藏和施用中发展而来的药物产品及其工序;(5)从当地社区而来的文化产品,比如编织花样、陶瓷、绘画、诗歌、民间风俗、音乐以及类似的东西;(6)不是由个人或者单个的法律主体制作的任何其他产品或者工序,而在社区进程中被发现;或者一个人作了创新但是没有声明该知识是属于其自己的,在这些情况下,任何个人或者单个法律主体主张权利,则必须提交其创新的证据,或者其对该发现具有历史性主导地位的证据,来证明其主张的正确性。参见黄玉烨:《民间文学艺术的法律保护》,知识产权出版社2008年版,第114页。

② [阿根廷]卡洛斯·M.柯莱亚:《传统知识与知识产权》,《专利法研究2003》国家知识产权局条法司中译本,知识产权出版社2003年版,第456页。

其保护的内容既包括了有形文化遗产，也包括了无形文化遗产，并以该法案为中心，建立了遗产的公法保护体系。这里主要介绍日本关于文化遗产的保护体系。

1. 概念

该法第一章中明确了该法所规定的各种文化遗产类型，包括有形文化遗产、无形文化遗产、民俗文化遗产、纪念物（也可以叫做遗迹）、文化景观及传统建筑物群：①

（1）有形遗产是指包括建筑、绘画、雕刻、工艺品、手迹、典籍、古文献在内的，以及其他具有较高历史、艺术价值的文化产品（包括土地和其他物品，它们组合在一起就具有此种价值的历史材料）；

（2）无形文化遗产是指包括戏剧、音乐、工艺技术及其他无形的文化类生产中，那些对于日本具有较高的历史或艺术价值的部分。这是世界上第一次在国家法律中保护无形文化遗产；②

（3）民俗文化遗产是指对理解日本人民生活方式的变迁具有不可替代作用的，包括衣食住行、职业、信仰、例行节日等内容的风俗习惯、民俗艺能、民俗技术以及其所需的各类服饰、器具、房屋等及其他使用过的物件；

（4）纪念物（遗迹）包括三方面的内容：第一，在本国历史和艺术上有较高价值的名胜、古坟、都城遗址、城市遗迹、古老宅院等遗迹；第二，在本国观赏和艺术上有较高价值的庭院、桥梁、峡谷、海滨、山岳等名胜景观；第三，在本国学术上有较高价值的动物（包括它们的栖息地、繁殖地以及迁徙地）、植物（包括它们的野生生长地）、地质矿物（包括可见特异自然现象的

① See Law on Protection of Cultural Properties (Act No. 214 of May 30, 1950, as last amended by Act No.7, March 30, 2007), http://www.wipo.int/edocs/lexdocs/laws/ja/jp/jp114ja.pdf.

② 黄玉烨：《民间文学艺术的法律保护》，知识产权出版社 2008 年版，第 106 页。

土地）；

（5）文化景观是指本国传统社群生产生活中不可或缺的，具有独特风土人情的景观地；

（6）传统建筑物群是指由历史原因形成的，和周围的环境连成一体的，具有较高价值的传统建筑物群。①

2. 认定“重要文化遗产”

在该法第二十七条、第二十九条、第三十七条、第五十五条第一款第四项、第一百五十三条第一款第一项、第一百六十五条、第一百七十一条及其附则第三条规定了关于有形的“重要文化遗产”的内容。该法案规定文化科学部有权指定具有较高价值的有形文化遗产为“重要文化遗产”，有权指定在世界文化财产中具有极高价值的“重要文化遗产”（前述）为国家财富（国宝）通过公告的形式告知其所有者并颁发相应的证书。而如果“重要文化遗产”或“国家财富（国宝）”因特殊事由不再具有原有的价值，也同样有权撤销证书。文化厅则负责“重要文化遗产”及“国家财富（国宝）”的保护工作。

相似地，该法案第四章第七十一条到第七十七条规定了无形文化遗产的认定、传承的内容，文化科学部有权将有特别重要价值的无形文化财产指定为“重要无形文化遗产”加以保护，并将前述“重要文化遗产”认定其保持者或保持团体，即相关艺术、技艺等传统文化的代表性人物，媒体亦称之为“人间国宝”，泛指那些在艺能表演领域获得该称号的表演艺术家或是在工艺制作领域得到该荣誉的“身怀绝技者”，这些人都师传弟盛，沿袭宗名。1955 年公布首批认定的“重要无形文化遗产”时，最初使用了“无形态国宝”

① 笔者译。

“活文物”等词语，第二批认定时出现了“人间国宝”的称呼并广为传播。人们认为，在美术和工艺品领域，“国宝”的称呼远比“重要文化遗产”贴切易懂，更能反映和提高“身怀绝技者”的社会地位，这不仅使得传统文化“技艺”得到承认，更多的是可以感到“身怀绝技者”本身具有的高尚人格。被认定的“重要文化遗产”，必定是值得传承的“艺之精华”，因此，即使身怀绝技、取得了很高社会地位的人，如果不收弟子，艺不外传，最终也不会成为“人间国宝”。①这一系列具有较强操作性措施的颁布，对无形文化财产的保护起到了良好的促进作用。文化激励机制几十年来的推行，已经使日本许多工艺技术、表演艺术等门类在强有力的保护措施下从濒危到重生，再走向新的繁荣。

重要无形文化遗产有三种认定方式：“个项认定”“综合认定”和“持有团体认定”，个项认定指对于某个技艺传承者个人资格的认定；综合认定指对那些具有多重文化事项的民俗活动的认定；持有团体认定指对那些由一个以上文化遗产持有者的集团的认定。“人间国宝”属“个项认定”中的“身怀绝技者”，每年由国家认定的“人间国宝”备受珍重。一般是先由办事机关——日本文部科学省下属文化厅在咨询文化遗产专门调查会成员的基础上筛选出认定名单，提交文化审议会审议，经审议通过后，由文化科学部最终批准并颁发认定书。文化厅负责监督被认定的“人间国宝”在传承“绝技”时，要进行记录、保存并公开，使他们“实现艺术价值，负起历史责任”。“人间国宝”每年可从国家得到 200 万日元补助金，用于磨炼并继承“技艺”，培养继承人，但须向国家报告该款用途。1979 年日本颁布了《国家指

① 《民族民间非物质文化遗产保护法立法参阅资料之二——国际组织及一些国家和地区保护非物质文化遗产的情况及有关资料》，第 59—62 页。转引自黄玉烨：《民间文学艺术的法律保护》，知识产权出版社 2008 年版，第 106 页。

定选择的民俗文化遗产》，其中认定“重要的无形文化遗产”共 80 项。2001 年 12 月颁布实施《文化艺术振兴基本法》，[①]使全方位振兴和发展文化艺术成为日本政府的既定方针。

实践证明，日本的“人间国宝”认定制度对日本无形文化遗产与工艺的传承和保存十分有效。这个体制已在韩国（1964 年）、泰国（1985 年）、菲律宾（1994 年）和法国（1994 年）得到了推广和建立。从 1996 年开始联合国教科文组织还在首尔、威尼斯、东京、马尼拉等地举办了数次“人间国宝保护体制国际培训班”，对无形文化遗产保护起到了积极的推动作用。韩国也将这些民间文化遗产的传承人命名为“人间国宝”，并在文化厅（相当于我国的文化部）下面设立了文化遗产专家委员会，成员由社会上的一些知名学者兼任。韩国文化体育部文化遗产管理局下设有形文化遗产科和无形文化遗产科，分别负责管理有形文化遗产和无形文化遗产的调查、认定、保护等事务。他们一旦发现值得保护的文化项目后，有权提出报告，经讨论委员会认证后，便可确立为国家重点保护项目，这些专家非常珍惜这一荣誉，工作起来都十分认真负责。相比较下，我国民间传统工艺技术资源更加丰富，舞台表演艺术品种繁多，各个领域中“身怀绝技者”不在少数，日本政府对“人间国宝”的认定、保护以及传承制度在我国的传统文化保护实践中有重要的借鉴意义，有学者建议我国也有必要在文化部的领导下成立一个专家委员会，同时设立一个专门保护传统文化的机构。

3. 设立机构，明确职责

在日本，负责保护和振兴无形文化遗产的国家机关有三个：

（1）文化科学部和文化厅。它们都属于国家机关，前者主要负责重要

---

① See Japan Basic Law for the Promotion of Culture and the Arts (Act No. 148 of December 7, 2001). http://www.wipo.int/edocs/lexdocs/laws/ja/jp/jp100ja.pdf.

无形文化遗产的指定（同时认定传人或保护单位），重要无形文化遗产的指定以及其传承人的培养、公开、编制记录等工作；后者主要负责重要无形文化遗产的保存、记录、公开及通告工作，选择重要无形文化遗产和无形民俗文化遗产之外的必要内容进行整理记录，以及选择相应的保护技术（认定传人或保护单位），传承人的培养以及其他保护措施；

（2）文化遗产研究所、东京文化遗产研究所（艺能部）。该研究所的性质是独立的国家行政法人，主要研究各种日本民间艺术的来历和传播，对技法、表演的实践研究，以及编制摄影、录音、录像、传承人提供的记录以及相关资料的收集和整理；

（3）日本艺术文化振兴委员会。该振兴会的性质是国家特殊法人，该委员会为保护和振兴日本的民间文学艺术等传统文化建立了四个剧场设施（国立剧场本馆、国立剧场演艺资料馆、国立能乐馆和国立文乐剧场），这些剧场不仅能为古典传统艺术进行演出，还可以培养歌舞伎、文乐、能乐等传承人，调查研究传统艺术及有关资料的收集等工作。

4. 政府投资，保证无形文化遗产事业预算

上文提到的“人间国宝”，他们都是在工艺技术上或表演艺术上有“绝技”“绝艺”“绝活儿”的老艺人，其精湛技艺赢得日本政府的正式肯定，列为传承保护的对象，而一旦认定后，国家就会拨出可观的专项资金，录制他的艺术，保存他的作品，资助他传习技艺、培养传人，改善他的生活和从艺条件。日本文化厅统计指出，迄今艺能方面的“人间国宝”有 57 名，工艺技术方面有 57 名，共计 114 名。据了解，日本文化厅年度预算超过 1 千亿日元，其中 10％被用来保护国内重要有形文化遗产和重要无形文化遗产（“人间国宝”），每年还为每位“人间国宝”提供的经济补助为 200 万日元。据悉，日本各工艺技术保持会已相继编辑了“人间国宝”工艺篇数十卷，如《民间

陶器》《色绘磁器》《型绘染》《雕漆》《铸金》《蜡形铸造》《雕金》《日本刀》《刀剑研磨》《木工艺》《竹艺》《衣裳人形》《纸塑人形》等。日本政府不但对“人间国宝”在经济上给予必要的补助，在税收等制度上也给予优惠，还给他们相当高的社会地位，以激励他们在工艺方面的创新和技艺方面的提高。由于“人间国宝”的作品有保留和升值价值，购买他们的作品就像购买古董，收藏价值非常高。正是这种尊崇和保护制度，使得日本传统的手工纸、手工伞、漆器、雕刻、陶瓷、织锦、和服、净琉璃等各种古老手工艺得以流传，并保留至今。

除了对文化遗产的保护外，日本政府还在2003年通过了新的《种子种苗法》，该法规定：凡未经品种权人许可，其他国家使用在日本获得的授予品种权的植物新品种作为原料所生产的种子、种苗、收获物（是指切割、冷冻干制或盐浸的植物收获体，如鲜切花、采摘的蔬菜与水果、冷冻和腌制蔬菜等）及其加工品（包括加热煮制如烤、蒸、烹煮而成的熟制品，烟熏、碾压或挤压的植物收获材料）再返销日本的都属于侵权，将会受到严厉处罚。①

从以上分析可以看出，日本《文化遗产保护法》保护的内容十分广泛，在无形文化遗产领域，主要通过政策手段，一方面鼓励传统文化传承者使用传统技艺，并赋予他们一定的社会地位（颁发证书），使得当地的传统文化得以沿袭；另一方面加大政府对发展传统文化事业的投入，鼓励民间文艺等传统文化的教育事业，使得传统文化传承者获得相应的经济利益回报，从而传统文化之火不熄。日本关于传统文化的公法保护可以为“一带一路”倡议下传统文化保护提供有效的借鉴。

---

① 陈锡民、郁书君：《日本知识产权战略与植物新品种保护》，《中国花卉园艺》2007年第7期。转引自周方：《传统知识法律保护研究》，知识产权出版社2011年版，第162页。

(二) 建立"一带一路"倡议下传统文化的"公""私"保护

对于"一带一路"倡议下传统文化在公法和私法保护方面的抉择，笔者认为应当是传统文化"保存"阶段到"保护"阶段进程的发展，无有保存，何来保护，不复存在，何来弘扬和发展？正如卡洛斯·M.柯莱亚教授说："如果这些群体(传统社区)不能保存他们的土地，他们的传统文化和生活方式，那么所有这些法律手段也将不足以防止传统知识的消失。对土著和本土社区生存的传统生活空间的破坏使传统知识持有者不能像从前那样生活，并最终导致他们完全消亡。事实上，过分强调传统知识的知识产权可能会使注意力从真正危及传统知识保存的因素上移开，这些因素包括：占有或使用土地的安全性、资源的控制、对传统文化的尊重及所有权等。"①所以，在"一带一路"倡议下传统文化保护制度建设中，应先做到公法上对"一带一路"沿线国家传统文化的相互认可与保存共识，再从私法角度处罚予以规制。由于"一带一路"沿线传统文化内容丰富，范围甚广，传统文化也涉及诸多方面，如传统医药方面的药品管理及中草药保护，民间文学艺术相关的知识、技能以及物质文化遗产等有形文物的保护，生物资源方面的野生动植物保护等，需要"一带一路"沿线众多国家共同对传统文化进行分类统计，建立共同的传统文化级别保护制度(将不同重要性及面临不同消亡威胁程度的传统文化分级别保护)。在共同"保存"的基础上，再做到对传统文化的可持续利用保护，如通过知识产权制度，授予传统文化权利主体以垄断性权利，使其真正享有权利，有利于保存、发展以及合理利用本群体、本部落的民间文学艺术，二者的关系实为并重，缺一不可。

---

① [阿根廷]卡洛斯·M.柯莱亚：《传统知识与知识产权》，《专利法研究 2003》，国家知识产权局条法司中译本，知识产权出版社 2003 年版，第 456 页。

二、传统文化的特殊权利保护

现有的知识产权制度毕竟是西方国家为保护新技术、新知识所设立的制度，对于传统文化来讲，知识产权制度也有许多不适应的地方，所以有学者提出有必要对传统文化进行专门立法，设置特殊的权利保护体系。

第一，传统资源权说。“传统资源权”(Traditional Resource Rights)，是由“生物文化多样性全球联盟”主席、原住民权利的倡导者达里尔·A.波塞和格雷厄姆·杜特费尔德基于“传统资源”概念所提出的，用以概括传统部族对其传统资源的权利，是一种保存、保护和补偿传统资源的系列“捆绑性权利”。①“传统资源”包括植物、动物以及其他可能带有宗教、礼仪、遗传、文学和美学意义上的客体。② 与其对应的“传统资源权利”涵盖的内容也很广泛，“包括传统知识、民间传说、文化资源、生物基因资源、自然和文化景观。它们由许多国际上承认的权利构成，除了‘传统资源权利’之外，还包括发展权和环境保护权”。③“传统资源权利之所以超越了其他自成一类模式，就在于它不仅寻求保护和生物资源有关的知识，而且还维护人们有自决的权利和保卫最广泛意义上的‘文化’的权利。”他所列举的“传统资源权利”包括：人权；自决权；集体的权利；土地和领土权；宗教自由权；发展权；隐私权；优先允许权；环境的完整知识产权；邻接权；签订合法协定，例如合同和契约的权利；文化产权；保护民间传说的权利；保护文化遗产的权利；文化景观的认同；习惯法及其惯例的认同；农民的权利。也有些学者提出类似的观点，认为物质文化遗产是一种传统资源，持有人权利的内容应该指向传统资源相关的权益，同时“非物质文化遗产持有人的传统资源权益

①② Shahid Alikhan and Raghunath Mashelkar, Intellectual Property and Competitive Strategies in the 21st Century, Kluwer Law International, 2004, p.86.

③ 达里尔·A.波塞、格雷厄姆·杜特费尔德:《超越知识产权——为原住民和当地社区争取传统资源权利》，许建初等译，云南科技出版社 2003 年版，第 2 页。

在内容上实际是文化权利和资源财产权利的统筹表达。传统资源权是一个综合的概念，它由人权原则所指导，本人权，认可文化和生物多样性之间无法分割的联系，包括诸多权利要求，如自决权，集体权，土地和领土主权，宗教自由，发展权，确同意权，环境完整权，知识产权，邻接权，订立法律协议权隐私和事先声明保护文化财产、民间文学艺术和文化遗产产权，承认习惯法和实践以及农业资源权等等”。①

可以看出，传统资源权说以人权原则为指导，认为文化和生物多样性之间的存在亲密的联系，在认可传统资源权与知识产权有密切联系的基础上，又不完全认可其私权性质的知识产权范畴。传统资源“所涉及的利益并不能与知识产权模式完全相容；它包括但不限于表达和表演、实践和信仰、资源和医药、食品和农业、生物多样性以及本土和传统群体的文化权利和人权。将讨论限制在知识产权的语境和框架内会妨碍我们提出解决方案”。②传统资源权的概念在西方学术界有一定市场，也获得了部分发展中国家学者和部分土著群体的支持。例如，秘鲁 2002 年 8 月 10 日，公布的《生物资源本土居民集体保护制度法》(Law Introducing a Protection for the Collective Knowledge of Indigenous People Derived from Biological Resources, No.27811)就确定了其原住民及特定集体关于“与生物多样性所有权、使用及特征相关的，由原住民和与特定集体世世代代积累并传承下来的知识”的相关权利。不得承认传统资源权在整合所有有形和无形传统财产权利方面有一定积极作用，但其致命缺陷是保护范围过分宽泛，在权利主体、权利内容、权利行使、权利限制和权利保护等细节构建上，有形

① 李发耀：《论非物质文化遗产持有人权利保护的内容及其形式——当前立法焦点分析》，《贵州师范大学学报》2009 年第 1 期。

② Johanna Gibson Community Resources Intellectual Property, International Trade and Protection of Traditional Knowledge, ASHGATE, 2005, p.36.

传统资源和无形传统资源具有重大差别，即使针对无形传统资源而言，在传统文化保护的制度设计上也有所区别，因而传统资源权很难在“一带一路”建设框架下得到周全而细致的保护，其制度设计的可操作性是值得怀疑的。

第二，传统文化权说。民间文学艺术属于传统文化的主要内容。鉴于传统文化所具有的广泛性和复杂性，有学者认为应将知识产权法和文化遗产保护法等其他法律进行整合，建立“传统文化权”概念，明确其产权属于“共有产权”，从而区别于现行知识产权。有学者从人权角度出发，认为非物质文化遗产的国际人权保护具有很强的独特性，这种独特性体现为它的主要内容是保护文化权利。文化权利在《世界人权宣言》《经济、社会及文化权利国际公约》等国际人权文书中都有强调，对于文化权利，《公民权利和政治权利国际公约》规定：“在那些存在着人种的、宗教的或语言的少数人的国家中，不得否认这种少数人同他们的集团中的其他成员共同享有自己的文化、信奉和实行自己的宗教或使用自己的语言的权利。”并进一步主张文化权利包括文化平等权、文化认同权、文化自决权、文化发展权。①林德尔·普洛特(Lyndel Prott)也明确提出传统社群所应当享有的一整套可以被描述为“文化权”的个人和集体权利：保护艺术、文学和科学作品的权利；发展一项文化的权利；尊重文化身份的权利；尊重少数民族的身份、传统、语言和文化遗产的权利；一个民族对其自身的艺术、历史和文化财富所享有的权利；一个民族不受强加给它的外国文化影响的权利。②

还有学者在认可传统文化的知识产权保护基础上，提出“文化特征”权

---

① 郭玉军、唐海清：《非物质文化遗产的国际人权保护研究——以〈保护非物质文化遗产公约〉为视角》，《法律科学》2009年第6期。

② 龙文：《论民间文学艺术的权利归属及其知识产权保护模式》，载郑成思主编：《知识产权文丛(第10卷)》，中国方正出版社2004年版，第320页。

的概念，认为应具体包括以下内容：第一，文化归属权，即表明创作群体身份、证明该群体为民间文学艺术智力成果权主体的权利；第二，公布权，即决定是否将本群体创作的民族民间文化表现形式公布于群体之外的权利；第三，文化尊严权，即保护民族民间文化表现形式及本意完整、不受歪曲的权利；第四，使用权，即以利用民族民间文化表现形式进行生产、娱乐并获得经济利益和精神享受的权利；第五，传授权，即使他人掌握民族民间文化所涉及的技艺；第六，传播权，即通过记录、录音、录像、表演、展览、网上传输等方式展示、传播民族民间文化的权利；第七，获得报酬权，即许可群体外的其他个人和组织使用并获得报酬的权利。①

甚至还有学者反对诸如传统资源、传统知识和传统文化等类似被冠以"传统"的术语。"关于术语'传统的'进一步的忧虑是：它引导人们对某一特殊的历史或地理状况产生浓重的怀旧情绪，而不是鼓励本土和传统群体模式的动态发展。术语'传统的'与古老的过去，以及将群体看作是人工的文化产物的典型观点产生共鸣；而且可能无意间否定现代的使用、实践或有关资源的知识，因为按照该群体的意愿它们绝对不是传统的。"②

第三，民间文学艺术权说。不少学者提出需要创设"民间文学艺术权"，③将民间文学艺术权分为民间文学艺术传统知识权和民间文学艺术表

---

① 王鹤云：《民间文学艺术的知识产权特性》，《中国知识产权报》2003 年 3 月 19 日。

② Johanna Gibson Community Resources Intellectual Property, International Trade and Protection of Traditional Knowledge, ASHGATE, 2005, p.30.

③ 参见张辰：《论民间文学艺术的法律保护》，郑成思主编：《知识产权文丛》第 8 卷，中国方正出版社 2002 年版，第 101—130 页；龙文：《论民间文学艺术的权利归属及其知识产权保护模式》，郑成思主编：《知识产权文丛》第 10 卷，中国方正出版社 2004 年版，第 329—333 页；刘胜红、王林：《试论民间文学艺术权》，《中央民族大学学报》（哲学社会科学版），2004 年第 6 期；刘胜红：《再论民间文学艺术权》，《中央民族大学学报》（哲学社会科学版），2006 年第 1 期；王林、毛向荣、肖力：《民间文学艺术权初探》，《中南民族大学学报》（人文社会科学版），2005 年第 3 期；刘华、胡武艳：《民间文学艺术及其特别保护体系研究》，《华中师范大学学报》（人文社会科学版），2004 年第 3 期；程慧钊：《民间文学艺术若干法律问题研究》，《法学杂志》，2004 年第 25 卷，第 81 页；Enyinna Sodienye Nwauche, "A Critical Evaluation of the Provisions of Nigerian Copyright Law for Folklore," IIC, Vol.33, May 2002, p.602。

达权。大多数学者将这种民间文学艺术权的性质划分为类似于版权但又不同于版权的一种特殊知识产权。但也有个别学者认为：“由于其主体的‘集体性’，民族民间文学艺术与知识产权相比，具有了更多的‘公’权性质。”此外，民间文学艺术权的创新标准和客体范围都有别于知识产权，“因此民间文学艺术权是一种特别权利(sui generis)，类似于知识产权，但又不完全等同于知识产权”。

对于民间文学艺术权的内容，学者们大多认为应当包括必要的精神权利和财产权利。对于精神权利的具体内容，学者们有不同的表述，如有的认为主要包括表明民间文学艺术来源权和保护民间文学艺术传统知识完整权；对于财产权利，有的认为包括商业利用权和文艺创作权；有的认为包括使用许可权和收取使用费权；有的认为包括表明出处权和禁止歪曲、滥用的权利；有的认为包括复制权、翻译权、传播权、改编权和获酬权；有的认为包括公开权、要求注明来源的权利和维护民间文学艺术真实性的权利。

第四，土著产权扩张说。这种学说来源于澳大利亚学界和司法界。马修·里默在其《土著传统知识及文化表达形式的法律保护——归咎于生物发现、土著产权和传统知识》一文中提出“土著产权扩张”说。他指出“1993年澳大利亚《联邦原住民土地权法》与1999年的《联邦环境保护和生物多样性保存法》都规定了土地使用制度。首先，当土著民拥有合法的土地产权时，其可以控制附着于土地和水源上的生物资源的使用。其次，土著民可以利用土著土地使用协议制度所获得的利益。最后，土著土地产权制度的重点在于许可使用制度”。[①]澳大利亚土著文化和知识产权保护权威机构

① Matthew Rimmer, LEGAL PROTECTION OF INDIGENOUS TRADITIONAL CULTURAL EXPRESSION—Blame it on Rio: Biodiscovery, Native Title, and traditional knowledge, Southern Cross University Law Review, volume 7, 2003.

特丽·贾克公司的首席律师特丽·贾克表示，应该支持土著产权行动，以尝试并将土著土地权益的保护制度使用在土著文化遗产范畴，包括故事，生物多样性知识和文化产物等领域加以推广。土著产权在精神和物质方面的认可也受到广泛的关注，“土著产权必须包括传统知识，因为土地和文化之间有密切的联系”。“普通法承认土著权益社会构成事实的一个重要方面，是精神、文化和与土地的社会联系。”①“土著产权扩张”理论的核心观点是将已有的“土著产权”中的许可使用制度原理应用于新的土著文化保护中。该理论是根植于澳大利亚本国历史上存在的土著民问题及其英美法文化传统之上的，与我国的国情差异很大，对我国传统文化的直接借鉴意义并不大。

总的来说，针对传统文化建立专门的特殊权利制度保护又诸多优点：(1)针对性很强，因为专门制度是量身定做的，十分适合民间文学艺术的需要；(2)建立专门制度便于对出现的问题整体考虑，防止法院处理案件过程中的片面性；(3)专门制度可避免对现有知识产权制度的潜在伤害。当然，采用专门保护制度也有不利之处：(1)影响知识产权法律体系的相对稳定性。假如每出现一个新的保护对象就建立专门保护制度，势必使知识产权制度体系越来越繁杂；(2)建立一项新制度的立法成本高；(3)专门制度执法成本高，这主要源于人们对新法律的不熟悉；(4)专门制度保护的国际化难度大，很难在世界范围内达成一致意见。此外，设立专门制度还涉及很多复杂的概念或实践问题，如保护客体的定义、保护的条件、授予的权利(排除权，取得报酬权，防止盗用权)、权利所有人(个人/集体)、获得权利的

① Matthew Rimmer, LEGAL PROTECTION OF INDIGENOUS TRADITIONAL CULTURAL EXPRESSION—Blame it on Rio: Biodiscovery, Native Title, and traditional knowledge, Southern Cross University Law Review, volume 7, 2003.

方式、保护年限、实施措施等。

实然，建立专门的特殊权利保护制度的确有利于传统文化的全面有效保护：对传统文化进行专门保护可以控制对传统文化的获取、披露和使用；可以行使对任何获取或披露和使用传统文化要求取得事先知情同意的权利；可以旨在确保对利用传统文化所取得的惠益进行公平和公正的惠益分享制度，并通过有效的机制防止未经授权的利用；可以确保继续对传统文化的合理开发和利用并避免发生不良效应；可以防止第三方声称对传统文化拥有知识产权，不仅使传统文化的传承人获利，还有利于整个社会。

在“一带一路”倡议下建立这种专门立法保护机制适用的前提是，各国对专门立法所设立的特殊权利有一定的共识，并且国家法律或有关社区的习惯法尚未承认这些传承人或传统部族所持有的传统文化。其实从 1982 年世界知识产权组织制定《1982 年示范条款》开始，就有学者讨论、调查和探索在国际与国内法领域建立传统文化的特别权利保护体系。传统文化本身的复杂性决定了对它的保护需要依赖综合的手段，既需要法律的调整，也需要政策扶持。在“一带一路”倡议下建立传统文化的专门保护和知识产权保护的确在理论中存在分歧，笔者认为应当依托知识产权的制度背景，结合“一带一路”倡议，建立国家间多层次的传统文化知识产权保护体系。同时，知识产权并不是传统文化保护惟一的可适途径，笔者认为，传统文化的“一带一路”保护策略并不局限于知识产权体系内，还需要在知识产权体系之外各国国内法上关于传统文化共同保护的协调，包括单不限于：(1)财产权，采用现有的知识产权体系并作可能性修改或者建立单独的特别权利知识产权保护体系；(2)反不正当竞争；(3)商业惯例与市场法、合同与特许使用；(4)注册、编制详细目录与数据库；(5)习惯法、土著法律与协议；(6)文化遗产保存法；(7)普通法与其他补救措施；(8)刑法。①

三、合同法与习惯法保护的不足

(一) 合同法保护的不足

"合同就是独立、自由、平等的个体自愿地自我约束，通过协商而不是逼迫，达成兼顾性协定。"②由于合同较为人们所熟悉，而且政府的行政介入也较少，从实践的观点，传统文化可以经由合同来加以保护，将合同制度应用于保护传统文化，可以轻易地适用到每一个国家的法律制度，并且提供保护传统文化的灵活性。③传统部族可以在传统文化的利用开发合同中规定利益分享的模式、基于其传统文化或遗传资源所产生的发明创造或作品是否主张有关知识产权以及知识产权归属方式、标明传统文化或遗传资源的来源、保密事项、对持有者的人员培训、技术转让等，以维护自己的利益。比较典型的例子是：1991 年，著名的美国默克医药公司(Merck)与哥斯达黎加生物多样性研究机构(National Biodiversity Institute of Costa Rica，简称 INBio)达成试验开发药品的协议。按照该合同，由 INBio 提供 10 000 份哥斯达黎加的植物、昆虫和微生物的提取物样本给 Merck，Merck 对这些样本享有两年的专有权，并对可能开发出的任何药品享有专利权。作为回报，Merck 同意分享药品成功开发销售额的一定比例(2%—5%)给对方。④

---

① WIPO/GRTKF/IC/6/3.在 WIPO——IGC 第 10 次大会上提出的保护传统知识防止不适当使用的法律与此类似，包括：传统知识特别法、知识产权法(包括对不正当竞争与不公平致富的控制法)、合同法、民事责任法(包括侵权法与赔偿责任法)、刑法、有关土著人利益的法律、渔业法和环境法、利益分享控制体系、习惯法以及其他法律的联合。WIPO/GRTKF/IC/10/INF/2. 转引自黄玉烨：《民间文学艺术的法律保护》，知识产权出版社 2008 年版，第 152 页。

② 包利民：《社会合同：现实和理想》，《哲学研究》2001 年第 8 期。

③ United States，IP/C/W/434，IP/C/M/46 para.31.

④ Curbs M. Horton：Protection Biodiversity and Cultural Diversity Under Intellectual Property Law：Toward a New International System，Journal of Environmental Law and Litigation，1995，p.31.

此外，Merck应对哥斯达黎加提供技术帮助和培训，而INBio须将一部分资金贡献给本国政府用于生物多样性保护，Merck首次支付的金额为1 135 000美元。[①]Merck与INBio之间的合作被视为促进生物多样性与传统文化保护的范例。美国国家癌症研究中心(National Cancer Institute，NCI)还制定了标准合同，同非洲组织约定植物品种收集项目的知识产权问题。NCI承诺向相关的国家和个人提供许可费和其他形式的回报，如培训、信息交换等。这些合同主要用于植物品种方面的保护，对于其他形式的传统文化资源难以有效保护。[②]

采用合同制度的优点是：传统居民可以积极参与谈判，并根据实际情况约定使用条件，因此具有很大的灵活性；在当地政府或非政府组织同意的情况下，合同利益可以直接由传统居民或地方社区所享有。即使没有关于传统文化取得和惠益分享的专门法律，合同也可能受一些基本法律，如合同法和公平交易法的约束。

但是其缺憾是，合同仅仅是合同双方当事人的约定，基于其相对性，合同只能在传统文化的许可使用过程中规制使用人对传统文化的使用，而不能阻止第三人对传统文化的非法使用，也不能根据合同约定的义务追究第三人的侵权责任。当然，实践中以合同方式解决传统文化使用的做法已广泛存在，为此，世界知识产权组织为传统部族提供了多种形式的合同样本、合同应当订立的主要条款、授权或许可的方式以及类似工具，[③]以备传统社区提供参考。此外，订立合同的成本也相对较高，在实际订立合同的过程中，双方所掌握的信息和能力严重不对称极有可能影

① 转引自杜瑞芳：《传统医药的知识产权保护》，人民法院出版社2004年版，第93页。

② 转引自崔国斌：《文化及生物多样性保护与知识产权》，北京大学博士学位论文2002年。

③ WIPO Document：WIPO/TKGRF/IC/4/10，Report on Electronic Database of Contractual Practices and Clauses Relating to Intellectual Property，Access to Genetic Resources and Benefit-Sharing，September 10，2001.

响合同的公平合理，加之法律知识和谈判技巧等方面的限制，使大多数传统部族无力利用合同来调节传统文化的取得与利益的分享。因此在“一带一路”倡议下讨论以合同方式保护传统文化也许会受到一些发展中国家的拒绝。

（二）习惯法保护的慎重选择

习惯法是指含有被作为法定要求或应履行的行为规则而得到接受的习俗的法律；在社会和经济体系中固有且十分重要的一部分而被当作法律对待的做法和信仰。[①]由于法律与社会习惯这两种社会控制力量间的分界线是不易确定的，而且那种在历史某一时期并未被认为具有法律性质的惯例，可能会在以后被提升到法律规则的地位。[②]习惯法至今仍常常以间接的方式渗入法律领域。相对于现代社会来讲，习惯法对具有特殊文化特性的传统社群是至关重要的，它能够解决社群成员在生活、文化和世界观中许多重要方面的权利与责任。习惯法被视为不同于国家制定法的另一种法律文化现象和知识传统，一直在传统社群中得到强烈要求和法律认可。对地方社区与原住民而言，传统文化的保存和传承通常根植于习惯法，它们管理传统文化的形成、维持与在社区中的传递，保护传统文化之原因为唤起对本土文化的尊敬。例如，有些神圣的或者秘密的传统文化只允许披露给土著社区内特定的人，习惯法可以规定传统文化监护人的权利和义务，包括他们有责任去保护传统文化以防滥用或不恰当的披露，也包括他们可以决定传统文化如何被使用，如何分享收益，如何解决争端，以及保存和使用知识的其他问题。

---

① Black's Law Dictionary, Edited by Bryan Garner, 7th Edition, West Group, 2000.

② ［美］E.博登海默：《法理学：法律哲学与法律方法》，邓正来译，中国政法大学出版社 1999 年版，第 468—473 页。

“一带一路”沿线国家中也存在习惯法保护的实践。许多非洲国家都具备习惯法和一般的司法体系双重并行的模式，法庭可以根据当地的习惯法处理争端。尊重和使用习惯法和约定来保护传统文化已为一些土著和当地社群的宣言、声明及章程所拥护。例如1993年关于土著民族文化与知识产权的马塔图阿宣言，1993年关于土著知识产权的朱拉因布尔声明和热带雨林地区的土著国家和民族关于自决和知识产权的重申宣言，以及1997年《人民宣言核心》。①孟加拉国《生物多样性和社区知识保护法（草案）》禁止侵犯“共同财产权制度”，该制度包括各种不同的权利、关系、体系和文化风俗习惯，不论是否具有法律的形式或者是否已得到承认。根据该制度，社区对生物和遗传资源拥有所有、利用和获取的权利。菲律宾于1997年颁布的《土著人权利法案》中，习惯法在决策过程中被授予至高无上的地位，赋予习惯法和惯例以首要地位，当争议与当地文化社区或土著人有关时，习惯法和惯例将用来解决这样的争议。该法案最重要的条款是与社区自由的和事先明智的应允有关的条款，该条款是依据习惯法的目的而制定的。

对于习惯法的承认与适用理论界也是褒贬不一。有学者对习惯法在菲律宾《土著人权利法案》中的重要位置给予了高度评价，也有学者担心，传统文化的习惯法保护可能在民族国家内部引发远远超出保护传统文化这一问题的政治后果。许多国家的土著居民与国家政府之间的关系存在诸多问题。习惯法对土著人或土著社区文化特性的保护是很便利的，保持习惯法对于保持许多地区的知识、文化和精神财产至关重要，事关土著社区文化特性的保存。但是，土著社区对习惯法的尊重与承认也提出了许多不同的意见——超过了他们自己社区的范围，这就可能在国内宪法中引起

① WIPO Document：WIPO/GRTKF/IC/2/5，Survey of Existing Forms of Intellectual Property Protection for Traditional Knowledge，3，August 8，2001，p.17.

复杂的争论，还有可能引起土地和自然资源以外的争议。这种争议不仅会影响习惯法、实践与传统知识产权的关系，甚至会影响到“一带一路”倡议长期建设的稳定性与可持续性。

由于习惯法的实践在于需要经过国家的认可，所谓习惯法，是由习惯发展而来的一种法的渊源，而习惯则是经过长期的历史积淀而形成的一种为人们自觉遵守的行为模式。如果该行为模式得到国家的认可，便具有了约束力，从而具有法的效力，成为法的渊源之一。①由于“一带一路”沿线各国立法、实践等诸多方面差异太大，所以笔者认为，“一带一路”倡议下以习惯法作为保护传统文化的共同基础并不恰当。

第二节　传统文化知识产权主体的确定

传统文化的知识产权权利主体，是传统文化专有权利益的承担者，一般地，权利主体主要是指享有权利与承担义务的实体。史尚宽先生认为：为权利之主体，第一须有适于享有权利之社会的存在，第二须经法律之承认。②曾世雄先生认为法律上之主体，指依法律之规定，得享有或负担生活资源变动效果之单位实体。③总结起来，权利主体之要件有两个：一是有独立的人格；二是经过法律的认可。主体资格是民事主体在民法上的法律人格，是自然人及组织成为民事主体的法律前提。知识产权的主体需具备何种资格，他们享有何种权利，都是由国家法律直接规定的。一般认为，知识产权的原始取得，以创造者的身份资格为基础，并以国家认可或授予为条

① 张文显：《法理学》，法律出版社1997年版，第77页。
② 史尚宽：《民法总论》，中国政法大学出版社2001年版，第86页。
③ 曾世雄：《民法总则之现在与未来》，中国政法大学出版社2001年版，第73页。

件。吴汉东教授认为，创造性活动是权利产生的“源泉”，而法律是权利产生的“根据”。①传统文化的主体所具有的群体性和不确定性，将成为“一带一路”倡议下传统文化知识产权保护的一大障碍。

(一) 知识产权“个人主义”向“集体主义”的转变

西方自由主义的政治理念下，其主要理念之一就是“个人主义”。社会是个人之间相互依赖、相互约束的整体。②个人是被抽象出来，成为一系列无个性的、彼此相同的、可以相互置换的、一般性的赤裸裸的个体。③个人主义的基本含义包括以下内容：(1)对集团、社会和自然的存在方式尽可能地解放出来并且对独立个人的存在方式从价值和规范上予以评价；(2)以独立的个人为中心，考察人类、社会和自然，并总结成为一般性的活动方式；(3)否定人对他人、社会和自然的依赖。霍布斯理论则“瓦解了将个人视为是政治性、社会性存在的欧洲政治思想的传统理念，将人视为从一切社会性和政治性制度中抽象出来的不特定的个人”。④ 围绕个人主义所进行的权利制度设计几乎完全集中于个人，而丝毫没有集体的价值取向，即使承认群体的存在，也是把群体视为有确定身份的个人所组成的价值。社会契约论将社会自身理解为个人与国家所缔结的契约的结果，人权哲学理论把自身置于国家和社会利益的对立面看待。

早期罗马法创造了“家父”这一法律概念，应以代表家族和家庭，这便构成了早期罗马法上的私权主体范本。随着商品经济的发展和战争的频繁，个人主义思想渐浓，家族和家庭的主体地位不断被削弱，其中的个体成员主体地形逐渐增强，正如梅因所说，“在运动发展的过程中，其特点就是

---

① 吴汉东：《关于知识产权本体、主体与客体的重新认识》，《法学评论》2000 年第 5 期。
② [法]支埃尔·莫内：《自由主义思想文化史》，曹海军译，吉林人民出版社 2004 年版，第 2 页。
③ [葡]叶世朋：《欧洲法学史导论》，吕平义等译，中国政法大学出版社 1998 年版，第 53 页。
④ [日]大沼保昭：《人权、国家与文明》，王志安译，生活·读书·新知三联书店 2003 年版，第 33 页。

家族依附的逐渐消灭以及代之而起的个人义务的增长。个人不断代替家族,成为民法所考虑的单位”。[①]类似地,从法国和德国的民法典中,都可以明显地看出其个人主义色彩。18世纪,康德的个人主义哲学[②]兴起,个人主义哲学认为,作为社会个体的人,不仅不受社会秩序和社会价值的限制和约束;而且,根据其对事物的选择和判断能力,个人才是他自己的最高主宰。康德个人主义哲学引发了文学艺术领域的浪漫主义运动。这种个人主义和浪漫主义思想得到了洛克、霍布斯等启蒙思想大家和歌德等大作家的进一步阐扬、发展和支持。在这场运动中,个人经验的价值得到了提升,自我的观念、所有权的意识,开始渗透到文化和精神生产领域。

正是在这种背景下,产生了现代“作者”这些知识生产者观念。英国是最早确认个人主义作者观的国家。一般认为,现代版权法起源于英国1709年的《安娜女王法令》,但实际上,该法案是对调整英联邦图书贸易的出版社和书商的伦敦贸易指南的法令,因此其主要是保护出版商的特权而不是“作者”的利益,“作者”仍被视为图书生产流水线上的一个环节而已。直到1731年英国才将“鼓励饱学之士创作有用的作品”等语句写入条款中,因此,该法才真正开始从保护出版商的利益转向对作者权益的关注。[③]1735年,英国颁布《通过在规定时间内授予发明人和雕工以财产权而鼓励设计、雕刻、蚀刻历史性以及其他印刷之技术法》,1742年又颁布《保护技术能手约翰・拜罗姆对其发明的速记技术和方法在一定年限内享有独家出版权法》,更进一步明确了作者享有一定期限内的智力创作成果财产权。[④]在法

① ［英］梅因:《古代法》,沈景一译,商务印书馆1995年版,第97页。

② 参见何勤华:《西方法学史纲》,商务印书馆2016年版,第210—212页。

③ 刘春田:《著作权保护的原则》,最高人民法院编:《中华人民共和国著作权法讲析》,中国国际广播出版社1991年版,第92页。

④ ［澳］布拉德・谢尔曼、［英］莱昂内尔・本特利:《现代知识产权法的演进——1760—1911英国的历程》,金海军译,北京大学出版社2006年版,第18页。

律层面上作者开始被看作是充满想象力的创作者，而非一个单纯的工匠或对传统的复制者。对作者地位和权利的承认，是在广泛讨论智力劳动的法律性质背景下出现的。“尽管有关智力劳动的本质特征的确切细节尚有争议，但获得人们广泛同意的是，智力劳动它源于头脑的智慧劳动和天赋与思想的发挥——从根本上区别于体力劳动——它纯粹是人体力气的发挥和身体的运用。”①

个人主义的形成，促进了版权法的产生。其盛行的18世纪和19世纪初，主要西方各国陆续颁布承认个体主义作者观的版权法。美国于1790年通过了第一部版权法；法国于1791年颁布保护作者权利之一的《表演权法》，1793年颁布了全面的《作者权法》；②德国于1837年颁布了第一部现代意义上的著作权法。③不仅如此，个人主义作者观，还成为近代和现代各国版权法的基本理念和立法指导原则，甚至有学者指出：“个体的主体性和自我意识的生成或走向自觉，是全部现代文化精神的基础和载体。”④《与贸易有关的知识产权协定》开宗明义地将知识产权视为私权，将个人主义主体制度进一步强化，并使之逐渐趋于神圣。“在《与贸易有关的知识产权协定》所明文昭示的知识产权制度中，知识产权以它们被个人化的事实为特征——它们依附于它们的所有者，存在于公民个人的浪漫的自由的传统权利之中。”⑤可以说，个人作者主义意识形态，构成了现代知识产权立法的指导理念，从而构建了个体性的知识产权主体，即现代知识产权主体理论体

---

① [澳]布拉德·谢尔曼、[英]莱昂内尔·本特利：《现代知识产权法的演进——1760—1911英国的历程》，金海军译，北京大学出版社2006年版，第16—17页。

② 郑成思：《版权法》，中国人民大学出版社1997年版，第13页。

③ [德]M.雷炳德：《著作权法》，张恩民译，北京法律出版社2005年版，第22页。

④ 衣俊卿：《现代性维度及其当代命运》，《中国社会科学》2004年第4期。

⑤ Coenraad J. Visser, “Making Intellectual Property Laws Work for Traditional Knowledge”, edited by J. Michael Finger & Philip Schuler, Poor People's Knowledge: Promoting Intellectual Property Developing Countries, the World Bank and Oxford University Press, 2004, p.209.

系与制度。

随着科学技术的发展和社会的进步,知识产品的生产本质发生了变化。在现代网络技术条件下,作品的创作,从以前的"孤独"的天才式的闭门思考变成了多人之间的协作,现代个人主义的版权法已经不能完全包容高科技所导致的连续合作、广泛互动的创作实践和作者结构。另一方面,现代社会中的科学家团队和实验室已经取代了独立的天才和与之相应的单个的、贫困的"地窖"。发明过程的变化致使相关法律进行修改,以满足工业化时代公司或公共机构雇员构成专利申请者最大集团的需要,个人主义化的发明者和创造者已经不能阻止有关集体获取相应的知识产权。实践中关于著作权"作者"的规定也体现着现代集体主义观,日本著作权法很早就将公司、团体等法人组织视为作者,其版权法第十五条规定:以法人名义发表的作品,在无相反协议或其他相反证据情况下,该法人被视为作者。①法国也承认法人可以成为集体作品的原始著作权人。②早在1988年,美国版权法就已经把雇佣状态下创作的作品的作者,统统认定为雇主。这是最典型的承认法人为作者的实例。将法人或其他组织视为作者的规定,在一定程度上承认了集体创作的事实,反映了文化创造的客观事实,避免了复杂文化创造简单化的趋向,并且具有私法权利主体文化传统的支持,是版权法与时俱进的又一进步体现。③福柯认为,现代作者观和作者权没有自然法依据,而是社会自身为分配作品上的利益所进行的制度设计。个人

① 郑成思:《有关作者精神权利的几个理论问题》,《中国法学》1990年第3期。

② 吴汉东、曹新明、王毅、胡开忠:《西方诸国著作权制度研究》,北京中国政法大学出版社1998年版,第95页。

③ 当然,也有反对法人及其他组织成为作者或视为作者的观点,参见郑成思:《版权法》,中国人民大学出版社1997年版,第26—32页;张俊浩主编:《民法学原理》,中国政法大学出版社2000年版,第573—375页;[德]M.雷炳德:《著作权法》,张思民译,北京法律出版社2005年版,第164—165页;[西班牙]德利娅·利普希克:《著作权和邻接权》,北京中国对外翻译出版公司2000年版,第90—91页。

主义作者观的出现，构成了思想史上个人主义的特权时代，这已经不能反映当下的创作实践。[①]集体权利主义的兴起，并不意味着是对个人主义作者观的完全否定。文化创作的社会实践反复向人们证明，人类社会已经进入了个体创作和集体创作并行、个人主义和集体主义共生的时代。

(二)“一带一路”倡议下传统文化的知识产权保护主体

按照知识产权个人主义哲学观点，创造者的创造性行为这一事实是取得知识产权的基础。[②]任何个体都可以通过自己的智力劳动和知识生产取得知识产品创造者的身份，从而体现私法主体资格平等的原则和理念。从激励理论出发，创作者从事知识生产是一种准物化的商品生产活动，由于知识产品对社会进步的巨大价值，同时该种产品的创作成本和对创作者的智能和技能要求较高，该种知识产品一旦投入使用又容易导致创作者对其失去控制，因此，国家必须对知识产品的创作者给予一定的回报，以激励知识产品的创作和生产。在诸多的激励方式中，对知识产品创作者提供一定时间的专有控制权是其中最主要也是最重要的激励方式。激励理论认为，不保护精神和智力生产的智慧成果，就不会有足够的符合社会需要的知识产品生产出来，首次创作所付出的劳动和成本要远远高于此后复制的劳动活动成本，因而“给予思想的生产者以垄断权，该生产者就与一种强有力的刺激去发现新的思想”。[③]传统文化是特定的民族或社会群体在长期的生产、生活中创造的，体现该民族或社会群体的身份特征和文化要素的，经过世代相传并处于不断发展的各种创造性成果。在知识产权集体性权利主

① Angela R. Riley, Recovering Collectivity: Group Rights to Intellectual Property in Indigenous communities, 2000, 18, Cardozo Arts & Ent. L. J. 175.

② 吴汉东、胡开忠:《无形财产权制度研究》,法律出版社 2001 年版,第 66 页。

③ [美]罗伯特・考特、托马斯・尤伦:《法和经济学》,张军等译,上海三联书店、上海人民出版社 1994 年版,第 185 页。

体框架下，以激励理论为指导，可以保障对个人创造性的补偿，实现传统部族以集体性财产权为基础的对自身传统文化的控制，减少对文化的损害，不仅保存了传统文化，也保护了文化产品所产生的传统文化和历史背景，传统部族基于其身份也会融入高传统文化知识产品的维护和创造过程中。

事实上，现代知识产权也没有要求必须分裂地为确定的权利持有人所拥有。作为集体商标和证明商标，其权利主体就具有群体性，它们是为一群受益人的利益而设计的知识产权保护制度，地理标志等知识产权形式也不要求有确定的、清楚的所有者，而是代表一群合格的生产者的利益，并由国家管理。另外一方面，作者观的变迁以及版权制度的演进，已充分证明了坚持浪漫主义作者观的学者过分夸大了浪漫主义作者观在现代版权法中的地位，忽视了集体主体的现代版权主体结构与传统文化权利主体群体的契合性，人为降低了知识产权制度的张力及其对传统文化的接纳程度。世界知识产权组织政府间委员会指出，事实上群体性实体拥有着大多数的知识财产，如通用公司这样的大公司，代表着比传统社区数量更大、更分散的股东共同体持有知识产权。因此，即使不能确认发明者，许多国家的专利法也承认专利局应当对此种发明发布专利。①

由于各种历史原因的影响，传统部族和传统社区社会生产力较为落后，他们的生活长期封闭并且较少受到外界生活方式影响，这种落后、封闭的社会生活环境，使传统部族和传统社区孕育产生并承延了群体创新机制。传统部族和传统社区群体创新的长期实践，形成并奉行一种群体主义权利观念。根据这种群体主义权利观念，传统部族认为人们生来就处于群

① Elisabeth Longacre, Advancing Science While Protecting Developing Countries from Exploitation of Their Resources and Knowledge, Spring, 2003, 13, Fordham Intell, Prop. Media & Ent. L. J. 963.

体关系的网络之中。作为社区的一员，其权利和义务起源于并完全存在于部族群体的背景之中。权利就是作为群体成员资格的一部分。在他们的理念中，个人身份的界定基本依靠对部族群体身份的认同，作为其成员的个人的发展与其文化身份紧紧地扭结在一起。因此，虽然每一个传统部族都有其传统文化权利归属的复杂规则，且并不排除个人所享有的私人权利；但总体来看，群体所有权是其基本原则，并处于核心地位。[①]作为群体性权利的客体，传统文化不仅与个人有关，而且与家庭、氏族、部落和社区相连。[②]传统部族的知识生产机制及其权利主体模式与知识产权权利主体的共同体主义模式形成了一定的契合。

观察"一带一路"沿线国家的集体权利制度，我们可以发现，构建传统文化知识产权保护的集体权利制度是存在可行基础的。突尼斯、尼日利亚、安哥拉、巴拿马、印度尼西亚等发展中国家国内立法或实践中，承认群体的集体版权主体地位。澳大利亚的土著习惯法确认了传统文化的集体所有权，个人或组织可以成为群体遗产的管理人。管理人对社区的最佳利益负责。[③]作为发展中国家广泛接受的《突尼斯示范法》《1982 年示范法》、新《班吉协定》以及《太平洋地区示范法》等保护民间文学艺术的公约中，都确认了集体权利制度：或者是集体版权，或者是集体特别权利。而且美国也承认印第安部族是一个相对独立的准主权单位，"与美国政府构成一种特殊的政府与政府的关系，实际上承认了印第安部族集体权利的法

---

① S. v. Levinski (ed.) Indigenous Heritage and Intellectual Property: Genetic Resources, Traditional Knowledge and Folklore, Kluwer Law International, 2004, p.14.

② Kristin Ann Mattiske, Recognition of Indigenous Heritage in the Modern World: U. S. Legal Protection in Light of International Custom, 2002, 27, Brooklyn J. Int'l L. 1105.

③ Betsy J. Fowler, "Preventing Counterfeit Craft Designs", Edited by J. Michael Finger & Philip Schuler, Poor People's Knowledge: Promoting Intellectual Property Developing Countries, the World Bank and Oxford University Press, 2004, p.117.

律主体资格”。[1]这些都为构建“一带一路”倡议下传统文化的知识产权集体权利保护奠定深厚的理论与实践基础。

(三)“一带一路”倡议下传统文化知识产权保护权利主体的确定

创造性知识生产越显现出群体性、集体性、合作性,法律就越离不开个体性知识产权主体观。[2]基于知识产权主体向集体性观念的跨进,传统文化的群体性与知识产权就有了一定的契合性,所以在现有的知识产权框架中适当提升集体主义主体观的地位,并延伸到传统文化的知识产权保护框架当中,在“一带一路”倡议背景下建立传统文化知识产权主体群体主义制度,关键在于确定其权利主体。针对这一问题,许多学者提出了不同的学说看法,主要包括:

第一,国家说。该说认为应把国家或特定的国家机关视为传统文化的权利主体,有学者认为,较为理想的模式是国家成立专门的机构实施统一管理或者国家可以授权某一部门或组织代表少数民族和国家行使少数民族的文化权益,例如文化行政部门。[3]“民间艺术作者的不确定性,只能由国家当然地作为整体著作权的所有者和行使者。”[4]“国家应当成为民间文学艺术原生作品法律上的所有权和著作权主体。”[5]例如,苏丹法律规定民间文学艺术属于国家所有,国家有责任“像它的作者一样,在对民间文学艺术破坏、贬损或商业性利用的情况下,通过各种法律途径”保护它。[6]突尼斯于

---

① 张今、严永和:《传统知识权利主体研究》,载吴汉东主编:《知识产权年刊》,北京大学出版社 2005 年版,第 248—251 页。

② Angela R. Riley, Recovering Collectivity: Group Rights to Intellectual Property in Indigenous communities, 2000, 18, Cardozo Arts & Ent. L. J. 175.

③ 王鹤云:《保护民族民间文化的立法模式思索》,载郑成思主编:《知识产权文丛(第 8 卷)》,中国方正出版社 2002 年版,第 178—185 页。

④ 郭蓓薇:《民间文学艺术作品法律保护初探》,《新疆社会经济》1996 年第 4 期。

⑤ 张革新:《民间文学艺术作品权属问题探析》,《知识产权》2003 年第 2 期。

⑥ Agnes Lucas-Schloetter, folklore, Edited by S.von Lewinski, Indigenous Heritage and Intellectual Property: Genetic Resources, Traditional Knowledge and Folklore, Kluwer Law International, 2004, p.287.

1966年颁布的《文学和艺术产权法》也规定民间艺术属于本国遗产的一部分，除那些代表公众利益的国家组织外，任何人具有营利目的使用均须取得文化部的授权。该法还规定，全部或部分转让受民间文艺启发而创作的作品的著作权或专有授权使用这类作品的行为，要得到文化部的许可。1994年，突尼斯新修改的文学艺术产权法规定，取材于民间文艺的作品的创作也要取得文化部的许可。有学者认为，之所以认定传统文化的权益主体为国家，是出于操作上的便捷性。理由是传统文化权益主体的不特定性，使得其不能以类似于现代著作权法中的“作者”身份去认定，出于操作的便捷性，不得不指向了国家这一主体。还有的学者是受文化遗产属于公有、中国光辉灿烂的思想文化是各族人民共同创造的影响，从而认为传统文化应归国家所有。

笔者认为，把国家作为传统文化权利主体存在不足。传统文化作为传统部族精神生产和知识劳动的智力成果，在产权界定上，应把财产界定为生产者所有。把国家作为传统文化权利所有者在自然法上存在不合理。其次，将传统文化的权利全部确定给国家所有，其后果是剥夺或削弱了传统文化来源群体相对独立的私权利益，而特殊的私权利益是传统文化存在和发展的最重要内容和前提，也是保护传统文化的主要动力源泉。传统文化来源群体的私权利益主要表现为传统文化来源群体的精神利益，如民族感情的连接、文化身份的认同、文化完整性和真实性的维护，以及传统文化来源群体的经济利益，如利用传统文化特别是传统手工艺获得经济收益、从他人对传统文化的商业使用中合理分享财产利益等。

第二，专门机构说。该说认为应当成立一个专门的组织，由法律直接规定由其作为权益主体来保护文化。“该组织不具备任何官方属性，是一个完全自治的民间组织和机构，由它来独立行使有关文化权益，并将获取的经济收益用于文化来源群体的文化、经济事业和该组织的日常运转。”①“成立非政府的民间组织来代为行使民族民间文化的相应权益，以切实保护民族民间文学艺术发源地少数民族的集体利益。非政府组织依照法律规定成立、运作，代表民族民间文化发源地少数民族对非发源地或族群之外的人使用、利用该民族文化依法行使相应许可行为或收取合理费用，代表参与诉讼、仲裁等活动。其收取的费用用于该民族文化的保护与传承。”②“由民间文学艺术来源群体享有版权或特别权利，由具备法人资格的信托公司、民间团体或其他集体管理机构根据委托授权的信托模式代为行使和管理权利。”③实际上，《太平洋地区示范法》推荐该模式。巴西的传统知识保护法律草案也采取此模式保护传统知识。

笔者认为，通过信托方式由其他机构代为行使和管理权利，可以较为妥善地解决传统文化来源群体权利行使难的问题。但其可操作性和理论基础仍存在值得补充的地方。首先，信托理论并不完全适用于行使和管理信托组织与传统文化来源群体之间的关系。信托是 19 世纪末为了克服合同的相对性规则给交易带来的严重不便而从英美法系国家衡平法中逐渐发展起来的一项法律制度，④信托制度一般只适用于基于委托人与受托人签订合同或通过其他书面文件设立的财产权管理，委托人一般是具有完全民事行为能力的自然人、法人或者依法成立的其他组织。⑤但传统文化来源

① 严永和：《论传统知识的知识产权保护》，北京法律出版社 2006 年版，第 117 页。

② 吴烈俊：《我国民族民间文学艺术的法律保护》，《西南民族学院学报》(哲学社会科学版)2003 年第 5 期。

③ 管育鹰：《知识产权视野中的民间文艺保护》，北京法律出版社 2006 年版，第 232—233 页。

④ [英]P. S. 阿狄亚：《合同法导论》，赵旭东、何帅领、邓晓霞译，北京法律出版社 2002 年版，第 392 页。

⑤ 例如我国《信托法》第二条规定：“本法所称信托，是指委托人基于对受托人的信任，将其财产权委托给受托人，由受托人按委托人的意愿以自己的名义，为受益人的利益或者特定目的，进行管理或者处分的行为。”第七条规定：“设立信托，必须有确定的信托财产，并且该信托财产必须是委托人合法所有的财产。本法所称财产包括合法的财产权利。”第十九条规定：“委托人应当是具有完全民事行为能力的自然人、法人或者依法成立的其他组织。”

群体享有的权利不仅有财产权，还有精神权利，且是否属于信托法意义上有能力签订委托合同的主体还值得商榷。另外，“一带一路”沿线传统文化资源丰富的国家或地区通常比较偏远落后，还需要组建覆盖全国的范围具备法人或其他组织资格的信托公司、团体或其他机构将耗时费力，社会成本投入过大。

第三，双重主体说。该学说认为，应当将传统文化权益的主体与管理主体相互分开，在明确传统社区（传统部族）作为传统文化权利主体的前提下，规定传统文化的管理主体。至于具体的管理主体，既可以由当地的政府机构统一管理，也可以由非政府组织来代表利害关系人行使权利。对于“一带一路”倡议下的传统文化知识产权保护来说，可以尝试共同建立专门的传统文化知识产权保护组织来管理相关权利的行使。例如，突尼斯在其《文学艺术版权法》中规定，由文化行政部门许可以营利为目的民间文学作品使用，并收取、管理所收使用费。《菲律宾土著居民权利法》也在确定土著社区权利主体地位的前提下，社区还能向政府机关注册一个部落委员会、基金、合作企业、人的组织来有效地代理其利益，并且保护和促进当地文化社区或土著人权利，特定专门建立了土著人国家委员会（NCIP），并设立了基金。这些都表明建立传统文化的管理主体在发展中国家有一定的制度基础，在“一带一路”倡议下建立传统文化知识产权保护的双重主体（权利主体与管理主体）是可以尝试的方法。

第三节　“公有领域”对传统文化知识保护的冲击

在知识产权理论内，将传统文化纳入知识产权保护的另一大障碍就是公有领域（Public Domain）。

一、公有领域的含义和范围

知识产权法中的“公有领域”的来源可以追溯到英国早期的版权法和专利法的规定，其产生与版权和专利权保护期限有关。[①]英国 1624 年颁布的保护专利的《垄断法》和 1709 年颁布的《安娜女王法令》分别规定了专利权和版权的保护期限，即当专利权和版权的保护期限届满，原来受保护的“作品”或“专利”将进入社会公有领域，不再受到法律的保护。这意味着作品出版后，作者权利的保护有一定的期限，一旦保护期限届满，则该作品进入公有领域，任何人都可以自由复制和使用。这样的规定深刻地影响了其他国家的立法以及国际立法，目前世界各国的知识产权法及国际公约中都规定了知识产权的保护期限。“公有领域”一词最早出现在 1791 年法国制定的著作权法中，并明确规定超过著作权保护期限的作品进入公有领域，不能得到法律的保护。[②]1909 年，美国在著作权法中也使用了该术语。1886 年，《保护文学和艺术作品伯尔尼公约》吸收了法国著作权法的相关规定而使用了“公有领域”一词，并在第十四条明确规定：“本公约适用于在本公约开始生效时尚未进入公有领域的所有作品。”这意味着对于已处于公有领域的作品而言，它们不再受到保护。

对于“公有领域”这一术语的概念，尚存在争议。有学者从保护期限的角度论述了公有领域的特征，并强调处于公有领域的智慧成果是不受保护的，认为知识产权法中的公有领域是指原来受法律保护但后来因过期而不

---

① “公有领域”最早的渊薮可追溯至罗马法上的公共物理论，罗马人在构筑了一个庞大的财产权制度的同时，他们还规定了许多人类不可私有之物，这当中包括共有物(res communes)、公有物(res publicae)、公用物(res universitatis)等。共有物，即供人类共同享用的东西，如空气、阳光和海洋等，任何人都不能独占；公有物属于罗马全体市民共享，如河川、公路、牧场，公有物对全体罗马市民开放，但却不能为任何人所独占；而公用物属于罗马市政当局所有，具体如戏院、斗兽场，它们只是在必要的时候才对罗马市民开放。

② See Tyler T. Ochoa, Ochoa, origins and Meaning of the Public Domain, 28 Dayton L. Revb 2, p.215.

再受保护的知识产权客体。[①]但多数学者认为公有领域不限于此,例如,美国有学者认为,公有领域是知识产权法不予保护的思想及其他智慧成果。比如,政府文件等不受著作权法保护的作品,作品中不受保护的思想内容,不符合双边条约或多边条约规定的保护要件的外国作品等,都处于公有领域。[②]如帕特森(Patterson)和林伯格(Linberg)等人从正面出发,认为"公共领域不是一个领地,而是一个概念,公共领域如同为人的生命所必需的阳光、空气和水等属于对每个人都是自由的东西"。[③]学者黎特曼(Jessica Litman)也认为"公共领域不应理解为不值得保护创作素材的范围,而应理解为保证作者得以有效运用这些素材从而使版权的其余部分得以良好运转的工具"。[④]我国有学者认为:"公有领域基本上指不受知识产权(包括著作权、专利权、商标权等知识产权)保护或者知识产权效力所不及的材料方面。"[⑤]也有学者认为:"公有领域是从专有权中剥离出的可以为公众自由利用的部分。"[⑥]也有学者概括为不受知识产权法保护的领域,处于该领域的智慧成果可以为社会公众自由利用:(1)从知识产权权利角度来讲,公有领域是不受知识产权法保护的领域;(2)从公众的权利角度而言,公有领域是社会公众可以自由利用的领域;(3)就客体而言,知识产权法中的公有领域是针对智慧成果而言,而不是针对土地、房屋等有形财产;(4)从范围上而言,公有

---

① See Jane C. Ginaburg, "Une Chose Publique"? The Author's Domain and the Public Domain in Early British, French and US Copyright Law, 65 The Cambridge Law Journal, 2006, p.638.转引自胡开忠:《知识产权法中公有领域的保护》,《法学》2008年第8期。

② See Tyler T. Ochoa, Ochoa, origins and Meaning of the Public Domain, 28 Dayton L. Revb 2, p.215.

③ L. R Patterson & Stanley W. Lindberg, The Nature of Copyright: A Law of Users Rights, 1991, p.50.

④ Jessica Litman, The Public Domain, 39 Emory Law Journal, 1990, p.977.

⑤ 王太平:《美国知识产权法中的公共领域研究述评》,载吴汉东主编:《知识产权年刊》2006年号,北京大学出版社2006年版,第380页。

⑥ 冯晓青:《权法与公有领域研究》,《法学论坛》2008年第5期。

领域包括已超过知识产权保护期限的智慧成果以及不符合法律保护要求的智慧成果等。①

具体到知识产权所管理的不同领域范围，通常包括以下几个方面：(1)著作权法中的公有领域范围。以时间为维度，包括超过著作权保护期限而不受保护的作品以及在著作权法制定之前产生的作品；就著作权保护的要件来讲，通常来说是不符合独创性表达要求的"作品"，如思想、事实等素材；②出于政策和社会需要，政府文件及不符合国际公约或双边条约规定的保护条件的作品不能受到保护。(2)专利法中的公有领域范围。超过保护期限的发明专利不受保护；科学发现、智力活动的规则和方法、动植物品种、疾病的诊断和治疗方法、用原子核变换方法获得的物质不能获得专利权而不受保护；不符合创造性、新颖性、实用性等条件的发明成果不受保护；不按规定办理专利申请手续的发明不受保护；不符合国际公约或双边条约规定的保护条件的发明不能受到保护。(3)商标法中的公有领域范围通常包括：商品的通用名称、通用图形、地名、进入公有领域作品中的人物姓名及肖像、商品的质量、主要原料、功能、用途、重量、数量等描述性标志。③这类资源应当属于"公共产品"，具有非独占性和非排他性，属于公有领域的信息，只有经过长期使用产生了"第二含义"，具备识别性功能，才有可能作为商标被注册。而该标志的"第一含义"，仍然保留在公共领域、供公众自由使用。④例如，我国未注册的商标一般不受保护；不具备显著性的或者后来显著性退化的普通词汇及图形不受保护；未依法办理注册手续的商标不受保护；不符合国际公约或双边条约规定的保护条件的商标不受保

① 胡开忠：《知识产权法中公有领域的保护》，《法学》2008 年第 8 期。
② 需要说明的是，一部作品不受著作权保护不意味着它必然地处在公有领域，因为它可能受其他法律保护。
③ 杨巧：《商标法上公有领域的保护》，《知识产权》2012 年第 4 期。
④ 王迁：《知识产权法教程》，中国人民大学出版社 2011 年版，第 412 页。

护；超过保护期限而未续展的商标不受保护。(4)商业秘密保护法中的公有领域范围。具有新颖性、实用性和保密性的信息可以受到法律的保护。反之，不符合上述条件的信息则处于公有领域。另外，已公开的商业秘密则进入了公有领域。除此之外，在植物新品种权、集成电路布图设计权、原产地名称权、商号权等其他知识产权领域，也存在着类似的公有领域。

二、知识产权的扩张与公有领域保护

“知识产权的私权保护在几百年的洗礼中，总的趋势是保护范围越来越大、保护水平越来越高。知识产权的私权发展史，也就是知识产权的扩张史。”①在经济和科技全面发展的大背景下，知识产权扩张有加速的趋势并呈现出一些新的特点，主要表现为：第一，保护客体不断扩大。随着科学技术的快速发展，新技术所带来的成果越来越需要获得知识产权的法律保护，知识产权保护客体随之不断扩大。例如版权和专利保护扩大适用于计算机程序，专利保护扩大到包括生命形式、细胞链和DNA序列等内容在内的技术信息领域；信息技术的发展，使得知识产权领域出现了许多类似于版权的新的权利类型，如软件、集成电路、数据库、网络传播权(技术措施权、管理电子信息权)等；随着生物科技的发展，也使得不少原本人们认为不能申请专利的客体也可以被纳入专利法的保护客体范围，比如基因、动植物新品种、微生物甚至疾病的诊断和治疗方法等。第二，保护水平越来越高。主要表现在两个方面，一是知识产权的保护期延长。从《与贸易有关的知识产权协定》的内容来看，规定缔约方必须为包括计算机软件在内的作品的著作权提供至少50年的保护期限，为专利提供不少于20年的保

① 冯晓青：《论知识产权扩张与利益平衡》，《湖南文理学院学报》(社会科学版)2002年第2期。

护期限，为工业品外观设计和集成电路布图设计提供至少 10 年的保护期限。二是知识产权具体权能的扩张。著作权随着新技术的发展也产生了新的权能，如音像复制权、播放权、制片权、邻接权；随着商品经济的发展，增加的著作权有改编权、发行权、追续权、连载权等；随着国际交往，扩大了的著作权范围主要有翻译权和最终使用权。[①]《保护文学艺术作品伯尔尼公约》1948 年文本和 1928 年文本相比，在必须保护的经济权利中增加了"公开表演权"，而 1928 年文本只是作为可选择保护的权利。专利法中，以我国 1992 年修改的《专利法》为例，在 1992 年修改《专利法》以前，方法专利只保护方法本身，不延伸到依照该方法直接获得的产品的使用和销售。

法律之所以保护公有领域，一方面是出于保护人们的创作之源泉。从人类社会的历史发展来看，智慧成果的产生往往是在前人已有知识的基础上完成的，前人的知识无论是否曾经获得过知识产权，最终都将进入社会的公有领域，成为人人都可自由使用的对象。由于这些知识是后续创作的源泉，因此只有保护公有领域，才能保护人们的创作之源，才能保障人们正当地利用创作素材的权利，才能最终促进社会文明的进步。另一方面，保护公有领域是为了保护社会公众的文化权利。《世界人权宣言》第二十七条第一款明确规定："人人有权自由参加社会的文化生活，享受艺术，并分享科学进步及其产生的福利"，此即为社会公众的文化权利。知识产权从本质上讲是智慧成果创造者的私权，它保护的是知识产权人个人的利益，过分保护知识产权将会妨碍公众对智慧成果的利用，从而损害社会公众的文化权利。解决这一矛盾的办法是，对知识产权人的权利给予一定的限制，在权利之外设定一个公有领域，允许社会公众自由使用处于公有领域

① 郑成思：《著作权的概念与沿革》，《中华人民共和国著作权法讲习》中国国际广播出版社 1991 年版，第 68—87 页。

的智慧成果。比如规定保护期限,当期限届满,智慧成果进入社会公有领域,社会公众可以自由使用。通过这些制度设计,知识产权法将知识产权人的私权范围与公有领域界定开来,使社会公众能够合理利用社会文明成果,从社会文化的进步中分享福利。美国有学者指出:“人们希望公有领域的设想将帮助国会、法院和消费者维护公有领域中的公共利益,免受那些试图将知识公然转化为私人财产的人的侵害。”以著作权为例,在一部受著作权保护的作品中,往往存在着作者完全独立创作的部分和先前作品或者思想、事实、素材中移植的非原创部分,而非原创部分经过作者的“创作”也延伸到可著作权的原创性作品中予以整体保护。这就使得非原创内容从公有领域部分回到专有领域,使后来的原创作者在使用“原材料”方面受到了限制。公有领域理论便能化解这一问题,例如,美国有关著作权的立法报告则要求法院在处理著作权纠纷案件时仔细划分保护范围,把作品的不被保护因素置于公有领域范围。[①]从这种意义上讲,思想与表达二分法原则实质上是试图在专有的著作权中区分“公有领域”与“专有领域”,它们分别对应的是思想与表达。

但是知识产权不断地扩张,不禁让人对公有领域与知识产权专有领域的平衡产生担忧。知识产权的猛烈发展趋势表现为对知识产权权利人的保护越来越重视而忽视了公有领域的重要性并减弱了公有领域的范围,从知识产权保护的整体历史来看,都体现出知识产权的持续扩张以及公有领域的不断减少。公有领域是授予知识产权而公众付出的对价,公共领域所代表的公共利益与知识产权所代表的个人利益之间的平衡始终是知识产权需要认真思考的问题,而知识产权的保护与限制也是利益平衡机制的主

① H. R. REP. NO.94—1476, 1976, p.56. Reprinted in 1976 U. S. C. C.A.N. 5659, 5670. 转引自冯晓青:《论知识产权扩张与利益平衡》,《湖南文理学院学报》(社会科学版)2002 年第 2 期。

要内容。然而这种利益平衡机制在运行当中,总体上是倾向于知识产权的保护与扩张的。知识产权的扩张与权利限制只有在维持一种平衡状态下才能做到公平合理地调整因知识产权而产生的利益关系,使公有领域维持在一个适当水平上。在权利过度扩张时,知识产权的限制不足以平衡围绕其产生的利益关系,从而会使公有领域受到不适当抑制。考察知识产权限制的发展可以看出,虽然知识产权从最初诞生到现在已经形成了一套相当严密的权利限制体系,但总体上权利限制在知识产权制度的发展中总是居于滞后地位,是对每一次知识产权扩张的被动回应。可以说,每一次知识产权限制最终都成为知识产权扩张范围的一部分,这也是知识产权扩张和公有领域减弱的体现。

按照社会效用理论的观点来看,人类经过智力活动创造的智慧成果无论是否曾经获得过知识产权,最终都将进入社会的公有领域,成为人人都可自由使用的对象,从社会效用的角度看,知识产权的正当性在于通过激励发明创造活动,使得社会所获得的最终知识产品增加,最终服务于公有领域。以经济学视角来观察,虽然限制知识产权人所获得的利益不会为相应公共产品的增加提供清晰的正当性,但这是最终留存公有领域从而使知识产品效用最大化所必须的。从公共利益与公有领域的关系看,公有领域也是服务于公共利益的。公有领域的减少将会影响到公共利益。例如,如果人们不能使用作品中的基本的成分,自由表达就会面临严重的威胁。对公有领域的重新思考,在一定的意义上是对知识产权保护的扩张以及相应的知识产权扩张保护理论的一个应对措施。

三、“一带一路”倡议下传统文化知识产权保护中公有领域的再思考

就“一带一路”倡议下的传统文化知识产权保护而言,笔者认为,首先

不应盲目地将传统文化“一刀切”地纳入公有领域的范围。以民间文学艺术为例,一些民间文学艺术作品长时间的、封闭性的民族内部的传播,实质上是创作者们在使用自己的作品,因而与现代版权法中“作者将自己的作品向社会公开”,“超过版权保护期限”等进入公有领域的作品相区别。在未公开发表以前,民间文学艺术作品始终处于不断的“创作”状态,公开发表后才标志着它相对地“完稿”。只有在这时才能开始计算它的版权保护期限,超过期限后才能视之为进入公有领域的作品。因此,未公开发表或公开发表后未超过保护期限的民间文学艺术作品都应享有版权。那种认为所有的民间文学艺术作品都已进入公有领域,因而不能重新纳入私有领域加以保护的观点不能成立。①另一方面,发达国家由于其现代化程度较发展中国家高,其传统文化经过历史的洗礼许多也已消失殆尽,出于自身国情和经济发展的需要将民间文学艺术作品归入公有领域也是其文化霸权主义的体现,而公有领域似乎更像是西方国家行文化掠夺之实的法律借口。民间文学艺术作品代代相传,处于连续而缓慢的创作过程中,流传于特定地域内,有的甚至在部族内部也只是处于相对公开的状态,许多民间文学艺术的掌握和使用需要不同寻常的才智和技能,例如传统建筑、剪纸艺术以及我国著名的三大史诗《江格尔》《格萨尔》和《玛纳斯》的说唱。所以,民间文学艺术作品并非为群体全体成员皆知,更不能等同于已经进入公有领域的作品。相对地讲,就一个国家内部而言,相对封闭的处于劣势地位的民族民间文化尚难与占绝对优势地位的国家主体文化进行平等的交流。就发展中国家而言,其世代因袭的群体民间文学艺术作品也尚未与主流世界文化尤其是信息时代的西方文明进行平等的交流。有关群体的

---

① 张广生:《论民间文学艺术作品的著作权保护》,《中国法学》1992 年第 3 期。

民间文学艺术与主流文化之间交流的单向性说明，民间文学艺术并没有完全进入公有领域。

其次，现行知识产权制度的授予条件、保护期限等制度，都与公有领域的保护息息相关。不论是“一带一路”倡议下的传统文化知识产权保护建设还是“一带一路”沿线国家的知识产权法律都不应当也不会照搬发达国家的模式，而应当以知识产权保护为手段，以促进社会科技和文化发展为目标，使个人利益和社会利益保持相对的平衡。换言之，“一带一路”倡议下的传统文化知识产权保护建设不是盲目学习西方发达国家而一味提高知识产权的保护水平，不随意扩大知识产权的保护对象、权利范围、保护期限，应着眼于“一带一路”建设大局，与广大沿线国家一道建立起切实、有效的传统文化知识产权保护体系。在“一带一路”倡议下传统文化的知识产权保护中加强对公有领域的重视，以传统文化保护为视角，重新审视公有领域的范围以及与传统文化之间的关系。

第一，从法政策学角度来分析。为传统文化设立私权会缩减公共领域人类共同财富这一观点被批评为“欧洲中心主义”。[①]“公共领域”这个概念被认为是18世纪以来知识产权学者和政客的发明，而广大第三世界国家的土著和本地社群并没有机会对这个概念表态，因而也有权拒绝承认其传统文化被划归到开放、免费的公共领域。本地部族的传统文化，几千年来受当地习惯法而非现代知识产权法的调整，圆融自洽，遵循自己独特的游戏规则，和知识产权法涵义上的“公共领域”天然抵牾。法政策学观点已经反映在诸多亚非拉国家的立法实践中。例如，秘鲁立法规定，使用“公共领

① Paul Kuruk, Goading a Reluctant Dinosaur: Mutual Recognition Agreements as a Policy Response to the Misappropriation of Foreign Traditional Knowledge in the United States, 34 PEPP. L.REW. 2007, pp.629—714.

域”中的传统知识，也要进行经济补偿。南太平洋传统知识立法草案则走得更远，规定“失传或以其他不当方式流入公共领域的传统知识不受所谓公共领域规则的限制”。[①]近年来，德国学者从兼顾平衡法政策学、法经济学和产权制度三大领域的角度出发，将“公共领域”重新定义为“无法以事实手段或法律方式加以抽离的、公共知识和无形商品的总集合”。[②]这一定义实际上修订了既有知识产权体系下“公共领域”概念的内涵和外延，给予不同利益相关人更多的选择。因此，就“一带一路”倡议下传统文化的知识产权保护而言，我们应该着力重塑“公共领域”的概念，界分和厘清传统文化保护的客体。

第二，从法经济学角度来看，应当灵活地运用“权利”制度而非单纯依靠“契约”关系来调整传统文化的利益关系。法经济学的理论根据之一是科斯的产权学说及后科斯主义“权利观点”。现代产权经济学奠基人科斯认为，在零交易成本的前提下，契约安排是关键，产权在相关资源利用的安排中起着基准线的作用。而在交易费用为正的情况下，契约安排实际上并不可行，部分或者所有契约安排会因为成本过高而无法达成，而由法律规定初始权利配置在决定资源如何有效利用方面就起到关键的作用。科斯的继承者卡拉布雷西(Guido Calabresi)和米勒米德(Douglas Melamed)认为，现代法律制度经济学视角下的“权利”，是在两个竞争的权利要求者之间，由集体强制配置的使用权。而这一配置，除了要考虑经济效率外，还应将“分配目标”和“其他公平理由”纳入分析框架。“权利”是通过同其他个人相比较，来定义权利人可以做什么(权利的处分)；“权利”表明了对于其他人提

---

① UNU-IAS Report, the Role of Registers and Databases in the Protection of Traditional Knowledge—A Comparative Analysis, p.7.

② Anja Hahn, Traditionelles Wissen indigener und lokaler Gemeinschaften zwischen geistigen Eigentumsrechten und der public domain, Beitraege zum auslaendischen oeffentlichen Recht und Voelkerrecht(Max-Planck-Institut), Band 170, Springer 2004, p.350.

出的要求(权利的请求权)，权利持有人遭遇侵害时可以有权采取什么样的行动(权利的救济)。因此，确立“一带一路”倡议下的传统文化知识产权保护体系，首先是出于资源分配效率最大化的考虑，同时也是出于对公平价值的追求——因为知识财富被他人“搭便车”(free riding)进行商业化利用、返销占领知识创造者的领地而不予任何形式的利益补偿，这本身就是显失公平的。

第三，从产权制度理论来看。如何处理“财产性权利”的排他性与传统文化本身的传播性、分享性之间的矛盾是“私化”传统文化的核心。互联网时代的著作权也面临“免费共享”的网络精神和实践的挑战，而我们并不能因此就否定著作权的合法性。由此来看，“一带一路”倡议下传统文化的区域性共享更不应该成为为传播型传统文化设定专门权利的障碍。按照《生物多样性公约》和世界知识产权组织两大体系的精神，传统文化私权保护和“排他性”的最后界限，在于主权国家，主权国家才是其境内传统文化最后的“看管人”和“监护人”。有学者便基于产权经济学理论，提出对非物质文化遗产应采“以公权为主、兼顾私权”，“仅仅依靠公权力、政府投资是不够的，还应采取私权保护，通过授予非物质文化遗产的权利主体以专有性权利来促进非物质文化遗产的可持续利用和有效保护”，“对非物质文化遗产的获取条件、对其提供者人格利益的尊重及其使用后的利益分享应进行私法规制”，这种受产权经济学理论影响的观点，具有其合理性。并且强调传统文化保护须受利益平衡原则约束，更是对特殊无形财产权另一层深透的理解。①所以在构建“一带一路”倡议下传统文化知识产权保护体系的同时，我们应当尽量避免既有制度的弊端，作出更加公平高效的制度安排。

---

① 见黄玉烨:《论非物质遗产的私权保护》,《中国法学》2008 年第 5 期;秦天宝:《生物资源相关传统知识保护中的利益平衡》,《河南财经政法大学学报》2012 年第 1 期;张冬:《传统知识保护立法取向刍议——以中药国际化为例》,《知识产权》2011 年第 4 期。

第六章 “一带一路”倡议下传统文化的知识产权保护模式

“文化是民族特色的一种表达，对这种表达必须当做一种公责任来提倡和保护。由于对美国人来说文化所涉及的是赢利的娱乐产业，而对加拿大人来说所涉及的却是民族特色的政治问题。”①由发达国家极力推动而发展起来的现代知识产权制度，总体上是以保护创新为特征的，而传统文化是一种传统的文化遗产资源，其传统性质与知识产权的固有理念不是很契合，利用知识产权制度并不能全面、有效地保护传统文化。

目前对传统文化的保护可分为几种情况：以突尼斯为代表，对民间文学（folklore）实行版权保护，指定专门部门对民间文学艺术的使用进行许可和收费；以印度为代表的建立专门的法规和数据库，以保存和发展本国的传统知识；以泰国为代表的制定针对性的部门法，集中培养和保护相关传承人员；还有如日韩等国家，认定重要无形文化财产，并指定保持者进行传承；以美国、澳大利亚等为代表的对土著文化采用商标法律制

① 哈维费根鲍博士：《全球化与外交关系》，见《参考资料》2002 年 3 月 4 日第 27136 期。

度予以保护。[①]我们应当在充分认识“一带一路”沿线传统文化内容复杂性和特殊性的基础上，根据传统文化领域的不同内容（包括民间文学艺术、传统文化图像符号及传统科学知识）建立区域内知识产权保护机制，具体来说是“知识产权法＋反不正当竞争法＋特设法定权利”的综合保护模式。本章主要对“一带一路”下传统文化的知识产权保护模式进行探讨。

第一节 “一带一路”倡议下民间文学艺术的特殊版权保护

作为传统文化重要“基因”的民间文学艺术，是特定的民族、族群或者社群内不特定成员集体创作和世代传承，并体现其传统观念和文化价值的文学艺术的表达，本质上也是人类的一种智力劳动成果。可以说，在传统文化领域，民间文学艺术是最可能纳入版权保护制度中的。版权是涉及书

① 根据世界知识产权组织委员会的相关会议文件，目前已经有 11 个国家或地区建立起针对传统文化的特别法律制度。它们是：(1)非洲统一组织(African Union)2000 年制定的《非洲保护当地社区、农民和育种者权利的示范法和获取生物资源的规则》(African Model Legislation for the Protection, of the Rights of Local Communities, Farmers and Breeders, and for the Regulation of Access to Biological Resources of 2000)；(2)巴西 2001 年 8 月 30 日颁布的第 2186-16 号《关于获取基因资源及相关传统知识的临时措施》(Provisional Measure No. 2186-16 of 2001 Regulating Access to the Genetic Heritage, Protection of and Access to Associated Traditional Knowledge)；(3)中国 2000 年《专利法》以及 1993 年施行的《中药品种保护条例》；(4)哥斯达黎加 1998 年第 7788 号《生物多样性法》(Law No.7788 of 1998 on Biodiversity)；(5)印度 2002 年《生物多样性法案》(Biological Diversity Act of 2002)；(6)秘鲁 2002 年颁布的第 27811 号法律，即《土著人生物资源集体知识保护制度引入法》(Law No. 27, 811 of 2002 Introducing a Protection Regime for the Collective Knowledge of Indigenous Peoples Derived from Biological Resources)；(7)菲律宾 1997 年《土著居民权利法案》(Indigenous Peoples Rights Act of 1997)；(8)葡萄牙 2002 年发布了第 118 号《关于建立植物土著原料的登记、保存和法定传承制度的法令》(Decree Law No.118 of 2002 Establishing a Legal Regime of Registration, Conservation, Legal Custody and Transfer of Plant Endogenous Material)；(9)泰国通过 B.E2542《保护和促进传统泰药智力法案》(Act on Protection and Promotion of Traditional Thai Medicinal Intelligence, B.E 2542)；(10)美国 1990 年通过《印第安手工艺术品法案和其他相关措施》(Indian Arts and Crafts Act of 1990 and other relevant measures)；(11)巴拿马 2000 年 6 月 26 日颁布的第 20 号法律《Law No.20》。See WIPO/GRTKF/IC/5/INF/2, annex 3, p.8.

籍、歌曲、舞蹈、音乐、美术等文化产品的创造和使用的一种知识产权。[①]然而传统版权制度与民间文学艺术在内容上天然难以调和的尴尬成为构建"一带一路"区域传统文化共同保护机制的一大难题,为了缓解这一矛盾,笔者认为可以采用类似版权的特殊版权保护模式:在具体保护对象、权利主体及保护期限上区别于现有的版权制度,但同时灵活运用版权制度中限制复制行为为核心的财产权利制度设计、精神权利和财产权利的整合、以利益平衡为核心的合理使用和法定许可制度及权利救济措施等内容。

一、"一带一路"倡议下民间文艺版权保护的实践探索

世界上在版权法中明文规定保护民间文学艺术的国家主要集中在非洲。这些国家主要包括阿尔及利亚、喀麦隆、刚果、肯尼亚、加蓬、突尼西亚、安哥拉、贝宁、科特迪瓦、吉布提、几内亚、莱索托、尼日利亚、巴马达加斯加、摩洛哥、扎伊尔、中非共和国、塞内加尔、多哥、布基纳法索、加纳、卢旺达、赛舌尔、马拉维、布隆迪、突尼斯等。非洲成为民间文学艺术版权保护

---

① 代表性的著述有:郑成思:《版权法》(修订本),中国人民大学出版社 1997 年版,第 124—137 页;李明德、许超:《著作权法》,法律出版社 2003 年版,第 50—52 页;胡康生主编:《中华人民共和国著作权法释义》,北京法律出版社 2002 年版,第 27—31 页;梅臻:《中国民间文学艺术作品的版权保护》,郑成思主编:《知识产权文丛》第 10 卷,中国方正出版社 2004 年版,第 346—405 页;李顺德:《传统知识、民间文学艺术、生物多样性等知识产权保护问题的探讨》,郑成思主编:《知识产权文丛》第 8 卷,中国方正出版社 2002 年版,第 139—140 页;张广生:《试论民间文学艺术作品的著作权保护》,《中国法学》1992 年第 1 期;朱雪忠:《传统知识的法律保护初探》,《华中师范大学学报》(人文社会科学版)2004 年第 3 期;黄玉烨、罗施福:《论我国民间文学法律保护的立法模式》,《广西政法干部管理学院学报》2005 年第 4 期;Megan M. Carpenter, "Intellectual Property Law and Indigenous Peoples: Adapting Copyright Law to the Needs of a Global Community", Yale Human Rights & Development Law Journal, 2004, pp.1—29; Coenraad J. Visser, "Making Intellectual Property Laws Work for Traditional Knowledge", Edited by J. Michael Finger & Philip Schuler, Poor People's Knowledge: Promoting Intellectual Property Developing Countries, the World Bank and Oxford University Press, 2004, p. 219; Agnes Lucas-Schloetter, folklore, Edited by S. von Lewinski, Indigenous Heritage and Intellectual Property: Genetic Resources, Traditional Knowledge and Folklore, Kluwer Law International, 2004, pp.363—367。

的发源地和策划地，与其传统部落数量多、传统文化资源丰富有关，同时也因《班吉协定》对非洲国家国内版权立法工作产生了直接影响。此外，明文规定通过版权法保护民间文学艺术的还有亚洲的中国、印度尼西亚、斯里兰卡、阿曼、卡塔尔、沙特阿拉伯、越南等，拉丁美洲的巴西、巴拿马、玻利维亚、智利、哥伦比亚、多米尼加、阿根廷、圣文森特和格林纳丁斯、巴巴多斯等。在欧洲发达国家中，英国是唯一明确规定了民间文学艺术和匿名的未出版作品受版权保护的国家。英国1998年《版权法》将民间文学艺术和匿名的未出版作品归为一类，在第一百六十九条第一款中规定“如果有证据表明作者身份不明之文学、戏剧、音乐或艺术作品之作者(或关系到合作作品时，作者中的任何人)因与联合王国以外的国家联系而具备合格的主体资格，在得到反证之前应推定其具备主体资格，因而其作品应受版权保护，但须服从于本编之各项规定”。[①] 该条第二款、第三款、第四款、第五款、第六款还对民间文学艺术和匿名作品版权主体的指定、指定主体的权利及其适用限制等作出了明确规定。[②]这里主要介绍突尼斯《文学艺术版权法》以及我国对民间文学艺术的立法保护实践。

突尼斯是世界上第一个使用知识产权法保护民间文学艺术的国家。早在1889年，突尼斯便颁布了《文学艺术版权法》，可以说在民间文学艺术保护领域，突尼斯走在了世界前列。除1994年颁布的《文学艺术产权法》外，突尼斯还颁布了一系列保护文化遗产及传统手工业的法律，形成了一套保护与弘扬民间文学艺术的法律体系。

在其《文学艺术版权法》中第七条明确规定：

“民间艺术构成国家遗产的一部分，任何为营利使用而抄录民间文艺

① 郑成思主编：《知识产权研究》第3卷，中国方正出版社1997年版，第95页。
② 张耕：《民间文学艺术的知识产权保护研究》，西南政法大学博士学位论文2007年。

的行为都应经过国家文化部的授权，并依本法成立的版权保护代理机构的福利基金会支付报酬。

受民间文学艺术启发而创作的作品的制作、该作品之版权的部分或全部转让、或发放独占许可证，也均应取得国家文化部的授权。

本法所称民间文学艺术，是指代代相传，与习惯、传统及诸如民间故事、民间书法、民间音乐及民间舞蹈的任何方面相关联的艺术遗产。”①

值得一提的是，该法第一条规定了十分广泛的作品表现形式，甚至包括了受民间文学艺术启发而创作的作品。②

根据法律规定，以营利为目的使用民间文学作品，除征得文化行政部门的许可外，还须缴纳使用费。公益性的使用和个人使用无须缴纳使用费，但也需获得许可。具体程序是：使用者须根据将使用的文化遗产的种类向文化部有关业务司局提出申请；经有关司局予以研究，经专家委员会讨论后，提出是否许可使用的初步意见，然后通知文化部直属的版权局收费（不需收费的，也要通知版权局）；版权局根据具体情况确定收费标准，收取使用费，向申请者开具收据；申请者携收据到文化部，文化部根据收据给

① 郑成思：《版权法》，中国人民大学出版社 1997 年版，第 133—134 页。突尼斯 1889 年《文学艺术版权法》第七条原文是：“Folklore forms part of the national heritage and any transcription of folklore with a view to exploitation for profit shall require authorization from the Ministry responsible for culture against payment of a fee for the benefit of the welfare fund of the Copyright Protection Agency established pursuant to this Law.

Authorization from the Ministry responsible for culture shall also be required for the production of works inspired by folklore for the full or partial assignment of copyright in a work inspired by folklore or for an exclusive license with respect to such work.

Folklore within the meaning of this Law shall be any artistic heritage bequeathed by preceding generations and bound up with customs and traditions and any aspect of folk creation such as folk stories, writings, music and dance.”

See Law No. 94—36 of February 24, 1994, on Literary and Artistic Property onhttp://www.wipo.int/edocs/lexdocs/laws/en/tn/tn022en.pdf.

② “Copyright shall subsist in all original literary, scientific or artistic works whatever their value, purpose, mode or form of expression, as also in the title of works. It shall apply equally to a work in its original form and in any form derived from the original. The works in which copyright subsists shall include: ...... works inspired by folklore”.

予正式的使用许可。对未经许可使用文化遗产的行为，国家将给予严厉的惩罚，包括 500 到 5 000 第纳尔罚款以及 1 到 6 个月的拘禁等。①对收取的使用费，突尼斯采用基金的形式进行管理。根据《文学艺术版权法》规定，收取的版权使用费全部作为社会和文化基金。基金的使用主要有三种形式：(1)用于社会，当艺术家生活困难，难以从事文艺创作时，可以通过申请得到资助；(2)用于文化，当出版图书、制作磁带资金不足时，可以通过申请而得到拨款；(3)用于奖励，主要奖励对弘扬文化作出贡献的人。

关于作品的改编，该法案第一条、第六条赋予了相关作品作者以改编权，并规定改编者应就改编行为向文化部的有关司局提出申请，获得许可后，方可改编；其次，如果是进行文艺创作，改编者无须缴纳使用费，如以商业为目的，改编者则要按规定缴纳使用费。②广播电台、电视台使用文学艺术也开始缴费。一般是一年交付一次，根据所播节目的类别来确定所缴费用的使用方向，如果使用的是个人作品，则将使用费交付作者个人。对于民间文学作品著作权的保护期限，突尼斯法律规定为永久保护，不受年限限制。③

就我国而言，在有形文化遗产保护方面，主要以《文物保护法》以及《文物保护法实施条例》为主。我国《文物保护法》在第二条对保护的内容作出了界定：具有历史、艺术、科学价值的古文化遗址、古墓葬、古建筑、石窟寺和石刻、壁画；与重大历史事件、革命运动或者著名人物有关的以及具有重要纪念意义、教育意义或者史料价值的近代现代重要史迹、实物、代表性建筑；历史上各时代珍贵的艺术品、工艺美术品；历史上各时代重要的文献资

① See Law No.94—36 of February 24, 1994, on Literary and Artistic Property Chapter IX Article 52.

② See Law No.94—36 of February 24, 1994, on Literary and Artistic Property, Article 10 and 13.

③ 黄玉烨：《民间文学艺术的法律保护》，知识产权出版社 2008 年版，第 110—112 页。

料以及具有历史、艺术、科学价值的手稿和图书资料等;反映历史上各时代、各民族社会制度、社会生产、社会生活的代表性实物。文物认定的标准和办法由国务院文物行政部门制定,并报国务院批准。具有科学价值的古脊椎动物化石和古人类化石同文物一样受国家保护。文物是传统文化的重要物质载体,加强对文物的保护即是对传统文化保护的增强。①

无形的文化遗产方面主要以《非物质文化遗产保护法》为主,保护各族人民世代相传并视为其文化遗产组成部分的各种传统文化表现形式,以及与传统文化表现形式相关的实物和场所。包括:传统口头文学以及作为其载体的语言;传统美术、书法、音乐、舞蹈、戏剧、曲艺和杂技;传统技艺、医药和历法;传统礼仪、节庆等民俗;传统体育和游艺;其他非物质文化遗产。对非物质文化遗产采取认定、记录、建档等措施予以保存,对体现中华民族优秀传统文化,具有历史、文学、艺术、科学价值的非物质文化遗产采取传承、传播等措施予以保护。明确禁止以歪曲、贬损等方式使用非物质文化遗产。②

在传统文化的知识产权法律保护方面。我国1990年9月7日通过并于1991年6月1日起施行的《著作权法》第六条规定:"民间文学艺术作品的著作权保护办法由国务院另行规定。"在《著作权法》施行之前,文化部于1984年颁发的《图书、期刊版权保护试行条例》涉及对民间文学艺术整理者和素材提供者权利的保护,但不是保护民间文学艺术作品的著作权人。该条例第十条规定:"民间文学艺术和其他民间传统作品的整理本,版权归整

---

① 对于有形文物的保护还涉及《拍卖法》等。各地政府出台的文物保护办法如《天津市文物保护管理条例》《陕西省文物保护管理条例》《浙江省文物保护管理条例》等,参见 http://www.gg-art.com/。

② 基于《非物质文化遗产保护法》,各地政府也制定了相应的具体保护非物质文化遗产的办法,如《上海市非物质文化遗产保护条例》《浙江省非物质文化遗产保护条例》《河南省非物质文化遗产保护条例》《湖北省非物质文化遗产保护条例》等。

理者所有，他人仍可对同一作品进行整理并获得版权。民间文学艺术和其他民间传统作品发表时，整理者应注明主要素材提供者，并依素材提供者的贡献大小向其支付适当报酬。”《图书、期刊版权保护试行条例实施细则》第十条进一步规定了民间文学艺术和其他民间传统作品发表时，整理者应在前言或后记中说明主要素材提供者，并向其支付报酬，支付总额为整理者所得报酬的30%—40%。①我国版权局于2014年公布了《民间文学艺术作品著作权保护条例》(征求意见稿)，主要保护特定的民族、族群或者社群内不特定成员集体创作和世代传承，并体现其传统观念和文化价值的文学艺术的表达。包括但不限于以下类型：民间故事、传说、诗歌、歌谣、谚语等以言语或者文字形式表达的作品；民间歌曲、器乐等以音乐形式表达的作品；民间舞蹈、歌舞、戏曲、曲艺等以动作、姿势、表情等形式表达的作品；民间绘画、图案、雕塑、造型、建筑等以平面或者立体形式表达的作品。并明确授予特定民族(族群或社群)对民间文学艺术作品著作权，享有表明身份，禁止对民间文学艺术作品进行歪曲或者篡改，以复制、发行、表演、改编或者向公众传播等方式使用民间文学艺术作品等权利内容，并且保护期限不受限制。可以说，该征求意见稿是对民间文学艺术作品的特殊著作权保护。

对文化资源的收集整理方面。从20世纪50年代起，我国政府就开始组织力量，对传统文化进行挖掘和整理。截至2009年11月，我国首次非物质文化遗产全面普查工作基本结束，参与此次普查的有50万人次，走访民间艺人115万人次，投入经费8亿元，收集珍贵实物和资料29万件，普查文字记录量达20亿字，录音记录23万小时，拍摄图片477万张，汇编普查

① 该《图书、期刊版权保护试行条例》以及《图书、期刊版权保护试行条例实施细则》于2003年被废止。

资料 14 万册，非物质文化遗产资源总量近 87 万项。

此外不少地方也都建立了专门的民族博物馆或文化生态保护区。一些省、自治区、直辖市地方政府和社会各界也开展了很多工作，抢救、保护和传承当地民族民间文化，出现了很多形式和做法。例如云南的民族村、民族文化传习馆，贵州的民族文化生态博物馆等都是如此。2007 年开始，文化部还陆续批准设立了福建省闽南文化生态保护实验区等 10 个国家级文化生态保护试验区。①各级政府建立了机构队伍，加大了经费投入，截至 2011 年，中央政府已累计投入十多亿元专项保护资金。

通过比较不难发现，我国对民间文学艺术的法律保护与突尼斯的保护模式相比较为分散，也许突尼斯等国家的版权保护模式可以说为我们提供了一个良好的范本或模式，按照突尼斯等国家的做法，直接将民间文学艺术纳入现有的版权制度中予以保护，方便快捷、简洁明了，但在“一带一路”倡议背景下，版权保护似乎可以成为区域内传统文化保护的共同方式，似乎存在一定的困难：(1)民间文学艺术与传统版权制度在具体内容上(包括客体、权利主体及保护期限等问题)难以调和；(2)采用版权保护民间文学艺术的做法并不是目前“一带一路”沿线 60 多个国家的通行方式，并且考虑到其中还有发达国家的参与，在“一带一路”倡议下达成对民间文学艺术的版权保护全面共识难度较大；(3)影响各国知识产权法律体系的相对稳定性。假如每出现一个新的保护对象就建立专门保护制度，势必使“一带一路”沿线发展中国家本身就并不完善的知识产权制度体系越来越繁杂；(4)由于“一带一路”沿线国家分布广泛，传统文化地区差异较大，加之人们

① 其余分别是：安徽省和江西省的徽州文化生态保护试验区、青海省的热贡文化生态保护试验区、四川省和陕西省的羌族文化生态保护试验区、广东省的客家文化(梅州)生态保护试验区、湖南省的武夷山区(土家族)苗族文化生态保护试验区、浙江省的海洋渔文化(象山)生态保护试验区、山西省的晋中文化生态保护试验区、山东潍水文化生态保护试验区、云南省的迪庆文化生态保护试验区。

对法律的不熟悉，立法和执法成本较高，很难在“一带一路”沿线国家中坚持贯彻下去。因此，笔者认为在“一带一路”倡议下民间文学艺术的特殊版权保护是可行之道，即在“一带一路”倡议下，构建一种类似于版权制度的特殊版权制度，在具体保护对象、权利主体，及保护期限上区别于版权制度，但同时灵活运用版权制度中限制复制行为为核心的财产权利制度设计、精神权利和财产权利的整合、以利益平衡为核心的合理使用和法定许可制度及权利救济措施等内容。

二、“一带一路”倡议下民间文艺特殊版权保护的理论分析

在“一带一路”倡议背景下，针对民间文学艺术采用特殊的版权保护模式，其特殊之处在于区别于传统版权制度中的客体、权利主体及保护期限等内容，但同时又吸取和运用传统版权制度中限制复制行为为核心的财产权利制度设计、精神权利和财产权利的整合、以利益平衡为核心的合理使用和法定许可制度及权利救济措施等内容。通过“一带一路”的契机，与广大沿线国家共同达成对民间文学艺术的特殊版权保护共识，成立相应的保护和管理组织，这样既有的版权保护模式国家不会反对，也让其他国家得以借此机会保护本国的民间文学艺术。由于民间文学艺术特殊版权保护机制与传统的版权制度在保护宗旨、客体等方面的不同，二者相辅相成、互相补充，可以并行，并不会引起冲突。

(一) 符合版权保护条件

世界各国版权法对客体的规定不尽相同，但对于受版权保护的作品的条件要求是一致的，版权保护的作品必须具备三个条件：(1)具有独创性；(2)能以某种物质形式复制；(3)属于文学、艺术和科学技术作品。在“一带一路”倡议背景下，构建民间文学艺术作品的特殊版权保护机制，必然要考

虑“一带一路”沿线各国的历史、政治、经济、文化、科技、宗教、传统道德观念等具体国情以及知识产权立法目标，可以变通地在“可版权作品”的概念的基础上附加一定的肯定或否定条件，使“民间文学艺术作品”成为特殊版权机制下的“可版权作品”，即如果相应的民间文学艺术满足了所设定的约束性条件，便被称作特殊版权保护下的“版权作品”(copyrighted work)。民间文学艺术作品完全可以具备以上三个条件。

1. 民间文学艺术作品的作者

民间文学艺术作品是有关群体创造性思维活动的结果，不是没有作者，只是不是一部分人所理解的传统版权法意义上的作者而已。坚持传统版权法意义上的作者必须是个体的自然人，把有关群体排除在作者范畴之外是形而上学的观点。将民间文学艺术作品理解为群体的集体创作，那么，口头流传的民间故事、民间传说等即是版权法上的口头作品；民歌、民乐、民间舞蹈、民间游戏等即是音乐、戏剧、曲艺、舞蹈、杂技艺术作品；民间装饰、民间绘画、民间建筑等即为美术作品。①所以，在保护民间文学艺术作品的版权法中，不是不可以引入集体版权(或群体版权)的概念，认定有关的群体就是民间文学艺术作品的作者。这个概念有别于传统版权法上经过两个以上的人合作，其成果无法区别而形成的共同作者对版权的共有关系。

2. 民间文学艺术作品的独创性

各国版权立法的价值取向是多元化的，各国版权法对独创性的理解也

① 美国的拉尔夫·欧曼认为现代著作权为共同作品、集体作品和复合作品中的各个人的成果提供了有效的法律保护，这些概念是讨论民间文学艺术作品保护的有益基础。他认为当代著作权正朝着集体著作权的方向发展，专有权原则开始变得灵活。[尼日利亚]富拉林·席隆：《非洲国家民间文学艺术的保存、维护的法律保护概况》，高凌瀚译，《版权公报》(中文版)1998年第4期。卡迈尔·普里也认为，“为了在版权的名义下保护民间文学艺术作品，确定作者并非难事”。[澳]卡迈尔·普里：《民间文学艺术表现形式的保存与维护》，高凌瀚译，《版权公报》(中文版)1998年第4期。

是多样的，在同一国家，对不同作品适用不同的独创性标准。德国在版权理论及实务中依客体的不同采取不同的独创性要求，对于一般的文学、科学作品，要求较高的“创作高度”，称之为“特别个性”；对于电脑程式、商品说明书、表格、目录等则依“小铜币”理论，或称“单纯的个性”，只要求适度的创作水准，即单纯但刚好仍然具有保护能力之创作。①美国版权法关于作品的独创性有两种观点：其一，认为独创性是指作品由作者独立完成而不是抄袭的，不要求作品存在什么创作高度。其二，认为独创性包括“独立”和“创作”两层含义。法院在判决中指出，独创性是指作品由作者独立创作，具有最低程度的创造性。创造性的量是相当低的，即使微小的量就可以满足。绝大多数的作品能够很容易地达到这个程度，因为它们闪烁着某种创造性的火花，而不在于它们是多么不成熟、层次低。②不论是德国的“小铜币”理论，还是美国的认定标准，显然，民间文学艺术很容易满足这些条件。然而，法律是实现人的价值需要的工具，法律的合理性应在于其合乎人的价值需要性。“一带一路”沿线的广大发展中国家完全可以根据自身的共同需要，规定作品独创性理论：民间文学艺术作品具有独创性。

首先，民间文学艺术之群体独创性具有鲜明的特点和高度的个性化。不同的创作群体在其独特的历史传统、民俗风情、地理环境、社会心理、审美视角和表现手段等因素影响下创作的结果。例如，我国汉族的民间舞蹈有“扭”的动律，“线”的流动，“圆”的呈现；南方少数民族则踏足为节，婀娜柔韧，弯膝懈胯；北方少数民族或鹤步柳手，或呈森林骑射之姿，或扬草原放牧之情，或抒绿洲之趣。就是相同主题的民间文学艺术，由于为不同的民族所创作，具有鲜明的民族性和地域性。其次，传承人的独创性。作品

①② 李伟文：《论著作权客体之独创性》，《法学评论》2000年第1期。

的独创性是相对的，任何智力活动都是以前人的成果为基础，不存在绝对意义上的“独立”创作。民间文学艺术作品的特点之一，是通过代代传承人口传心授，缓慢地发展流传。纵向看，传承人不是对已经存在的民间文学艺术的简单再现，而是在已有的基础上进行了独立的创作。相对于前人，传承人在传承中必有一定独创性的发展。①横向看，传承人在各自独特的历史时空、地理人文环境中经历了不同生活的磨砺，天资禀赋、性格爱好、艺术风格和表达习惯各有特色，在创作中融入其个性化的见解构思、思想情感和审美意识。“以各种艺术形式表现同一故事时不可避免地要出现不同的版本，这些变化经常反映了每个艺术家的个性，从而给予作品以版权意义上的‘原创性’。”②

甚至可以说，民间文学艺术作品的独创性远远超过软件作品、数据库和多媒体作品。发达国家推动了对后者的版权保护，发展中国家亦可推动对独创性甚于后者的民间文学艺术作品的版权保护。独创性概念包含着普遍性和特殊性、确定性与灵活性的对立统一。对于民间文学艺术作品这一特殊性质的作品，完全可以根据作品的类型、具体的国情和立法价值取向灵活地理解独创性。

3. 民间文学艺术作品的固定与复制

民间文学艺术作品多数以口头等非物质的形态存在于民间，历经岁月沧桑，存在于集体记忆和个人记忆之中。这种存在形式是有关群体的传统和习惯，是民间文学艺术独特生命力所在。民间文学艺术作品只是未固定

---

① 如评书艺术家陈士和通过创造性的细部描写，丰富了《画皮》的内容、情节和人物形象，使原作从只有“太原王生，早行”六字，经其评书演变为两千来字，描述了王生的家世、性格、家庭关系及“早行”的原因。东北二人转小戏艺人往往能变能伸，通过摘挂、加词、搬家词儿、扔词、编加故事、添加小曲、大扒皮等手段即兴表演。钟敬文主编：《民间文学概论》，上海文艺出版社1980年版，第238页。

② [澳]卡迈尔·普里：《民间文学艺术表现形式的保存与维护》，高凌瀚译，《版权公报》(中文版)1998年第4期。

的作品，但并不是不能固定。在科技高度发达的今天，利用文字、录音、录像等物质形式对民间文学艺术进行复制、出版、发表、播放、展览、改编等已不存在任何技术上的障碍。

（二）特殊版权模式顺应版权制度的扩张趋势

“法律不可能静止不变，必须同不断发展的科技和国民经济需要相一致，因此知识产权的不断完善和现代化是非常必要的。”[①]回顾历史可以看到，在知识产权法律制度的发展过程中，其保护范围不断地扩展，在传统的著作权、专利权与商标权之外，因应现代科学技术的飞速发展与商品经济的高度发达，其已增加了商业秘密权、集成电路布图设计权、地理标志权、域名权、反不正当竞争权、商号权等新的知识产权权利形态。随着新的知识形态的产生，各项传统知识产权的保护对象也在逐步地增加。世界知识产权组织有关传统知识与知识产权的一份报告（1998—1999 年）指出，实际上 1967 年《成立世界知识产权组织公约》给知识产权下的定义就已经明确了“知识产权”是一个很宽泛的概念，知识产权的保护范围并不限于现有的知识产权类型，而是如定义中所指出的“源于工业、科学、文学或艺术领域的智力创造”。[②]可见，知识产权法律制度的发展历程是处于动态之中的，那么，基于文化多样性的需要以及促进民间文学艺术的保存与发展，在知识产权法律体系中增加民间文学艺术的保护也是无可非议的。何况从《1982 年示范条款》开始，人们已经有充分的时间来认识、思考民间文学艺术的特别权利保护这一问题，在国际与国内法领域建立民间文学艺术的特别权利保护体系的理论与时机已相对成熟。

---

① Shahid Alikhan and Raghunath Mashelkar, Intellectual Property and Competitive Strategies in the 21st Century, Kluwer Law International, 2004, pp.37—38.

② See Intellectual Property Need and Expectations of Traditional Knowledge Holders, WIPO Report on Fact-Finding Missions on Intellectual Property and Traditional Knowledge (1998—1999), http://www.wipo.int/Freepublications/zh/tk/920/wipo-pub-920.pdf.

民间文学艺术本身的复杂性决定了对它的保护需要依赖综合的手段，既需要法律的调整，也需要政策扶持。建立民间文学艺术的专门保护制度将消除我们用现有知识产权法保护民间文学艺术时所遇到的大部分异议，这样就可以把民间文学艺术问题从著作权的枷锁中解放出来，也可以更加自由地以独立的方式处理民间文学艺术问题。因此，在"一带一路"倡议下建立类似于版权制度的特殊版权制度保护体系具有理论和实践上的优越性，同时也顺应了版权制度的扩张趋势。

首先，客体的扩张方面，早期版权法拘泥于书籍、地图等狭小保护领域。英国自1709年制定并于1710年施行世界上第一部版权法——《安娜女王法令》之后，1833年才有了保护戏剧作品（包括舞蹈或哑剧作品）的《戏剧版权法》。美国于1790年制定的版权法依然沿袭英国法关于只保护文学作品的思路，之后才在版权作品序列中增加了音乐作品、戏剧作品和摄影作品，延伸了"印刷作品"。自20世纪后，计算机技术得到很大发展，特别是计算机软件一类，由于其开发成本高，但制造成本却相对很低，在技术和成本方面又极其容易被模仿。因此，为了促进这种伴随有巨大风险的软件领域的投资研究开发，又要确保能回收一定的成本，赋予一种法律的保护当然是必不可少的。美国当初也试图通过商业秘密（Trade Secret）法对软件程序进行保护，这在美国国内实现实质性保护的可能性比较高，但从国际性保护的角度出发显得不太可能（因为商业秘密保护方法在国际上未能形成统一）。也曾考虑用特别立法来保护软件程序，但是后来认识到若用特别立法，当软件程序向外国出口时，该国不存在特别立法或者即使存在特别立法而没有加入有国民待遇的相互保护条约的话，就得不到保护而形成不利。认为或许用外国已经存在的版权制度来保护更为有利。考虑到软件是一种功能性智力成果，通过版权法保护软件只能起到间接保护的作用，而且这与版权只保护表达不保护思想的版权原理相冲突，同时软件的正常修改也与版权法中禁止未经作者许可歪曲篡改原作品的权利内容冲突，因而软件的版权保护在早期也受到很大的非议。最终，美国国会于1980年根据“美国版权作品新技术应用全国委员会”的报告，于1980年12月通过了“96-517号公法”，修订了1976年《著作权法》，在第一百零一条至第一百一十七条中，正式增加了对计算机软件程序进行保护的规定，将计算机软件纳入版权法中。①

在日本，文化厅与当时的通产省（现经济产业省）之间，就程序是由著作权法还是由新规定特别立法（程序权法）来保护的问题，曾发生了尖锐的对立。通产省重工业局的软件法律保护调查委员会就曾提出报告，建议用单行立法形式保护软件，1983年12月通产省又提出了以“程序权”为核心的“程序权方案”保护软件。在缺乏产业政策灵活性的著作权法里摄入计算机程序进行保护的问题上，曾出现了在“体系上具有困难而且有产生独占弊害的危险”的论争。②最终，日本在出现了计算机程序适用版权法的判例之后，③模仿美国进行立法修改，将计算机软件列为著作权法中的保护客体之一。

其次，权利内容的扩张方面。早期的著作权保护作者独占一定期限的

① ［美］罗伯特·P.墨杰斯等:《新技术时代的知识产权法》，齐筠等译，中国政法大学出版社2003年版，第275页。

② ［日］作花文雄:《计算机程序——保护体系的摸索和著作权制度上的课题》，《知财管理》（日）2001年。

③ 东京地方裁判所昭和57年（1982年）12月6日作出了电脑程序由著作权法保护的判决:东京地裁昭和57年12月6日判决，《无体财产权关系·民事·行政裁判例集》14卷3号第796页;《判例时报》1060号第18页。这给以后又出现的几个有关认定是著作权法上的著作物的判例（如横滨地裁昭和58年（1983年）3月30日判决，《判例时报》1081号第125页;大阪地裁判决昭和59年1月26日判决，《无体财产权关系·民事·行政裁判例集》16卷1号第26页;《判例时报》1106号第134页）作出了解释和例示。参见齐藤博·半田正夫:《著作权判例百选（第三版）》，日本东京:有斐阁出版社2001年版，第56—57页;三山裕三:《著作权法详说（第3版）》，日本东京:东京布井出版1998年版，第6页;吴汉东等:《知识产权基本问题研究》，中国人民大学出版社2005年版，第28页。转引自曹陇华、朱晓力、陶涛:《著作权保护客体的扩张与界限》，《科学经济社会》2008年第4期。

作品印制、翻印和出版的权利，性质上属于印刷版权。“由于著作权是一种复写的权利，因此一旦新的复写手段被开发出来，其权利的内容也将随之发生变化。”①就著作权的具体权利内容来说，从最初关于书籍、地图等作品的印制权和重印权（即复制权）拓展到包含有丰富财产权和人身权内容的现代技术条件下利用作品的综合性权利体系，并且“从财产权的角度来说，著作财产权的不可穷尽性已经成为法学界的共识”。②正如郑成思教授所指出的，著作权是一个历史的概念。随着新技术的发展，产生了新的著作权权能，如音像复制权、播放权、制片权、邻接权；随着商品经济的发展，增加的著作权有改编权、发行权、追续权、连载权等；随着国际交往，扩大了著作权的范围，主要有翻译权和最终使用权。③随着著作权国际化的产生和发展，著作权国际公约对著作权的保护也同样存在扩张的特点。1996 年世界知识产权组织同时通过《世界知识产权组织著作权条约》（WCT）和《世界知识产权组织表演与录音制品条约》（WPPT）明确了网络时代的传输权问题，所倡导的网络环境中版权和邻接权的特别保护规则得到多数国家的立法肯定和确认；《伯尔尼公约》1948 年文本和 1928 年文本相比，在必须保护的经济权利中增加了“公开表演权”，而 1928 年文本只是作为可选择保护的权利；1971 年文本和前面的文本相比，明确了电影作品本身享有的著作权，并且明确了朗诵权是经济权利的重要内容。④可以说，版权法再次以顽强的生命力和适应力完成了在崭新网络环境里的扩张——包括权利的扩张和保护对象的扩张。

著作权的扩张以势不可挡的趋势向前推进。从实践效果上讲，版权的

① ［日］富田彻男：《市场竞争中的知识产权》，廖正衡等译，商务印书馆 2000 年版，第 40 页。
② ［德］M.雷炳德：《著作权法》，张恩民译，法律出版社 2005 年版，第 13 页。
③ 郑成思：《著作权的概念与沿革》，载《中华人民共和国著作权法讲习》，中国国际广播出版社 1991 年版，第 68—87 页。
④ 冯晓青：《著作权扩张及其缘由透视》，《政法论坛》2006 年第 24 卷第 6 期。

扩张并没有阻碍到文化和技术的发展,反而让社会公众获得了越来越多的信息,以至于人们惊呼来到了“信息爆炸”时代。信息消费者在反感版权法对信息垄断和权利扩张的同时,事实上却也在悠然自得地享受令人眼花缭乱的日渐增多的信息产品。这一事实也极大地削弱了以保护公共利益为借口而反对版权扩张甚至反对知识产权本身观点的正当性。“知识产权法似乎总是处于扩张变化之中。”[①]版权法和其他知识产权法具有的与时俱进的品质,使版权法成为一个开放并充满张力的体系,能够根据不同阶段时代发展的需要,将各种文学、艺术和科学领域智力成果的表达纳入版权保护对象。民间文学艺术从本质上讲也是一种文学艺术表达,虽与普通作品有所不同,但适当创新现有版权制度后,完全可以满足民间文学艺术保护的特殊需求,正如适当改革版权制度也对特殊作品计算机软件进行了较好保护一样。

(三) 特殊版权模式符合“一带一路”倡议公平正义理念

“一带一路”倡议“和平合作、开放包容、互学互鉴、互利共赢”的丝路精神之所以能得到沿线国家广泛赞同,离不开其所蕴含的公平正义理念。而构建“一带一路”倡议下民间文学艺术的特殊版权保护机制也契合着公平正义的理念。

“一带一路”沿线国家由于国外文化的冲击和国内人口的大量迁徙,大量的传统文化资源遭到破坏甚至灭绝,我们不能等到损失已无法弥补时才感到痛心和后悔。更何况,现代人以传统的民间文学艺术表达为素材和源泉所创作的作品,尚且受到了国家法律的明文保护,并因此获得了高额的经济回报,而那些创造、传承、发扬了民间文学艺术的弱势民众、民族的创造性劳动却得不到保护。从公平正义的角度来讲,应该对民间文学艺术提

---

① Lionel Bently BcBrad Sherman, Intellectual Property Law, Oxford University Press 2001, PREFACE.

供法律的、有力的、积极的保护。

近代知识产权体系是随着近代人权理论扩张、主体权利意识觉醒和工业化革命的创新推动而建立的。知识产权制度设计的宗旨在于激励创新，通过赋予权利人一定时期的专有权利让权利人获得与其投入的智力劳动相匹配的利益，以达到激励创新的目的。但是就传统的知识产权制度，尤其是版权制度来看，由于民间文学艺术具有较为显著的群体性、口头性、传承性和变异性的特点，导致用现行版权制度保护民间文学艺术时产生了权利主体不确定、权利保护客体不确定、保护时间受期限限制等矛盾，与版权法相冲突。有学者指出，当代知识产权哲学与民间文学艺术相冲突是十分明显的，具体包括：功利论与民间文学艺术集体性的冲突；劳动论与民间文学艺术共创性的矛盾；洛克先决条件与民间文学艺术属于公有领域的解读；人格论与民间文学艺术的群体人格的矛盾；社会规划论与民间文学艺术著作权保护的信息封建主义的冲突。①这些质疑虽符合现状与逻辑，但并不能得出对民间文学艺术只能适用公法保护的结论。理论作用于实践需要时间的考验，从知识产权的发展态势来看，通过知识产权法，尤其是版权法体系保护民间文学艺术是具有正义性的。②

首先，正义是人类社会普遍追求的崇高的价值理念，同时也是衡量法律善恶最基本的标准。③其次，在知识产权制度发展的近数百年中，其一直

① 参见周婧：《质疑民间文学艺术著作权保护的合理性》，《知识产权》2010 年第 1 期。

② 详见周安平、龙冠中：《公法与私法间的抉择——论我国民间文学艺术的知识产权保护》，《知识产权》2012 年第 2 期。

③ 柏拉图认为，法是正义和公正的体现。亚里士多德最先对正义理论进行分析，提出了著名的“分配正义”和“平均正义”的正义两分法。古罗马法学家西塞罗认为，正义体现在使每个人承认那是他应该得到的东西。美国法学家庞德认为，正义意味着一种体制，意味着对关系的调整和对每个人行为的安排，在这种体制下每个人都能生活得更美好。于是正义便是满足人类享有某些东西或实现各种主张的手段。美国当代政治哲学家罗尔斯在《正义论》一书中又提出了“社会正义论”思想。他认为，“正义是社会制度的首要价值，正像真理是思想体系的首要价值一样。一种理论，不管它有多么精致和简洁，只要它不真实，就必须加以拒绝和修正；同样，某种法律或制度，不管它们如何有效益和有条理，只要它们不正义，就必须加以改造或废除”。

在社会公众与知识产权权利人中间充当调和剂，最大限度地维护知识产权权利人的利益和社会公共利益。这两种利益是一种动态的平衡。仅从版权领域看，权利保护期、法定许可、合理使用制度就扮演着抑制权利人的权利界限、维护社会公众合法使用作品的角色。当然从现今众多的民间文学艺术被无偿使用的情形看，最重要的还是要在民间文学艺术利用过程中找到利益平衡点并合理分配基于各种利用方式产生的收益，防止对民间文学艺术的歪曲和滥用。基于此，正是由于私权领域内的法律缺位导致利益关系分配不公，才出现了目前民间文学艺术保护的困境。私法如若不对这些利益关系加以关注是极为不正义的。民间文学艺术由于承载了传统文化在流传过程中多姿多彩的信息，在现代市场经济浪潮中具备巨大的商业价值。许多民间文学艺术项目稍加开发便可创造出巨大的利润。①

从反面角度讲，如果不对民间文学艺术加以保护，那么其就可能在不久的将来失传。一方面，对于这些民间文学艺术所代表的族群来说，失去的是民间文学艺术产生伊始便具有的精神利益和这些民间文学艺术被商业开发利用后所带来的经济利益；另一方面，对于社会公众来说，这些民间文学艺术的消失则会让后代人永远丧失欣赏多彩的民族文化的机会。因此只有将民间文学艺术所涵盖之地族群的这种私权利益进行合理的保护，才能为民间文学艺术的传承和发展提供动力，社会公众也才能够进一步获得分享众多民间文学艺术的机会。就传统的知识产权制度，尤其是版权制

① 以我国民间著名的剪纸艺术为例。蔚县点彩剪纸已有两百多年的历史，是全国唯一一种以阴刻为主阳刻为辅的剪纸，一枝独秀，特色鲜明，内容涉及戏剧人物、神话传说、历史故事、戏剧脸谱、古装仕女、名胜古迹、翎毛花卉、鸟兽虫鱼、喜丧节俗、草木动物等 3 000 多个品种。蔚县有剪纸专业村 28 个，年产剪纸 500 多万套，产品畅销美、日、德、新等 70 多个国家和地区，年收入 2 亿多元。参见新闻报道：《首届中国剪纸艺术节在河北蔚县盛大开幕》，人民网：http://www.people.com.cn/GB/192235/197339/12316147.html。

度来看，由于民间文学艺术具有显著的群体性、口头性、传承性和变异性的特点，导致用现行著作权制度保护民间文学艺术时产生了权利主体不确定、权利保护客体不确定、保护时间受期限限制等矛盾，与现行著作权法相冲突。因此要适应社会生活的发展，法律的与时俱进便是十分必要的。要在已被广泛接受的知识产权框架内充分保护民间文学艺术，就必须重新塑造现代知识产权制度框架，打破已有的利益平衡关系。[①]重塑绝不是推翻现有制度而重来，对知识产权现有体系推翻重来的做法是万万不可取的。在知识产权法体系内，重塑的本质是根据现有的版权体系适度修正某些条文或创设新的权利形式以适应新形势的发展。

三、“一带一路”倡议下民间文艺特殊版权保护基本原则

“一带一路”倡议下构建民间文学艺术的特殊版权保护机制应当遵循至少以下原则：

1. 尊重和体现族群意愿原则

特定族群是民间文学艺术的实际保持者，同时也是相应权利的拥有者和行使者，对各自传统文化的法律需求也是最为深刻的，民间文学艺术的特殊版权保护当然应当从他们的意愿出发。

2. 有利于民间文学艺术的维持、传承和发展原则

这一原则也应当是民间文学艺术保护的宗旨。作为人类传统文化中历经千年仍散发无穷魅力的民间文学艺术，蕴藏着全人类的共同美好心愿对民间文学艺术的维持和保存是重中之重。同时，发展是文化的本质属性之一，民间文学艺术在漫长的历史中持续不断地创新，散发出新鲜的独特

① 张耕：《民间文学艺术的知识产权保护研究》，法律出版社 2007 年版，第 51 页。

魅力，只有在发展中民间文学艺术才能得到更好的维持和传承。因此，民间文学艺术的维持、传承和发展才是特殊版权制度的核心。

3. 保障族群正当利益原则

在保护民间文学艺术的过程中，族群的正当利益是保护的核心。特定族群应当是特殊版权制度中的正当权利人，相应的国家机构代为行使相关权利，不论是基于信托还是代理人制度，都应切实维护权利人的利益。其具体权利内容至少应当包括：(1)表明来源权，即在使用民间文学艺术的过程中，要求使用者表明该艺术表达的来源和创作社群；(2)保持完整权，即权利主体可以要求使用者在使用民间文学艺术时，应保持该艺术表达的完整性，不能随便删节或歪曲、篡改。且有证据证明他人在使用民间文学艺术时，损害了该艺术表达，或者对之进行歪曲、篡改的，无论这种使用是商业性使用还是非商业性使用，权利人都可以要求其停止侵害、赔偿损失；(3)许可使用权，可以自行对民间文学艺术予以利用，也有权许可他人商业性利用民间文学艺术，即排他或非排他性允许他人使用民间文学艺术的权利；(4)利益分享权，有权要求他人对民间文学艺术的商业或非商业性利用进行利益分享，即有权要求商业性使用者将因使用民间文学艺术作品所获得的收益与权利主体分享。族群正当利益的实现关系到民间文学艺术的切实保护，应是民间文学艺术保护法的原则之一。结合民间文学艺术的维持、传承和发展原则，建立民间文学艺术的特殊版权制度保护的目的应当是：为了促进民间文学艺术的保存和可持续发展，保证为创作并发展民间文学艺术表达的少数民族或其他民间文学艺术表达持有群体的利益获取与分享。

4. 利益平衡原则

利益平衡原则指的是授予保有民间文学艺术的族群的权利必须适当，

要保持与其他社会公众利益的平衡。保持利益平衡是任何法律制度的使命之一,民间文学艺术保护法也不例外。民间文学艺术是全社会的共同财富,它体现的是全人类共同的智慧。因此,任何人均不能成为民间文学艺术的独占者。世界上大多数国家将民间文学艺术看成是本国的民族文化遗产,允许在不歪曲篡改的前提下自由使用。①在特殊版权制度设计中对民间文学艺术的权利内容和权利行使原则应当作出一些特殊规定,以保障社会公众对民间文学艺术的正当利用,避免形成某一族群对民间文学艺术作品的垄断。

基于上述基本原则,具体来说,这种反映一系列民间文学艺术的特殊客体保护需求的制度构成,应当在以下内容作出规定:第一,目的。根据上述第三、第四点原则内容,可以规定:为了促进民间文学艺术的保存和可持续发展,保证为创作并发展民间文学艺术的少数民族或其他民间文学艺术持有群体的利益获取与分享;第二,对民间文学艺术的概念进行界定,明确保护范围。这一范围既不能像 1977 年《班吉协定》中规定的那样宽泛,进而可能使某些属于公有领域的作品划入专有领域,也不应仅限于语言形式的民间文学艺术而使其范围过于狭窄,把专有领域的作品划入公有领域,使大量民间文学艺术游离于法律保护之外。可以采取世界知识产权组织与联合国教科文组织制定的《1982 年示范条款》的规定:民间文学艺术是指由具有传统艺术遗产特征的要素构成,并由某一国家的一个群落或者某些个人创制并维系,反映该群落之传统艺术取向的产品,主要包括:言语表达、音乐表达、动作表达和有形表达(以及各种表达所包括的种类);第三,对符合知识产权法保护的民间文学艺术表达应该如何保护作出规定。笔者认为,

① 参见沈仁干、钟颖科:《著作权法概述》(修订本),商务出版社 2003 年版,第 66 页。

如果民间文学艺术作品是由特定作者运用民间文学艺术表达的方式独立创作完成的作品，只要符合著作权法的要求，那么，这类作品与著作权法上的其他作品就没什么区别，创作者可以主张著作权法上的权利。并不需要像突尼斯1889年《文学艺术版权法》那样将受民间文学艺术启发而创作的作品也纳入保护文学艺术的法律中。具体可以这样规定：采用民间文学艺术创作的民间文学艺术作品，如果符合著作权法保护的条件，适用著作权法相关规定。对民间文学艺术表达的使用符合专利法或商标法的保护条件的，同时权利人也申请了专利或商标的，适用专利法或商标法的有关规定；第四，权利主体。民间文学艺术作为其来源地民族的文化象征和特有的表达方式，是其来源地民族在长期的共同劳动和生活中创造的，并在世代相传的过程中得到不断的修改、加工、完善。作为民间文学艺术的创造者，创造并发展了民间文学艺术表达的来源地群体理应成为其著作权的主体。这不仅符合前面所说的归属原则，而且对于特定族群来说，也是一种最起码的尊重；第五，权利内容。民间文学艺术表达的权利主体应当享有一定的财产权利和精神权利，包括：许可使用权、利益分享权、表明来源的权利和保持完整权等；第六，权利人自己利用或许可他人使用民间文学艺术表达所得的收益，应该主要用于民间文学艺术表达的保存和发展，以及改善权利人整体的生产和生活条件；第七，权利的保护期限，正如上文所说民间文学艺术应不设保护期限，在其存续的始终都应予以保护；第八，侵权责任。未经权利人许可而商业性使用民间文学艺术表达的，除了要按照所得收益的数目进行利益分成之外，还应对权利人进行赔偿。对民间文学艺术作品造成损害的，应停止侵害，赔偿损失。对于不履行合同义务的，按照合同法的有关规定承担民事责任；第九，“一带一路”倡议下各国应当鼓励权利人成立由民间文学艺术表达权利主体代表和有关的专家组成的“民间文学艺术保护委员会”，对外代表权利人行使包括诉讼权在内的相关权利，其具体的人员构成及相关的章程和活动，应在法律中详细规定或由国家另行制定示范性规定。

“一带一路”倡议下民间文学艺术的区域共同保护，并不仅仅是某一个国内法问题，只有在国际层面上引起普遍重视，对民间文学艺术表达的保护，才更为有力，这就需要沿线国家共同作出努力。作为一个发展中大国，我国应该利用自己在“一带一路”建设中的影响力，与其他发展中国家一道，展开双边或多边的合作努力，与“一带一路”沿线国家早日达成一项保护民间文学艺术表达的国际法条或公约。

第二节 “一带一路”倡议下传统文化图像符号的商标保护

传统文化具有丰富多彩的表现形式，有许多形象和名称（如文字、绘画、立体雕塑和建筑等反映族群文化与历史的图像符号）在本族群中具有广泛的影响力和亲和力，可以说，涉及传统文化的形象和名称已然成为特定族群的文化符号，这些文化符号一旦用在商业活动中，能给商家带来巨大经济效益。本节主要探讨传统文化的商标和地理标志保护，即传统文化图像符号的商标和地理标志保护，具体包括如文字、绘画、立体雕塑和建筑等反映族群文化与历史的标记、名称和符号。

一、“一带一路”倡议下传统文化图像符号的商标保护模式

文化符号作为记号、载体，它所表达或代替的对象并不是传统上所理解的客观有形物，所表达和传达的是某种不同于自身的他物，是人们对这些对象进行认识后所形成的观念。关于符号的理论有许多，语言学家索绪

尔在《普通语言学教程》中将“符号”界定为能指和所指。[①]皮埃尔·吉罗认为:“符号一直是某种意愿的标志,它传播一种意义。”[②]恩斯特·卡西尔认为:“所有在某种形式上或在其他方面能为知觉所揭示出意义的一切现象都是符号,尤其当知觉作为对某种事物的描绘或作为意义的体现,并对意义作出揭示之时,更是如此。”[③]英国学者特伦斯·霍克斯认为:“任何事物只要它独立存在,并和另一事物有联系,而且可以被‘解释’,那么它的功能就是符号。”[④]总之,符号的功能是携带和传达意义。文化是人类传达和交流信息的体系,所以人类文化就是各种信息传达体系,人类行为的意义就在于它使各种传达得以实现。[⑤]传统文化中的“符号”(即形象和名称)是文化传承的最基本运载工具和手段,人类正是通过创造各种“符号”来表达对客观世界的认知。传统的社会文化体系也正是由社会的象征性的符号组成,本书第一章中将传统文化按符号的不同分为了声音符号、图像符号、动作符号和其他象征性符号,本章主要探讨图像符号(包括文字、绘画、立体雕塑和建筑等反映族群文化与历史的图像文化)的商标保护。

实践中,明确利用商标制度保护传统文化中的文字、绘画、立体雕塑和建筑等反映族群文化与历史的图像文化的国家并不多,大多集中于发达国家。如 2002 年 11 月 22 日,新西兰立法院通过了新的商标法,其中包含了保护新西兰原住民毛利人等来源群落民间文化表达的条款。该法第十七条“不予注册商标的绝对理由:总则”第(1)(b)(ii)款规定:如果商标专员认

---

① 郭庆光:《传播学教程·第二版》,中国人民大学出版社 2011 年版,第 35 页。
② [法]皮埃尔·吉罗:《符号学概论》,怀宇译,四川人民出版社 1988 年版,第 24 页。
③ [德]恩斯特·卡西尔:《符号形式的哲学》第 1 卷,耶鲁大学出版社 1955 年版,第 109 页。
④ [英]特伦斯·霍克斯:《结构主义与符号学》,瞿铁鹏译,上海译文出版社 1987 年版,第 132 页。
⑤ Edmund Leach, Culture and Communication—An Introduction to the use of structuralist anlysis in socal anthropology, Cambring University Press , 1976. 中文译本《文化与交流》,卢德平译,华夏出版社 1991 年版。

为商标的使用或注册可能侵犯群落，包括毛利的重要部分，则不得对该商标的整体或部分进行注册。①结合该法关于不予注册理由的具体规定及异议和撤销程序，如果包括毛利人在内的原住民群落的文字、图形等被未经相关群落授权的个人或实体注册为商标，则相关群落可以对注册申请提出异议或发起撤销注册商标的程序。1995年《澳大利亚商标法》第一百六十一条至一百八十三条专门规定了集体商标和证明商标的保护内容。②在原住民工艺管理和开发的协会（原住民工艺管理协会）的努力下，建立起了一个通过能够使消费者识别真正的原住民产品的证明商标登记制度。这种商标能够识别商品的来源，解决了识别原住民产品出处的问题。一方面，通过商标法制度赋予原住民居民对自己传统文化的自主控制权利，由此使得他们获得在艺术和工业品市场中相应的经济利益；另一方面，使消费者在购买过程中能真正识别原住民产品。而使用商标来保护当地的传统文化的好处是，登记和使用该商标并不需要任何立法上的变动。然而，商标法所提供的保护毕竟是有限的：这种制度的目的是为了证明和保证由原住民居民和托雷斯海峡岛居民制作的产品的质量，其保护作用只能在该标识被欺诈使用时才产生，而作为一个具有巨大市场潜在积极价值的传统文化产品，③能够使用证明商标的原住民商品和服务多种多样，“可以包括如纺织品、飞镖、网状物、随身物品、种子以及贝壳项链、音乐唱片、手杖和雕刻品等产品。服务可以包括如戏剧、舞蹈表演、音乐会、教育和旅游等在内的活动”。④只能

① Art. 17, Trade Marks Act 2002, http://www.Piperpat.co.nz/tmlaw/s017.html.

② 参阅国家工商行政管理局商标局：《中华人民共和国商标法律法规最新汇编》，工商出版社1999年版，第734—741页。转引自张耕，《民间文学艺术的知识产权保护研究》，西南政法大学博士学位论文2007年。

③ See Ages Lucas-Schloetter, Folklore, Edited by S.von Lewinski, Indigenous Heritage and Intellectual Property: Genetic Resources, Traditonal Knowledge and Folklore, Kluwer Law International, 2004, pp.308—309.

④ Wiseman, The Protection of Indigenous Art Culture in Australia: The Labels Authenticity, EIPR 15. 2001.

说，澳大利亚通过注册证明商标制度成功地保护了一部分的民间文学艺术产品。如传统的原住民居民和托雷斯海峡岛人制造的乐器迪吉里杜管(didgeridoo)，被非原住民及托雷斯海峡岛居民之外的第三方制造并出口到外国，此时即可主张确认他们的证明商标或集体商标以限制该第三方的行为。除原住民社区注册了商标和证明商标外，澳大利亚政府还资助了国家原住民艺术倡导协会(NIAAA)从注册证明商标的计划，以证明号称原住民产品和艺术品的真实性。该计划极大地促进了提高公众保护原住民知识产权问题和关注的意识。其他许多传统社群也有寻求商标法的保护的经历，如加拿大的原住民居民注册了从艺术品到食品、服装、旅游服务等类别上的商标，所使用的商标标识为其传统的标记或名称；委内瑞拉的“Cocuy the Pecaya”龙舌兰型植物饮料；在越南，其传统的止痛植物药使用“Truong Son”商标。

目前，关于利用商标制度保护传统文化的具体方式存在不同观点：

第一种观点认为，应主要借鉴商标法制度中驰名商标的特殊保护制度。①例如我国《商标法》在第十三条和第四十五条对驰名商标的特殊保护作了规定，②传统文化和驰名商标一样，都具有悠长的发展历史，都能体现民族风格、优秀传统文化和民族特质，都能提升一个国家、一个民族在国际社会的知名度，都能给其合法权利人带来丰厚的经济收入。因此，随着“一带一路”建设的不断深入，各国在政治、经济、文化等诸多方面的交流不断

---

① 谢海燕：《论我国民间文学艺术表达法律保护模式的构建》，《贵州民族研究》2004 年第 3 期。

② 我国《商标法》第十三条：为相关公众所熟知的商标，持有人认为其权利受到侵害时，可以依照本法规定请求驰名商标保护。就相同或者类似商品申请注册的商标是复制、摹仿或者翻译他人未在中国注册的驰名商标，容易导致混淆的，不予注册并禁止使用。就不相同或者不相类似商品申请注册的商标是复制、摹仿或者翻译他人已经在中国注册的驰名商标，误导公众，致使该驰名商标注册人的利益可能受到损害的，不予注册并禁止使用。商标法第四十五条：已经注册的商标，违反本法第十三条第二款和第三款、第十五条、第十六条第一款、第三十条、第三十一条、第三十二条规定的，自商标注册之日起五年内，在先权利人或者利害关系人可以请求商标评审委员会宣告该注册商标无效。对恶意注册的，驰名商标所有人不受五年的时间限制。

加快，结合商标制度对驰名商标的特殊保护性规定，可以对传统文化进行保护。首先，当某一文化表达（如夜郎、侗族大歌等）被他人抢先进行商标注册时，相应的商标管理机关有权对该注册申请予以驳回，不予注册。其次，若抢先注册成功后，权利人可以在一定期限内（抢注人为善意时）或随时（抢注人为恶意时）向有关机关提出异议，请求撤销该注册。笔者认为，传统文化图像符号是否属于商标法意义上的驰名商标还值得商榷，所以利用驰名商标的特殊规定直接保护传统文化图像符号，还有待具体考察。

第二种观点认为，可以将民间文学艺术的相关标识、符号注册为证明商标或集体商标，①进而通过对商标的直接运用以及禁止他人使用。一方面，特定族群将来源于传统文化的各种符号直接注册为商标，标注在特定的产品或服务上，以取得正向的保护；另一方面，禁止他人对该商标的任意使用，以防止他人冒用传统文化的名义而形成“虚假暗示”。证明商标的主要作用是在于证明商品或服务达到了某种特定标准，证明商标注册人对使用人提供的商品或服务有检测、评定及监督控制的责任。因而证明商标在表明传统文化来源及特定品质的同时，还能保证传统文化在利用时不被歪曲、变形。集体商标具有封闭性，只能由集体商标注册人的所属成员加以使用。由于注册人通常要求其成员达到一定的条件并履行一定的手续才能使用集体商标，所以集体商标往往也具有一定的品质证明功能。这样也有利于保持传统文化的特性，并且可以起到鼓励企业参与、发展经济的作用。一般情况下，证明商标的商标权人不得在自己提供的商品上使用该证

① 根据我国《商标法》第三条规定，证明商标是指由对某种商品或者服务具有监督能力的组织所控制，而由该组织以外的单位或者个人使用于其商品或者服务，用以证明该商品或者服务的原产地、原料、制造方法、质量或者其他特定品质的标志。集体商标是指以团体、协会或者其他组织名义注册，供该组织成员在商事活动中使用，以表明使用者在该组织中的成员资格的标志。

明商标，主要对注册商标进行管理。①而集体商标也不得许可集体成员以外的人使用。

对传统文化中的图像符号申请证明商标或者集体商标，一方面可以有效地防止他人对传统文化的仿冒、侵害，保护传统文化来源地人民开发传统文化的经济权利，商标许可使用制度对来源群落与非来源群落而言，是一种双赢的机制；另一方面可以更好地协调传统文化来源地人民内部对该传统文化的利用关系，形成公平利用的观念，促进传统文化的发展。同时，商标的保护期限一般都可以通过续展而不断延长，以及商标权可以为集体所有这两方面，都十分贴合传统文化的特点。但有缺陷的地方是，一般情况下，传统社群寻求注册集体商标和证明商标，要求使用这些标记的商品必须是来源于拥有该商标权的社群，或者是按照该社群特有的方法或标准生产的。如为了保护少林寺的名称、名誉权，不得已去注册公司，取得注册商标的资格，但公司注册至今，完全没有进行市场交易或经营。同时，商标法用于保护商标，虽然对于传统知识中符合商标要求的可以申请商标注册获得商标法的保护，但仍有许多内容并不满足注册商标的要求，特别是某些具有宗教含义的标志禁止应用于经济活动，即使某些内容注册为商标，商标权的转让制度反而更不利于对传统文化的保护。进一步地讲，拥有丰富传统文化资源的传统社群也不可能将所有的传统文化图像符号申请注册为商标。并且，商标的申请和维持都需要一笔不菲的费用，而拥有传统文化资源最多的社群或民族或国家通常都是经济水平比

---

① 例如，我国《集体商标、证明商标注册和管理办法》第十一条规定：证明商标的使用管理规则应当包括：（一）使用证明商标的宗旨；（二）该证明商标证明的商品的特定品质；（三）使用该证明商标的条件；（四）使用该证明商标的手续；（五）使用该证明商标的权利、义务；（六）使用人违反该使用管理规则应当承担的责任；（七）注册人对使用该证明商标商品的检验监督制度。

较低下的，让它们为了保护民间文学艺术而付出如此多大费用，也是不现实的。

第三种观点认为，可以利用商标法中的在先权利保护和禁止歧视性使用来进行保护。主要包括三个方面：第一，带有民族歧视性的标志不得作为商标使用。例如我国在《商标审查标准》中指出：民族歧视性，是指商标的文字、图形或者其他构成要素带有对特定民族进行丑化、贬低或者其他不平等看待该民族的内容。民族歧视性的判定应综合考虑商标的构成及其指定使用商品、服务。商标的文字构成与民族名称相同或者近似，并丑化或者贬低特定民族的，判定为带有民族歧视性。商标带有种族歧视性的，判定为具有不良影响，适用《商标法》第十条第一款第（八）项的规定予以驳回；第二，申请注册的商标应当有显著特征，便于识别，一般并不得与他人在先取得的合法权利相冲突。申请商标注册不得损害他人现有的在先权利，也不得以不正当手段抢先注册他人已经使用并有一定影响的商标。关于在先权利的问题，我国《商标审理标准》这样回答：在先权利是指在系争商标申请注册日之前已经取得的，除商标权以外的其他权利，包括商号权、著作权、外观设计专利权、姓名权、肖像权等；第三，一般情况下，有害于社会主义道德风尚或者有其他不良影响的标志是不得作为商标使用的。例如我国《商标审查标准》中说明：社会主义道德风尚，是指我国人们共同生活及其行为的准则、规范以及在一定时期内社会上流行的良好风气和习惯；其他不良影响，是指商标的文字、图形或者其他构成要素对我国政治、经济、文化、宗教、民族等社会公共利益和公共秩序产生消极的、负面的影响。有害于社会主义道德风尚或者具有其他不良影响的判定应考虑社会背景、政治背景、历史背景、文化传统、民族风俗、宗教政策等因素，并应考虑商标的构成及其指定使用的商品和服务。[①]从逻辑理论和长远发展来看，利用商标制度中的在先权利保护和禁止歧视性使用是商业竞争领域内最恰当的保护传统文化及其表达的方式，因为无论是某一地区的具体差异文化的表达形式（歌舞、神话、美术等），还是以此闻名的某一族群的名称或某一文化的特定称谓本身，都毫无疑问属于该群体，也足以形成商标法所指的“在先权利”。

笔者认为，在“一带一路”建设中普遍存在的现有商标法制度，第一种利用驰名商标的保护办法在理论上有较大缺陷，并不可取。第二种观点，通过申请注册证明商标和集体商标以防止他人的不正当利用行为，因不能把所有的传统文化图像符号都注册为商标，且维持和管理商标的成本过大等因素，此种方式仅对那些被广大公众熟知的，在商业化过程中具有“显著性”的标识可用。第三种观点，利用现有商标制度中“在先权利”“民族歧视性标识”和“不良影响”的规定，这种“禁止性”的保护可以为传统文化图像符号的商业化利用进行反向的保护，能解决部分问题，也不能全面保护传统社群的经济和精神权利。所以，笔者认为应当在“一带一路”倡议下，确认、促进保护传统部族对其传统文化图像符号（如文字、绘画、立体雕塑和建筑等反映族群文化与历史的图像符号）在商标制度中的权利，而地理标志便是很好的选择。

---

① 具体包括：(1)有害于社会主义道德风尚的；(2)具有政治上不良影响的（与国家、地区或者政治性国际组织领导人姓名相同或近似的。有损国家主权、尊严和形象的。由具有政治意义的数字等构成的。与恐怖主义组织、邪教组织、黑社会名称或者其领导人物姓名相同或近似的）；(3)有害于种族尊严或者感情的；(4)有害于宗教信仰、宗教感情或者民间信仰的（宗教或者民间信仰的偶像名称、图形或者其组合宗教活动地点、场所的名称、图形或者其组合，宗教的教派、经书、用语、仪式、习俗以及宗教人士的称谓、形象）；(5)与我国各党派、政府机构、社会团体等单位或者组织的名称、标志相同或者近似的；(6)与我国党政机关的职务或者军队的行政职务和职衔的名称相同的；(7)与各国法定货币的图案、名称或者标记相同或者近似的；(8)容易误导公众的(……)；(9)商标由企业名称构成或者包含企业名称，该名称与申请人名义存在实质性差异，容易使公众发生商品或者服务来源误认的。具体内容参见：《2005 年商标审查及审理标准》，http://sbj.saic.gov.cn/tz/201007/t20100709_92906.html。

二、“一带一路”倡议下传统文化图像符号的地理标志保护模式

地理标志是指标示某商品来源于某地区，该商品的特定质量、信誉或者其他特征，主要由该地区的自然因素或者人文因素所决定的标志。从自然因素和人文因素的角度出发，可以看出地理标志与传统文化图像符号之间具有一定的契合性，那么，如何让地理标志制度在“一带一路”倡议背景下发挥保护传统文化作用是值得讨论的问题。

(一) 地理标志的界定

一般而言，我们认为商品的质量或特色与出产地区的自然条件、地理环境、技术优势、传统工艺常常有紧密的联系，如果商品的质量、信誉或其他特征主要由于气候、土质、水质、天然原材料等自然因素，或当地的技术条件、传统工艺等人文因素形成的，那么出产该商品的一定地域的地理名称或其他标志就构成了地理标志(geographical indication)。①

关于地理标志概念的界定，《与贸易有关的知识产权协定》第二十二条第一款作出了规定：“本协议的地理标志，系指下列标志：其标示出某商品来源于某成员地域内，或来源于该地域中的某地区或某地方，该商品的特定质量、信誉或其他特征，主要与该地理来源相关联。”②根据此规定，可以看出地理标志的定义至少包含三个方面的内容：(1)一个用来确定某一货物地理来源的标志。地理标志是用来确认某一来源于特殊地理区域的货

---

① 参见[澳]克里斯托弗·阿普勒：《世界贸易组织的新协定：服务贸易和知识产权协定在全球化中的作用》，广东外语外贸大学法学院译，上海人民出版社2004年版，第231页；孔祥俊：《WTO知识产权协定及其国内适用》，法律出版社2002年版，第521页。地理标志对应英文中的“geographical indication”一词，亦有学者译为“地理标识”或“地理标记”。笔者认为这只是翻译习惯的问题，此处不再深究。

② 原文是：Geographical indications are, for the purposes of this Agreement, indications which identify a good as originating in the territory of a Member, or a region or locality in that territory, where a given quality, reputation or other characteristic of the good is essentially attributable to its geographical origin. See Art. 22 of the TRIPS Agreement。参见郑成思译：《知识产权协议》，学习出版社1994年版，第14页。

物的标志，并且这一标志必须是一个国家、地区或者地方的实名，而不是虚假的、臆造的；[①](2)与某一国家、地区或者地点相关。地理标志适用的区域一般可以是行政区划，但是也不限于行政区划，尤其是对于酒类标志来说更是如此。一些国家还允许使用能够指示地理来源的非地名性的标志(也即所谓的“间接”地理标志或者传统名称)作为地理标志进行保护；[②](3)该货物的质量、信誉或者其他特征主要取决于该地区这一特殊联系。即并不要求在形成产品独特性方面与某一地区的自然与人文因素同时产生影响。但要求在决定于某一地理区域的联系时，应当是在质量、信誉或者其他特征起着决定作用。

目前，不同国家对地理标志的保护方式也是有差异的，主要包括三种模式：(1)专门法保护，是指通过专门立法的形式对地理标志进行全面保护的一种方式。以法国为代表，[③]法国早在 1919 年 5 月 6 日便颁布了《原产地标志保护法》，确立了原产地命名制度，明确规定了原产地名称的注册登记制度以及保护原产地名称的行政和司法程序。这种立法模式充分考虑到了原产地名称权作为一项特殊工业产权的特点，并赋予了产地范围内特定经营者对原产地名称的专属使用权和禁止权，保护力度较强。(2)商标法保护，是指把地理标志当作是一种特殊的商标，利用注册集体商标或证明商标对其加以保护的一种方式。包括美国、加拿大、英国、日本、意大利等 100 多个国家和地区将地理标志纳入商标法保护体系，它们大多规定地理标志可以作为一类证明商标获准注册，并取得保护，注册人可以依据商

① WIPO SCT/10/4, Geographical Indications, pp.5—9.

② 在酿酒行业中一般通用的习惯就是根据将某一产品区别于其他地区产品的同质性来进行划分，如某一地区、某一酿酒区、某一片酿酒区、某一葡萄栽种区、村庄等。这种地理标志的地理范围划定衡量标准主要参考当地的自然、地理、人文等特征。

③ 其他国家如，阿尔及利亚、保加利亚、刚果、哥斯达黎加、古巴、捷克共和国、加蓬、匈牙利、以色列、意大利、墨西哥、葡萄牙、斯洛伐克、多哥、突尼斯、南斯拉夫、爱沙尼亚等。

标权对假冒等行为追究侵权责任。同时,这些国家对商标注册人的主体资格作了限制,一般规定具有实施合法管理的政府机构或民间组织才有权申请注册,并取得商标权。商标注册人制订使用该地理标志的规章,授权符合使用条件的企业或个人使用。由于通过证明商标形式保护地理标志可以使现有的商标法律制度充分发挥作用,无需投入过多的资源,比建立一个新的制度要容易得多,目前世界上大多数国家都采用了这种立法模式。(3)反不正当竞争法保护,是指利用反不正当竞争法,对市场上使用的地理标志行为进行规范的一种保护方式。通过实施反不正当竞争法,以达到规范市场秩序,预防和惩治假冒、滥用的行为,维护合法使用者的权益。如日本《不正当竞争防止法》将假冒商品的行为和使用让人误认商品出处的标志的行为,作为不正当竞争行为而加以禁止。这种立法模式强调了假冒产地名称的不正当竞争行为的性质,侧重于从维护市场秩序和消费者利益的角度保护地理标志。笔者认为,这些保护模式并没有优劣之分,而是每个国家根据本国地理标志保护的需要而选择的较为适合的保护模式,我国采取的是大部分国家的做法:将地理标志当作是一种特殊的商标,利用注册集体商标或证明商标对其加以保护。①

(二)地理标志保护模式的正当性

通过上文对地理标志和传统文化的介绍,我们似乎可以看出地理标志制度对传统文化保护能够有所作为。传统文化的图像符号和地理标志都是具有特定自然因素和人文因素的符号,都具有文化价值和经济价值,二者内在的契合性为传统文化图像符号的地理标志保护提供了理论上的支撑。

① 参见我国《商标法》第十六条,《商标法实施条例》第四条,《商标审查标准》第六部分。

1. 地理标志和传统文化在人文因素上的契合

地理标志是在长期的历史过程中逐渐形成的。一个国家或者地区的特定地理区域,当地传统社群在其长期的生产生活中,会形成特定的、成熟的生产工艺和技术。依照这种传统工艺进行生产和制作,其产品便形成了长期稳定的质量和独特风格。除此之外,由于特定地区的特殊气候、水土等自然因素的作用,该地区的产品及其他产出资源也会具有特定的、与其他地区相异的品质特征。该种"土特"产品以及以它为原材料的加工物,也具有特定的品质特征。同时,上述两种因素——人文因素和自然因素——通常结合在一起共同发挥作用。因此,由自然的、人文的以及两者兼而有之的因素构成的特定地域的地理环境,造就了特定产品长期稳定的和独特的品质质量和特征。这种独特的品质质量和特征,对产地的地理环境存在决定性的依赖关系。上述产品在长期的市场交换过程中,形成了一定的声誉,以至于消费者总是在这种产品的特定质量、声誉或者其他特征与该产品的原始性出产地之间产生一定的联系。正如上文商标起源中"物勒工名"制度一样,特定区域的生产者为了彰显该地区产品的特定质量和独特特征,他们以"地"卖物——在有关产品上标上出产地,不同地区的消费者则凭"地"买物。这样就出现了"物勒地名"的现象。据发现,长沙马王堆等汉墓出土的漆器中,大量漆器上打有标记或刻有铭文。在汉文帝、汉景帝统治时期生产的漆器上,多打有"成市草""成市饱""市府草"的标记,表明这些漆器是由蜀郡成都市府作坊生产的。从出土的秦汉及以前的漆器铭文戳记中,"我们不难发现,秦至西汉前我国漆器手工业大多是在本地制造的漆器上冠以地名"。[1]可见,与产品特定品质质量相联系的地理名称具有

① 朱学文:《从漆器铭文看秦汉漆器手工业性质的变化及其原因》,载秦始皇兵马俑博物馆《论丛》组委会主编《秦文化论丛(第七辑)》,西北大学出版社 1999 年版,第 337 页。

质量显示功能和商业标志作用，具有财产利益和经济价值，一定程度上讲，这种普通的地名符号已经演变为财产的载体。

这些产品的销售市场随着交易地域范围的扩大而扩大，到近代日新月异的国际贸易，该种产品的市场进一步扩大。市场的扩大，对地理标志产生的影响是巨大的：一方面，地理标志蕴涵的商业价值越来越大。地理标志作为质量标志，对于扩大出口市场份额能够发挥很大的作用；另一方面，地理标志被假冒的风险大大增加；再有，地理标志的广泛流传，极有可能被消费者等同于该种产品的名称，从而导致其淡化成为某些物品的通用性名称，这也是现如今地理标志保护存在的困难之一。如香槟是法国 Champagne 省的汉文音译，该地出产一种独特的起泡白葡萄酒。在 20 世纪 50 年代末，我国许多厂商在其生产的酒类产品上使用“香槟”或“Champagne”字样，很多消费者将其视为一种低度酒或饮料。在美国，许多外国的葡萄酒的原产地已成为通用名称，如 challis（夏布利酒）、burgundy（勃艮第酒）以及上述 Champagne（香槟酒）等。因此，承认这种地理名称的知识产权性质，对其提供知识产权保护就有了相当的合理性和必要性，便产生了地理标志的知识产权保护制度。地理标志价值的形成，需要有关地理区域的生产者几十年、上百年甚至更长时间的努力和拼搏，是历史积淀的产物。高科技短时间充满“智慧”的劳动难以人为地制造一个有价值的地理标志来。

客观地讲，文化是对一个人或一群人的存在方式及思想表现形式的描述。而传统文化则是具有历史沿革意义上的文化的积累和发展，它是特定的民族或社会群体在长期的生产、生活中创造的，体现该民族或社会群体的身份特征和文化要素的，经过世代相传并处于不断发展的各种创造性成果。知识产权语境下，可以说传统文化是由特定区域主体享有并世代相承的表明其独特价值的一切传统文学、艺术或科学作品，表演，发明，科学发现，外观设计，标志、名称，符号和其他信息。传统文化的形成与地理、人文和历史环境因素都息息相关，而地理标志中的人文因素便常常和传统文化联系在一起：一些地理标志的人文因素就构成了当地的传统文化，某些传统文化则构成了地理标志的人文因素。某些特定地区的传统工艺、文化习俗、地理位置等因素对该地区生产的产品有着决定性的作用，尤其是酒类产品。如泸州老窖酒产于笔者家乡四川省泸州市，拥有我国建造最早（始建于公元 1573 年）、连续使用时间最长、保护最为完整的 1573 国宝窖池。其酿造技艺发源于秦汉时期的古江阳，兴于唐宋，①公元 1324 年，特曲之父郭怀玉在泸州发明了“甘醇曲”，通过技艺的改良制成大曲，距今近 700 年历史。经过几千年来的世代相传，泸州逐渐形成了独特的酒文化。饮酒作为一种食的文化，可以说是泸州地区民间传统文化的重要部分，宋朝唐庚写道：“百斤黄鲈脍玉，万户赤酒流霞。余甘渡头客艇，荔枝林下人家。”黄庭坚在《史应之赞》中也写道“江安食不足，江阳酒有余”。甚至有学者研究，古代巴蜀盛行“撒满文化”，巫师以酒精性饮料使自己处于麻痹状态，以便与天神交接。同时，酒业的盛行与当地盛产糯米、高粱和玉米等酿酒农业资源也密不可分，与当地的海拔、气候、温度、降雨量也有极大的关系。

可以说，地理标志因其地理环境、自然因素等孕育出的产品，往往体现出当地传统社群的传统文化，承载着当地社群的知识经验积累，从而与传统文化结合在一起，成为传统文化的载体和产物。保护地理标志，宣传和推销地理标志产品，实际上也就是在推销产地优秀的历史和文化。②

① 北魏的贾思勰《齐民要术・七・笨曲饼酒》记载了巴蜀人的酿酒方法：“蜀人做酴酒，十二月朝，取流水五斗，渍小麦曲两斤，密泥封，至正月二月冻释，发漉去滓，但取汁三斗，谷米三斗，炊做饭，调强软合和，复密封数日，便热。合滓餐之，甘辛滑如甜酒味，不能醉人，人多啖温，温小暖而面热也。”这里的“酴酒”即醪糟酒。

② 张玉敏：《地理标志的性质和保护模式选择》，《法学杂志》2007 年第 6 期。

2. 地理标志和传统文化在群体性上的契合

地理标志的形成过程颇为复杂。在较少的情况下，特定地区的产品所具有的特定品质和特征单纯地受自然环境因素决定，对于这类产品，特定区域内的生产者长期在产品上使用当地的地理名称，从而使"地理名称符号"获得一定的市场知名度，具有了一定的财产价值。但较多的情形是，特定地区内的生产者在长期的生产生活实践当中，利用当地独特的自然条件，不断地积累知识和经验，久而久之便形成制作和生产某种产品比较成熟的工艺流程和技术规则。可以说，这种特殊技艺和工艺流程的形成过程，同时也是特定地域内的产品凭借其独特的品质和质量，逐渐获得消费者认可的一个过程，也是特定地域内广大劳动生产者长期遵循其独特生产工艺和流程、保证其产品质量的过程。因此，从财产价值的形成过程来看，地理标志是特定地理区域内劳动生产者共同劳动和集体智慧的结晶。①地理标志是该地区内生产者群体的财产。因此，地理标志的权利主体具有群体性。

在立法实践当中，出于许多成员对地理标志所有权和使用权问题的国内法规定差异较大的缘故，《与贸易有关的知识产权协定》第二十二条、第二十三条中使用了"利害关系人"(interested parties)一词，而且并没有对该词作出界定，也就把该问题留给各成员国内法来解决。目前，世界上绝大多数国家将地理标志作为一种集体财产看待。法国 1919 年颁布、1990 年

① 深层次地讲，特定地理区域内的劳动人民根据当地独特的自然因素，在长期的生产经验积累过程中，创造出了具有独特特征和良好品质的产品，进而使得该地理名称具有了财产价值。但董炳和认为"真正使地理标志具有财产价值的，是地区内的生产者的长期使用的共同的使用。没有这种长期的共同使用，产地的名称就不可能成为地理标志，更谈不上其财产价值了"。参见董炳和博士论文，"地理标志知识产权制度研究"第二章。笔者认为，从产品标识最初的产生来看，具有良好品质和特征的产品，即便不使用地理名称标记，消费者出于消费心理，也会去搜寻其原产地，经过口口相传，最终也会达到"地理名称"产生财产价值的结果。而将地理名称标示于产品之上的"使用"行为，降低了消费者的搜寻成本，一定程度上也就缩短了地理名称"出名"(产生财产价值)的时间进程。

修改的《原产地名称法》就规定，原产地标志是一项集体知识产权，[①]因关涉原产地名称诉讼的法律后果及于“同一地区、同一市镇或者同一市镇的一部分的部族或土地产业主”，法院判决对诉讼地区内所有生产者、种植者和制造者都有效。[②]欧共体第510/2006号条例第五条特别规定，“地理标记通常不能为私人所有”，[③]只有团体才有资格提出地理标志的注册申请。美国和德国都是采用商标法保护地理标志的国家，即地理标志的所有人应当是集体商标或证明商标的注册人。德国《商标和其他标志保护法》第九十八条规定，申请或注册集体商标的所有人，只能是受保护的、具有法定资格的社团，包括具有法定资格的总会以及各成员本身。根据美国商标法理论，集体商标和证明商标的注册可由人、国家、州或自治团体以及类似主体提出。而证明商标的所有权“可以被公众所拥有”。我国也是采用此种模式保护的国家，我国《商标法》第三条规定：集体商标应由团体、协会或其他组织的名义注册，证明商标应由对某种商品或服务具有监督能力的组织所控制。《商标法实施条例》第四条规定：地理标志可作为证明商标或者集体商标申请注册。

传统文化具有群体性，传统文化来源于群体，是特定集体（民族或社会群体）的智慧结晶。正是由于众多群体的不断创造、传承和完善，形成了人类社会丰富多彩的传统文化。传统文化在长期的历史传承中，整个群体都参与到了文化表现形式的创作、修改、完善和加工过程，以体现他们的整体风格，在文化的整个传承过程中都体现着群体性。地理标志是自然因素与

---

① Mexico Industrial Property Law of June 25, 1991, as mended by the Decree of December 26, 1997. Entry into Force: January 1, 1998, art. 167.

② 转引自严永和：《论传统知识的知识产权保护》，法律出版社2006年版，第155—156页。

③ G. H. C. Bodenhausen：《保护工业产权巴黎公约指南》，汤宗舜、段瑞林译，中国人民大学出版社2003年版，第94页。

人文因素共同作用的产物，必然有着深厚的历史和文化底蕴，因此保护地理标志也就是在传承历史文化。从文化视角考虑，地理标志也是一种文化现象，部分地理标志还表达了特定的传统文化信息，例如我国云南丽江的地理名称不仅使人联想到多姿多彩的自然景观，更使人联想到纳西鼓乐、东巴乐舞、白沙壁画和具有浓郁民族风情的古朴建筑风格等传统文化内容。在“一带一路”语境中，地理标志已经被看成传统文化的一部分。传统文化本身具有的强烈地域性特征和民族特色，和地理标志一样也是特定地理环境和人文因素共同作用的产物。因此，传统文化和地理标志在主体上具有内在契合性。

（三）“一带一路”倡议下传统文化图像符号地理标志保护的制度探索

“一带一路”倡议下利用地理标志保护传统文化图像符号，首先就要确定保护的对象。并不是所有的传统文化都适合地理标志保护，地理标志的实质是一种地理名称，所以地理标志保护的传统文化只限于包含和承载了传统文化知识产权利益的地理名称，即地理标志承载的传统文化，笔者称之为传统文化图像符号。而如何实现在“一带一路”倡议下传统文化与地理标志在制度上的对接？如何把传统文化归入地理标志保护框架中？则应当从以下几方面入手：

1. 保护模式

目前，由于地理标志国际条约和原则性和协调性原因，对地理标志的具体保护还有赖于各国国内相关法律制度的建立和完善。现如今，对地理标志的国内法律保护模式主要有三种，即专门法模式、商标保护模式和反不正当竞争模式，对传统文化的地理标志保护也可以从这三种模式中进行选择：

一是以法国为代表的专门法模式。法国是原产地名称保护制度的起源地。于1919年5月6日颁布《原产地名称法》，将原产地名称命名权授予法院，规定原产地名称是一项集体性权利，生产者只需通过宣告即可注册原产地名称，原产地名称不可进入公共领域，在本质上不能被视为通用的。①后于1935年7月30日，法国又颁布《关于受控葡萄酒原产地名称法令》，建立了葡萄酒和烈酒的受控原产地名称制度（AOC），并成立一个制定生产要求的机构——葡萄酒和烈酒国家委员会。而且为了保护民间工艺产品，法国不仅规定民间工艺品可以通过原产地名称制度获得保护外，还单独建立了特殊工艺证书制度（民间工艺产品还可通过特殊工艺证书制度保护）。后来为了实施欧共体第2081/92号条例，法国制定了《关于承认农产品和食品质量的1994年1月3日的94-2号法》，承认受控原产地名和地理标志适用于所有农产品。可以说，法国的地理标志法律保护体系是实施这一制度最成功的国家之一。②

二是以美国为代表的商标保护模式。在美国，商标传统上是由普通法保护的，1946年，美国国会通过了《兰哈姆法案》，确立了对商标的联邦保护和注册制度。起初美国并不保护地理标志，经过乌拉圭回合谈判和NAFTA（即北美自由贸易协议）的签署，在1999年对1946年《兰哈姆法案》修订后才涉及地理标志的保护内容，具体包括两个方面：

第一，禁止在商标中使用描述性地理名称。《兰哈姆法案》明确指出：

---

① 该法有较大的缺陷，因为“虽然法官在确定地理区域的边界时不会遇到太大困难，但是在确定原产地名称的其他标准时，他们就显得难以胜任，其结果是使各种地理区域都被宣告为原产地名称，使法国葡萄酒产业出现了一大堆原产地名称。”参见王笑冰：《法国对地理标志的法律保护》，《电子知识产权》2006年第4期。转引自冯寿波：《论地理标志的国际保护》，华东政法大学博士学位论文2007年。

② “从1935年起到现在，法国以原产地命名的葡萄酒有400多种，原产地种植的葡萄占法国葡萄种植面积的52%，为9万个葡萄种植园和36万农民提供了赖以生存的条件，以原产地命名的葡萄酒年销售额超过610亿法郎。以原产地命名的产品价格是普通同类产品的2—8倍，成为知名度高、品质高、附加值高的三高商品。”蒋和平：《原产地域产品保护制度的研究》，2002年国家自然科学基金管理科学项目，项目编号：702730530。http://www.iae.org.cn/zhuanjialt/2005zj1w15.htm.

禁止给予“欺骗性”标记以及“主要是地理描述性的或带有欺骗性的非描述性的”标记注册。美国法律要求商标必须能确定来源于一个特定营业来源的商品或服务，这也与商标确定商品的来源并向消费者传达商品声誉的信息功能相符，商标的显著性和区分性是必不可少的，这也就把功能性词语、描述性词语和通用词语排除在商标之外了。然而地理标志并不能表明一个特定来源，它仅表明一个一般的地理原产地，是描述性的。所以，上述禁止似乎倾向于把地理词语排除在外，因为地理词语被认为是具有描述性的。美国普通法给予地理词语较强的禁止，这是因为，“为了不妨碍同一地区经营类似商品的其他人诚实地向公众表明其商品或服务原产于该相同地方并不妨碍其使用与该商品和服务相关的地理词语”。[①]然而，这并不是绝对的，现行《兰哈姆法案》是以地理名称的使用而不是以地理名称本身来作为是否给予注册的标准。也就是说，无论一个地理名称是不是一个在国外受保护的地理标志，美国商标法决定是否给予一地理名称注册依然是取决于该地理名称是否“主要是地理描述性的或带有欺骗性的非描述性的”。

第二，利用集体商标和证明商标来保护地理标志。一般来说，商标不能涉及某个地理区域，但证明商标和集体商标是避免商标涉及某个地理区域限制的一个方法。“证明商标和集体商标虽然也像普通商标那样受到保护，但它们却是独立类型的商标。[②]作为证明商标或集体商标的地理标志不要求具有显著性或第二含义，地理标志注册为证明商标或集体商标后也不会变成通用名称。”美国《兰哈姆法案》第一千零五十四条规定，表示地区的或其他原产地的证明商标可获得注册。该注册必须要具备构成证明基础的说明书。也就是说当地理标志被注册为证明或集体商标时，其保护应适

---

① Re Charles S. Loeb Pipes, Inc (190 USQ 238, 242 [TTAB 1975]).

② 王笑冰:《论地理标志的法律保护》，中国人民大学出版社 2006 年版，第 124 页。

用商标法,根据优先权原则来解决商标权利之间的冲突。可以基于在先申请、在先使用或在某些情形下在先著名来给予优先权。考虑到这些原则,作为证明或集体商标保护的地理标志与“单个”商标之间冲突的解决似乎并不成为问题。如果利害关系人没能申请到证明商标或集体商标时,只要该标志不是通用的,并且消费者把该标志主要理解为来源于所称的地方,该标志就可以根据美国普通法获得保护。①

但有区别的是,加拿大商标法中只有证明商标而无集体商标的专门规定,地理标志只能注册为证明商标,集体组织可以注册证明商标供下属成员使用,以证明其成员资格。②约旦、冰岛以及一些英联邦国家商标法中也只有证明商标的规定。德国商标法与加拿大相反,只有集体商标而无证明商标的规定,因而地理标志只能注册为集体商标受到保护。德国《商标和其他标志保护法》第九十九条规定:“……在商业中可以标明商品或服务地理来源的标志或标记可以构成集体商标。”③

三是以日本和瑞典为代表的反不正当竞争模式。反不正当竞争法与知识产权法存在着十分密切的关系:知识产权是特定主体对知识财产所享有的一种专有权,反不正当竞争是经营者遭受利益损害时得以请求救济的权利,二者虽然有本原权利与救济权利之分,但在功能目标和保护对象方面都有相通之处:维护公平的市场竞争秩序,保障和促进市场经济健康发展是它们的共同目标。可以说,反不正当竞争法具有对知识产权提供保护的补充功能,这在德国法中被称为是“竞争法上的智力成果保护”。“反不

① Tunisia L. Staten, GIs Protection Under The TRIPS Agreement: Uniformity Not Extension, Journal of the Patent and Trademark Office Society, March 2005.

② 参阅《加拿大商标和反不正当竞争法》第二十三条第四项规定,国家工商行政管理局商标局编:《中华人民共和国商标法律法规最新汇编》,北京工商出版社 1999 年版,第 603 页。

③ 国家工商行政管理局商标局编:《中华人民共和国商标法律法规最新汇编》,北京工商出版社 1999 年版,第 560 页。此外,匈牙利、波兰、阿尔及利亚、巴西、古巴、黎巴嫩、摩洛哥、菲律宾、罗马尼亚、斯里兰卡、叙利亚以及非洲知识产权组织的成员国也是如此。

正当竞争法实际保护着专利法、商标法等专门法所保护不到的那些应予保护的权利。”①具体到商业标记领域，反不正当竞争不仅对假冒商标行为进行规制，而且包括擅自使用知名商品的特有名称、包装、装潢以及与此相类似的标记。此外，在非类似商品上使用他人注册商标(包括注册商标和非注册知名商标)，或在商品销售中以自己的商标取代相关商品的他人商标(即“反向假冒”行为)，都可以依据反不正当竞争法进行处理。②日本学者满田重昭也认为，构成商标侵权的，直接适用商标法对商标权益予以保护。但是，对于不正当竞争，由于不以商标的注册为要件，即使商标权不成立或成立有瑕疵，也能构成不正当竞争。在无法主张商标权时，有必要考察是否成立不正当竞争。故反不正当竞争法为不受商标法保护的未注册商标提供补充保护。③

其实以上三种保护模式各有利弊，从保护力度来看，专门法模式对权利人授予一种财产权性质的权利，保护力度大。商标法模式其次，最后是反不正当竞争模式。从实用主义的观点讲，各国都是根据自己的具体情况选择适用的，就我国而言，地理标志保护以《商标法》为主体，《产品质量管理法》《反不正当竞争法》《消费者权益保护法》《地理标志产品保护规定》以及《农产品地理标志管理办法》等法律法规密切配合的综合立法体例。④

在当前“一带一路”倡议背景下，商标制度体系下保护地理标志的模式应当是“一带一路”倡议下传统文化图像符号保护核心手段，这种模式可以

① 王先林：《竞争法学》，中国人民大学出版社 2009 年版，第 49 页。

② 吴汉东：《论反不正当竞争中的知识产权问题》，《现代法学》2013 年第 35 卷第 1 期。

③ 参见[日]满田重昭：《知的財産法における位置づけ》，青林书院 1997 年版，第 11—12 页，第 24—27 页。转引自郑友德、万志前：《商标法和反不正当竞争法对商标权益的平行保护》，《法商研究》2009 年第 6 期。

④ 我国《商标法》《地理标志产品保护规定》和《农产品地理标志管理办法》三足鼎立，形成了我国地理标志保护制度的三套并行的体系。参见王笑冰：《地理标志法律保护新论——以中欧比较为视角》，中国政法大学出版社 2013 年版，第 202—212 页。

充分利用保护商标的现行国际公约和成熟的国际、国内注册体系对地理标志实施高水平保护。特别是在主要西方国家反对对民间文学艺术、传统文化、传统知识实施单独知识产权保护立法的情况下，利用商标法体系保护地理标志可以一定程度上达到保护传统文化的目的。除此之外，通过证明商标或集体商标的方式保护地理标志，可以使地理标志的审查和管理与商标的审查和管理的机构、程序基本一致，能有效避免或减少地理标志与其他商标之间的权利冲突，并能有效利用商标管理的强大监管机构网络保护地理标志，采用这种模式保护传统文化中的图像符号，也可以达到提高传统文化保护水平的目的和作用。

但不可否认的是，通过商标法中的证明商标和集体商标保护地理标志也有一定的缺陷，正如美国学者卡宾特尔在谈到利用地理标志保护传统文化时就指出“商标法具有授予集体权利和提供永久保护的优点。然而，为了获得此种知识产权的保护，本土的艺术、文化作品必须包括商品和服务的内容。因此，本土人民有权阻止在本土以外的商品上使用诸如‘原住民制造’或‘印第安人制造’等标记，但却不能保护不在州际间商业活动中使用的宗教作品，如舞蹈、宗教礼仪或宗教书籍”。[①]因此，我们应该辩证地看待“一带一路”倡议下地理标志对传统文化的保护作用，这只是理性提醒人们应当用辩证的思维方法对传统文化的保护进行“一带一路”宏观制度设计。对地理标志的保护，必须和商标、专利、版权、反不正当竞争和文化遗产等多方面的保护制度共同配合，形成“一带一路”倡议下的全方位保护，进而才能形成更完善的传统文化保护体系。

① Megan M. Carpenter, Intellectual Property Law and Indigenous Peoples: Adapting Copyright Law to the Needs of a Global Community, Yale Human Rights & Development Law Journal, 2004, p.26.

2. 权利主体

上文中讲到，正是由于特定地理区域内的劳动人民根据当地独特的自然因素，在长期的生产经验积累过程中，创造出了具有独特特征和良好品质的产品，进而使得该地理名称具有了财产价值。而传统文化的创造和传承也离不开社群集体，所以二者主体的一致性决定了传统文化地理标志保护传统对象的集体性。但也带来了一个难题，如果采用集体商标和证明商标的保护方式，那么只有能够代表民间文学艺术特定集体利益并符合地理标志权利主体特征的机构，才能成为民间文学艺术地理标志的权利主体。正如有学者指出：通过证明商标保护文化产品面临着一些问题，如何确定民间文学艺术产品是真实的？证明商标在哪些情况下能够予以适用？真实性的概念如何与“传统的”本土工艺发生联系？本土艺术家为了满足真实性的定义是否需要遵守习惯法？[①]其实这些问题的关键在于传统文化地理标志权利主体机构（或组织）如何设置和运作。这一点可以借鉴外国经验，如，加拿大具有庞大的传统文化产品机构网络保护体系，这也是加拿大成功运用地理标志特别是证明商标制度保护文化产品的关键因素。而成功地通过地理标志等现行知识产权制度保护文化产品特别是手工艺制品的其他国家中，也通常建有较为完善的组织机构：澳大利亚的国家土著艺术倡导协会、新西兰毛利人艺术委员会、美国的印第安人艺术和手工艺委员会、印度的政策科学中心、巴拿马工商部的国家手工艺部、哥伦比亚工匠协会与哥伦比亚外贸协会、秘鲁中央区域间工匠联合会等，这些机构有官方的，也有民间的，它们都在维护传统文化特定群体利益方面有着卓越的

① Agnes Lucas-Schloetter, folklore, Edited by S.von Lewinski, Indigenous Heritage and Intellectual Property: Genetic Resources, Traditional Knowledge and Folklore, Kluwer Law International, 2004, p.310.

贡献。我国国内也存在这样的组织,如已经注册“景德镇”证明商标的江西景德镇陶瓷协会和注册“青田石雕”证明商标的浙江省青田县石雕行业管理办公室。对于“一带一路”倡议下传统文化地理标志权利主体来讲,设置专门的传统文化权力机构可以有效避免多种机构的设置造成管理资源的浪费和运作体系上的混乱,加上各国政府的扶持和引导,这些民间机构和组织根据章程积极监督和检测特定传统工艺,不是不可以逐步解决传统文化地理标志保护的一系列难题。正如有学者指出:“无法想象中央权威机构可以保护土著部落的利益。只有持有某个无形文化财产这个特殊客体的土著和当地团体可以根据自己的习惯法才能合理决定它的使用。”①

3. 保护标准

由于欧盟与美国的谈判和博弈,地理标志的保护标准有高低之分,具体来说,“误导”标准是一种基础的、普遍的、保护水平相对低的保护标准,“地理名称专有使用”标准是目前仅适用于酒类商品的一种高标准。不同标准的保护,对于权利主体和义务主体来说,其享有的权利和利益与所承担的义务则相差很远。印度、巴基斯坦、肯尼亚、斯里兰卡等国要求把高标准保护扩及其他产品。埃及和巴拉圭已经明确表示,其他产品在其法律框架下可以获得类似于葡萄酒和烈酒的高标准保护。②从理论上看,地理标志的保护标准不应该有高低之分,“一带一路”倡议下传统文化的地理标志保护标准也一样:高标准保护的对象应不仅局限于葡萄酒和烈酒,其特定质量、声誉或者其他特征主要产生于该地理来源的各种与传统知识有关的商品,均应得到高标准的地理标志保护。“一带一路”倡议下基于高标准的保

① J. Michael Finger & Philip Schuler, Poor People's Knowledge: Promoting Intellectual Property Developing Countries, the World Bank and Oxford University Press, 2004, p.190.

② John Barton, Report of the commission on Intellectual Property Rights, Chapter 4, Traditional knowledge and Geographical indication, London, Sep, 2002.

护水平和标准，传统文化图像符号的地理标志保护至少应当包括许可使用权和转让权方面的积极权利，以及禁止使用权方面的消极权利。

首先，“许可是在不转让财产所有权的条件下让渡财产中的权利”。①商标许可产生的原因通常是由于商标权人自身不具备最大限度地利用该商标获得经济利益的资源和条件，因此需要通过许可他人使用的方式转让商标的使用权。而集体商标和证明商标的许可使用，则是基于法律的强制性规定：集体商标和证明商标的注册人和实际使用人必须分离，这也是它们与普通商标最重要的区别之一。

其次，地理标志注册为集体商标或证明商标后，就具有了财产权属性，通常是可以依法转让的。但集体商标和证明商标终究与特定的地理区域有关，特别是承载了传统文化的地理标志，还与特定的社区群体身份有关，各个国家根据自己情况的不同作出了不同的立法规定。俄罗斯联邦《商品商标、服务商标和商品原产地名称法》第二十条第二款规定：“集体商标及其使用权不得转让他人”。日本《商标法》第三十一条之二第二款规定：集体商标权不得转让。②法国《知识产权法典》第七百一十五条第二款第四项规定：“集体证明商标不得转让，抵押或作为任何强制执行的标的；但是，作为所有人的法人解散的，该商标得依行政法院政令移转其他法人。”③我国台湾地区《商标法》第七十五条规定：“证明标章或团体标章专用权不得转移、授权他人使用，或作为质权标的物。但其转移或授权他人使用，无损害消费者利益及违反公平竞争之虞，经商标主管机关核准者，不在此限。”我国《集体商标、证明商标注册和管理办法》第十六条规定：“申请转让集体商

① [美]德言特勒：《知识产权许可》，王春燕等译，清华大学出版社 2003 年版，第 1 页。
② 杨和义：《商标法选论》，重庆出版社 2003 年版，第 319 页。
③ 黄晖译：《法国知识产权法典》，商务印书馆 1999 年版，第 143 页。

标、证明商标的,受让人应当具备相应的主体资格,并符合商标法、实施条例和本办法的规定。集体商标、证明商标发生移转的,权利继受人应当具备相应的主体资格,并符合商标法、实施条例和本办法的规定。”这实际上是允许地理标志注册的集体商标或证明商标可以有条件地转让。相比较而言,地理标志集体商标或证明商标的实际使用人必须限定于原地理标志集体商标或证明商标确定的地理区域范围内,而商标权的受让主体是否必须在该地域内就没有强制要求。

最后,禁止权作为一种请求权,是向有关行政管理部门或人民法院提出责令行为人停止侵害的请求权。《与贸易有关的知识产权协定》第二十二条第二款规定,对在产品的名称或表述的指示方式使公众对该产品的产地产生误解,以及不正当竞争的使用行为。缔约方应该对利益方提供予以制止的法律手段。第三款和第四款还规定,对于包含有未能表明商品真实原产地的地理标志商标,或虽真实地指明了商品原产地的国名、地区或地点,但仍使公众对该产品的真实原产地产生误解的地理标志商标,缔约方应拒绝注册或宣告其注册无效。协定第四十一条还规定:“缔约方应保证其国内法律能够提供如本部分所规定的施行程序,以便对侵犯本协议所述知识产权的任何行为采取有效的制止措施,包括制止侵权的及时法律救济和防止进一步侵权的法律救济。这些程序的应用方式应不至于构成对合法贸易的障碍,并且能为防止滥用提供保障。”可见,地理标志权利人所享有的禁止权,其内容主要包括请求禁止虚假地理标志之商标注册的权利、请求禁止虚假地理标志商品进口使用的权利、请求停止非法使用地理标志行为的权利等。但大多情况下,地理标志禁止权主体仅限于集体商标或证明商标的注册人。集体商标或证明商标的使用人通常只是依照合同享有普通使用权的被许可人。

总结起来，“一带一路”倡议下对传统文化中的图像符号采用商标制度保护(或地理标志保护)能比较妥善地解决传统文化群体性以及保护期限的问题。但是，由于商标制度本身源于商品经济的发展，其目的是为了促使生产者、经营者保证商品和服务质量，维护商标信誉，保障消费者、生产者和经营者的利益，促进市场经济的发展，并且基于商标法中的注册制度和使用制度，意味着传统文化中的图像符号要获得商标和地理标志的保护还需要将这些图像符号申请注册及日常管理维护，并且投入到相关的商品生产流通或服务过程中。同时，一个传统部族的文化中有多少象征性的图像符号(包括形象和名称，如文字、绘画、立体雕塑和建筑等反映族群文化与历史的图像符号)，其商标申请和维持成本仍然是“一带一路”区域共同建设中的问题。

第三节 “一带一路”倡议下传统科学知识的专利保护

传统文化是特定的民族或社会群体在长期的生产、生活中创造的，体现该民族或社会群体的身份特征和文化要素的，经过世代相传并处于不断发展的各种创造性成果，包含了传统文学、艺术或科学作品，表演，发明，科学发现，外观设计，标志、名称和符号等众多内容。本章已经浅析了传统文化中民间文学艺术的版权和特殊版权保护，以及传统文化中图像符号的商标和地理标志保护，本节则主要探讨传统文化中传统科学知识的专利保护，主要是指传统族群或社群在生产、生活、医疗、卫生等领域积累并世代传承下来的各种技术知识，包括传统作物的种植、家禽家畜的培育、传统医药和医疗知识、动植物资源的利用、生产技术技能等方面的知识。

一、“一带一路”倡议下传统科学知识专利保护的实践探索

探讨“一带一路”倡议下对传统文化的专利保护模式，首先应当对“一带一路”倡议下传统文化的专利保护立法实践进行探索，分析可借鉴之处。

(一) 印度

印度作为“一带一路”沿线国家中传统文化非常丰富的发展中国家，在保护传统知识方面做了很多工作，也取得了一定的成就，在立法方面主要有《生物多样性法》(2002 年)及《生物多样性法细则》(2004 年)、《专利法修正案》(2004 年)①及其数据库保护。

1.《生物多样性法》及《生物多样性法细则》

《生物多样性法》确定了印度在遗传资源获取与利益分享领域的管理体制、管理范围、管制程序制度与实体制度以及知识产权管理制度。该法具体设计传统文化的保护主要集中在第 II 章和第 V 章。其中，第 II 章关于生物多样性的规定：未经国家生物多样性局(National Biodiversity Authority)②的批准不得在印度国内外就基于生物多样性资源研究或信息的任何发明申请知识产权，且其批准的同时可以强制收取利益分享费、税费或两者皆有或者批准之条件。

---

① 此外，由于斯里兰卡和印度的历史和地理方面的联系，使得印度传统医药在斯里兰卡的影响和认知度较高。1961 年，斯里兰卡(时称锡兰)颁布了第 31 号法令，即《印度草医药法案》。旨在保护本国印度医学的发展。法案提出建立专门的草医药部门对草医医院、诊所、药房进行管理，规范了登记、管理等具体实施细则，并建立草医学委员会对草医医生、药师和护士等从业人员进行登记管理，处理与之相关的一切专业性为；建立草医学研究委员会对草医学的研究进行管理。法案对各委员会会员、行政长官的职责权限作出了明确界定，同时对各级草医从业人员的资质要求、登记管理等进行了详细说明，并将按此规范管理。

② 在第 V 章对国家生物多样性局规定了其职能：18(4)，制止其他国家对来自印度的任何生物资源及相关知识授予知识产权；19(2)，任何人要申请专利或其他形式的知识产权保护，不论在印度还是在其他地方，均可以规定这一形式和方式向国家生物多样性局提出申请；21，国家生物多样性局在批准申请人获得生物资源或传统知识时，应规定确保利益公平分享的条款和条件；36(5)中央政府应为地方居民的传统知识提供保护，包括在地方、省和国家成册注册传统知识或以特别法的形式提供保护。参见印度生物多样性法涉及专利的条款[EB/OL]. [2008-6-2]. http://www.sipo.gov.cn/sipo2008/ztzl/ywzt/yczyhctzsbh/zlk/gglf/200804/t20080411_ 374303. html.

《生物多样性法细则》于2004年4月15日生效，主要是为了保证《生物多样性法》相应制度的有效实施。其第十八条规定了在申请知识产权保护之前的预先核准程序(prior approval)，第二十条则明确了《生物多样性法》第二十一条规定的“利益分享标准”：(4)当同意批准任何人对研究成果的获取或转让、专利和知识产权的申请或者对第三方就所获得的生物资源与相关知识的转让时，主管部门可规定期限和条件以确保所获得的生物资源与相关文化信息转让产生利益的公平分享。

2.《专利法修正案》

2004年，印度对其《专利法》进行了第三次修订，涉及遗传资源的部分主要体现在三个方面：

第一，在专利申请内容中增加了要求在摘要中提供涉及公众无法获取生物材料的发明的技术信息，并在使用生物材料时，在说明书中公开来源和原产地。

第二，在专利授权异议的条款中，增加了两款：(1)涉及遗传资源充分公开问题，规定如果完整的申请文件对用于该项发明的生物材料来源或产地没有公开或者进行了错误的说明，则任何利益相关人都可以在规定期限内向专利局提出异议；(2)涉及传统知识破坏新颖性、创造性问题，规定如果该项发明可从印度或其他地方的当地或奔入社区可获得的任何口头或其他知识推知，则任利益相关人都可以在规定期限内向专利局提出异议。

第三，在专利的放弃和撤销条款中也增加了以上“第二”中描述的内容，且规定能够依照这些条件撤销的专利，不限于该法生效后的新专利，即关于涉及遗传资源的专利撤销条款是具有溯及力的。

3. 数据库保护

数据库是由发展中国家开始倡导的又一旨在防止生物剽窃的防御性

措施。由于传统文化大多具有通过口头方式，而不是文字记载方式传递的特性，因此，他人未经该文化的拥有人许可，试图获取相应的知识产权时，在缺乏任何文字记载的情况下，任何国家的专利审查员都不可能找到能质疑一项基于传统文化的专利申请新颖性或创造性的依据。对于受害当事人（相应的拥有人或代表他们的某人）来说，唯一的选择是在国家法律允许的情况下，在专利授权过程中或授权后对该专利提出异议。楝树案、“姜黄”案、“Basmati 香米”案等大量“生物盗窃”的案例表明，这样的做法成本太高，而且是一种事后补救方法，不能够及时阻止“生物盗窃”行为的发生。为解决这一问题，世界知识产权组织以及由印度、中国发起的许多发展中国家正在寻求开发传统文化及传统知识数据库。这些数据库不仅详细地记录了大量已经公开的传统文化信息，而且还会详细考虑国际分类标准（世界知识产权组织国际专利分类 IPC 体系），以便专利审查员在尚未授予专利之前就能进行审查，防止已进入公共领域的传统知识被授予专利。印度的数据库主要有两个：传统知识数字图书馆（TKDL）和 Honey Bee 网络数据库。

（1）传统知识数字图书馆（TKDL）

1999 年，印度对美国专利局授权的姜黄和 Basmati① 专利提出异议并

① 姜黄（Turmeric）是一种姜类植物，能产生橘黄色根茎。在印度的烹调中被用为调味品的香料。除此以外，它还作为药品、化妆品以及彩色染料的有效成分。作为药品，一般用于愈合伤口和皮疹。1995 年，密西西比医学中心的两位印度公民被授予名称为“姜黄在伤口愈合中的应用”的美国专利 5401504。获知该消息后，印度科学与工业研究委员会（CSIR）要求美国专利和商标局（USPTO）重新审查该专利，认为姜黄用于治疗伤口和皮疹已有几千年的历史，因而它在医学上应用不具有新颖性。他们的主张得到传统知识书面证据的支持，包括一份古代梵文文本和 1953 年印度医学协会出版的一份文献。后来，尽管专利权人申辩，但 USPTO 最终支持了 CSIR 的异议并撤销了该专利。姜黄案是一件有重大意义的案例，因为在发展中国家传统知识基础上产生的专利被成功宣告无效，这还是第一次。尽管据印度政府计算，印度在此案中负担的诉讼费用是大约 10 000 美元。Prabuddha Granguli：Intellectual Property Right：Mothering Innovations to Markets，World Patent Information，pp.49，22(2000).关于 basmati 案，本书上文中已经提到过，就不再赘述。

最终成功,但其成本却十分昂贵,之后便由印度国家科学普及局(NISCOM)和印度药品和疗法系统部(ISM&H)合作建立传统知识数字图书馆(Traditional Knowledge Digital Library,简称 TKDL)。计划最初以印度草医学(一种传统的印度医药系统)为对象,并且提议以数字化格式记录公众可得到的现有的印度草医学文献。来自大约 35 000 种 Slokas(Versus & Prose)和配方的信息将被输入数据库,预计该网站有大约 140 000 页印度草医学。数据可以采用几种国际语言(英语、西班牙语、德语、法语、日语和北印度语)予以利用。

TKDL 采用传统知识资源分类法(TKRC),TKRC 是一种创新的高度组织化的分类系统,设计该分类系统是为了促进系统的整理、是一种创新的高度组织化传播和检索传统知识数字。TKRC 以国际专利分类体系(IPC)为基础,更加便利于审查员使用将信息根据分部、类、小类、组和小组进行分类。通过将一个 IPC 组(即涉及药用植物的 A61K35/78)扩展成大约 5 000 个小组,从而为传统知识信息提供了更全面的定义。[①]TKDL 的建立具有两方面的目的,一方面通过提供现有技术情况,帮助专利审查人员能够容易地检索到与传统文化相关的信息,进行新颖性和创造性判断,从而有希望防止针对已经被公开的主题获得专利权。另一方面,旨在构建现代科学和传统文化之间的桥梁,促进基于传统文化信息的研发,催化新药发明。

(2) Honey Bee 网络数据库

由印度持久技术研究和倡导学会(SRISTI)和其他非政府组织如国家创新基金(NIF)等在 15 年前建立的 Honey Bee 网络数据库,[②]范围涉及搜

① 英国知识产权委员会《整合知识产权与发展政策》(Integrating Intellectual Property Rights and Development Policy),第四章传统知识和地理标志,2002 年 9 月。

② Honey Bee database: Protection of Traditional Medicine, R.WILDER, CMH Working Paper Series, July 2001, p.25.

集和记录包括传统草药知识、健康实践和发明创新方面的信息，其建立的主要目的是在传统文化信息提供者和创新者双方间建立联系，提供帮助和促进合作，确保各方间的利益合理分配。

（二）秘鲁

目前，“一带一路”倡议朋友圈已经不仅限于传统的丝绸之路国家，“一带一路”倡议的开放性是面对全世界的，拉美地区也将经济发展寄希望于“一带一路”倡议。正如金砖国家政策研究中心负责人保罗·埃斯特维斯所说：“中拉产能合作投资基金、中巴扩大产能合作基金、金砖国家新开发银行等倡议已经为拉美发展中国家提供了难得的机遇。通过这些平台，我们不仅能得到雄厚的资金支持，还能获得最高、精、尖的技术，推动国家乃至区域战略，加快实现拉美区域内一体化和拉美与世界的互联互通。”

秘鲁地处南美洲西部，其生物资源极其丰富，秘鲁孕育了美洲最早人类文明之一的小北史前文明，有三千多万人口，民族包括印第安原住民、欧洲人、亚洲人、印欧混血等多个民族，各民族文化传统的融合在艺术、饮食、文学和音乐等领域创造了多元的表达方式，生物资源极其丰富。在不断遭受“生物海盗行为”的侵害后，于2002年8月10日，公布了《生物资源本土居民集体知识保护法》(Law Introducing a Protection Regime for the Collective Knowledge of Indigenous Peoples Derived from Biological Resources, No.27811)，重点保护本土居民基于生物资源而产生的集体知识(collective knowledge)。

该法首先明确了权利主体的集体性质，第一条规定相关权利属于原住民及特定集体：“The Peruvian State recognizes the rights and power of indigenous people and communities to dispose of their collective knowledge as they see fit.”第十条从反面否认了社会群体中的个人或数人的主体性

质：本法保护的是原住民的传统知识，并非构成该原住民民族的部分或特定个人。本法保护的传统知识可能属于两个或两个以上原住民。原住民对其传统知识的权利独立于因其民族身份而产生的现有权利，相关利益分配可按其传统习俗进行。第十四条规定了相关机构可以代表本土居民行使相关权利：“For the purposes of this regime, indigenous peoples shall be represented by their representative organizations, due regard being had to the traditional forms of organization of the indigenous peoples.”由此确立了原住民集体的权利主体地位。

关于保护的客体，该法第二条 b 项指出，集体知识（collective knowledge）是指与生物多样性所有权、使用及特征相关的，由原住民和与特定集体世世代代积累并传承下来的知识，[①]同时第三条还规定只保护与生物资源有关的本土居民的集体知识。可以看出该法的客体有以下特征：(1)由相关原住民及社会群体积累并传承下来；(2)具有集体性质；(3)限于生物资源领域。

该法还建立了登记制度以保护集体知识，分为已公开的和未公开的集体知识分别作出规定。所谓已公开的集体知识（Collective knowledge in the public domain），即原住民及特定集体之外的人可以通过传播媒介（如出版等）接触到该与生物资源所有权、使用或特性相关的，而为本土原住民及特定集本之外的人广为熟知的集体知识，对于已公开的集体知识，原住民、特定社会群体或者其代表机构有权向主管级申请公开的注册登记，并有权许可基于商业或工业目的而使用已公开的集体知识的申请。对于未公开的集本知识（Collective knowledge in the confidential domain），本土原

① 转引自周方：《传统知识法律保护研究》，知识产权出版社 2011 年版，第 155 页。

住民、特定集体或其代表机构有以下权利：第一，有权向主管机关申请保密注册登记；第二，有权事先被告知并同意对基于科学、商业或工业目的的集体知识使用申请；第三，有权排除未经其许可及以不适当的方式对集体知识进行取得、披露或使用行为；第四，有权揭露合法使用权集体知识的第三人。第十五条规定了具体的登记机关：全国原住民集体知识公共登记处（Public National Register of Collective Knowledge of Indigenous Peoples）、全国原住民集体知识保密登记处（Confidential National Register of Collective Knowledge of Indigenous Peoples）和原住民集体知识地方登记处（Local Registers of Collective Knowledge of Indigenous Peoples）。对于保密登记，登记处不能对外公开。

由此，该法案建立了对本土原住民集体知识的保护体系，对尊重、保存、发展和应用集体知识，以及运用事先知情同意原则和利益分享制度确保原住民利益作出了极大的贡献：确定了本土原住民及其代表机构的权利主体资格，并赋予他们专有权利。与上述菲律宾与印度的相关法律规定相比，其针对性更强，同时还明确了《生物多样性公约》中的事先知情同意机制及相应的利益分享制度。可以说是运用知识产权制度保护生物资源及相关知识的积极尝试，但该法案仅限于与生物资源有关的传统知识，覆盖的内容未能涉及其他如民间文学艺术等领域。

（三）泰国

各族人民都有自己的民间医学，开始也是经验所得，先尝尝试试，看其有效或有害，经验就传递下来了。后来不断改进传递方法，像在石头上、烘烤的泥片上、羊皮纸上、墙上及在棕榈叶上铭刻药用植物方面的题材，还有在鹊肾树皮（Streblusasper）及棕榈叶制成的纸上手写、印刷。民间药以多种剂型应用，每一种有它自己的发展道路，与现代医学相比，它包括除注射剂外的各种剂型。在广泛使用传统医药的国家,传统医药逐渐成为现代医学不可或缺的补充,并且被认为是传统文化的一部分。①泰国的传统医药主要经历四个时期:古代孟帝国时期(公元1182—1186年)、素可泰时期(公元1238—1377年)、阿瑜陀耶时期(公元1350—1767年)、曼谷王朝或却克旦王朝时期(公元1782年—　)。在素可泰时期以前,传统医药已经被泰国人民用于治疗常见病和一些慢性病。由于现代医学医生数量的增加导致现代药品使用的增加,甚至完全取代了传统医药(但80%的农村地区仍广泛地使用传统医药),导致进口现代药品和药物工业原料需求上升,在泰国贸易赤字中占有相当大的比例。一发面,越来越多的传统医学知识濒临失传,另一方面,国际上获取资源的争夺战越来越激烈,发达的工业化国家凭借先进的生物技术以及政治经济优势,使生物资源丰富的发展中国家逐渐成为他们生物产业的原料提供国。泰国政府、非政府组织、科学界都已经意识到了这种情况,而且已经着手开始为此作出努力。②为了保护与促进传统医药,泰国政府卫生部门制定了“泰国传统医药十年计划”,旨在促进泰国传统医药的发展,加大对传统医药的保护与开发力度,发挥对高成本进口药品与医疗器械的替代作用。基于以上背景,泰国于1999年颁布了《泰国传统医药知识保护与促进法》(Act on Promotion and Protection of Traditional Thai Medicinal Intelligence, B.E. 2542),旨在通过立法为传统医药提供一种特殊制度,更好地保护、利用、发展泰国传统医药。③

---

① 胡润生:《泰国的传统医药及民间医药》,《中成药研究》1981年第9期。

② Rationale and Background: The Draft Thai traditional medicine and local knowledge protection and promotion act[S/OL].[2007-09-03].http://www/biothai.org/cgi-bin/content/rights/show.pl?0001.

③ Act on Promotion and Protection of Traditional Thai Medicinal Intelligence, B.E. 2542, See http://www.wipo.int/edocs/lexdocs/laws/en/th/th019en.pdf.

1.《泰国传统医药知识保护与促进法》

(1) 概念

该法案首先对泰医药保护中涉及的基本概念进行了定义。通过这些定义,我们可以了解到泰医药保护的基本范畴。在该法中,“泰国传统医药知识”是指“与泰国传统医药相关的基本知识及技能”。而“传统医药”是指“关于检查、诊断、治疗、处理或者预防疾病、促进人类或者动物的健康、康复或者产后护理、泰式推拿的方法,包括以不断传播、发展的泰国传统医药的知识、文献为基础的泰国传统药物的制剂、医疗器械的发明”。①“泰国传统医药文献”是指“任何在书本、录音、棕榈叶书、碑刻或其他物品上记录过的,或虽然没有文献,但已广为流传、不断传播的与泰国传统医药有关的技术知识”。医药文献是保存传统知识的最主要方式,该法将医药文献纳入了保护范围,从该定义可以看出,即使没有文字记载,如只是口头传播,但只要“广为流传、不断传播”也参照书面文献被纳入保护范围。“泰国传统药物处方”是指“一个具体说明药品的生产过程和成分的配方,而泰国传统药物,不论其存在形式,都是其中的成分之一”。“草药”是指植物、动物、微生物等物质或者植物、动物提取的最初提取物,可被加以利用、转化、混合或复合成供检验、诊断、治疗、预防人类或动物疾病,或者可强化人类或动物健康的药物或食品。从以上定义可以看出,在《泰国传统医药知识保护与促进法》中,将与传统医药有关的文献、传统药物、传统药物处方、草药等都纳入了保护范围,并且还为保护草药专门设定了保护区。

① Act on Promotion and Protection of Traditional Thai Medicinal Intelligence, B.E. 2542, Section 3, “traditional Thai medicinal intelligence” means the basic knowledge and capability concerned with traditional Thai medicine; “traditional Thai medicine” means the medicinal procedures concerned with examination, diagnosis, therapy, treatment or prevention of, or promotion and rehabilitation of the health of humans or animals, obstetrics, traditional Thai massage, and also includes the production of traditional Thai drugs and the invention of medical devices on the basis of knowledge or text that has been passed on from generation to generation.

(2) 执行机构

关于执行机构,《泰国传统医药知识保护与促进法》规定“泰国传统医药知识保护和促进委员会”为从事泰医药保护与促进工作的机构。该委员会由公共健康卫生部、医疗服务部、知识产权部、畜牧发展部、皇家森林部、农业部、医疗科学部、食品药品管理局、自然资源和环境政策与规划署等政府部门组成,同时还吸收由卫生部部长指定的医生和泰国传统医药从业人员为委员。该委员会主要负责传统泰药的知识产权注册、协调社会各界力量以保护和促进泰医药的发展以及制定相关的工作程序、颁布泰医药保护的规定、命令等。卫生部下设的“泰国传统医药研究所”则主要开展泰国传统医药知识、草药的教育、培训、研究和发展方面的工作以及为委员会开展工作提供技术支持。

(3) 分类

该法案第二章名为“传统泰药的保护与促进”,涉及传统泰药的具体保护制度。其第十四条明确规定,泰国传统医药的知识产权保护,以泰国传统医药的配方、文献以及传统药物为保护范围。该法案将现有传统医药配方进行分类处理:

第一,国家配方(National Formulae)。国家配方是国家享有的对人民健康非常重要的配方。该法规定公共健康卫生部有权宣布某种传统泰医药的配方作为国家配方。这种传统配方必须具有重大利益或有特殊的医药价值。在宣布之后,这一配方的相关权利属于国家,对国有配方的药品进行商业化生产或研究开发需要得到政府的许可,并对有关侵权行为规定了刑事制裁。

第二,私人配方(Private Formulae)。私人配方是配方所有者可以自由使用的配方。第三方要使用该配方必须得到所有人的许可。登记注册私有配方的请求可以由该配方的发明者或研发人、或该配方发明者或研发人的继承人提出。该法授予私人配方所有人专有权，所有人可以许可他人使用该已经登记注册的私有配方进行研究，也可以许可出售和分配使用该配方开发或生产的任何产品；但并不是任何人都具有这种权利注册资格。只有具有泰国国籍的传统医药从业人员才能进行注册。当然，国家处方、文献不能进行私人注册，即使获得私人注册的处方或者文献，如果违反了限制性规定，如在行使权利时违背公序良俗、权利持有人注册资格发生变化或者在行使其权利可能对该泰国传统医药知识造成严重损害，注册机构都有权撤销注册。私有配方的专有权还有一定的时间限制，该登记注册的私有配方的权利期限为所有人终身及其死后50年。这种专门保护制度的一个主要目的是通过国家授予排他垄断权使传统知识的所有人从他的贡献中获得充分的补偿。①

第三，一般配方(General Formulae)。一般配方是广为人知的传统药方，这类药方在国内任何人均可自由使用。

(4) 草药的保护和管制

草药是传统医药发展的基础，更是传统医药法律保护的重点。在草药的保护管制方面，该法采取了两项主要措施：一是实行管制草药目录制度；二是实行草药保护区制度。划定草药的专门保护区域。

该法规定，为使草药得到保护，卫生部长在听取委员会意见后，有权在政府宪报上宣布有研究价值、经济价值或者可能灭绝的草药为受管制草药，并公布其处方类型、特点、种类和名称。除非得到许可，任何人不得为商业目的研究、出口、销售或者移植受管制草药。如果某草药被列为受管

① Jakkrit Kuanpoth. Legal Protection of Traditional Knowledge: The case of Thai Traditional Medicine, Paper presented at the ASEAN Workshop on the TRIPS Agreement & Traditional Medicine [A]. WHO, Jakarta, 15 Feb. 2001.

制草药,那么拥有受管制草药数量超过规定数量的人,应当在限定期限内向主管注册官员告知其所拥有的受管制草药的金额和数量。

同时,还为容易受人类活动影响的草药产地区域设立保护区。卫生部制定的“草药保护计划”包括短期、中期、长期计划,并且不论计划期限如何,每个计划都应该包括何人可以进入保护区、各有关部门在保护区维护上承担什么职责、如何对保护区进行研究探索以及对计划实施情况进行评估等内容。被列为保护区的土地,所有权属于泰国政府,除非经过政府许可,任何人不得在保护区内开发草药、植被、兴建建筑、采矿、改变保护区内河流河道、沼泽分布等。为了提高公众参与草药保护工作,该法还规定,若某土地是草药的原产地或是用来种植草药的地区,则该土地所有者或者占有者有权在注册处登记该土地,政府将按照该法规定对已按照本法规定对该土地所有者或者占有者提供帮助和支持。由此,该法案通过赋予传统泰药配方一定的专有权利,建立起一套保护传统泰药以及草药的知识产权制度,既避免了传统医药知识的大量失传,又保护了生物遗传资源。

不难发现,印度吸收并灵活运用了《生物多样性公约》事先知情同意机制,在其《生物多样性法》中规定,未经国家生物多样性局(National Biodiversity Authority)的批准不得在印度国内外就基于生物多样性资源研究或信息的任何发明申请知识产权,且其批准的同时可以强制收取利益分享费、税费或两者皆有或者批准之条件。并在其《生物多样性法细则》中详细规定了相关的“利益分享标准”。其专利法中也强调涉及生物遗传资源的来源披露。加之传统知识数字图书馆(TKDL)和 Honey Bee 网络数据库两大数据库对传统科学知识的收集和整理,形成了对印度传统科学知识的整体保护。秘鲁则通过《生物资源本土居民集体保护制度法》赋予本土原住民在生物遗传资源方面的广泛权利,并通过相应的登记制度加强对传统科学知识的管理。泰国针对其丰富的传统医药知识制定了一系列保护措施,包括对传统草药的保护、传统医学人员的培养以及传统医药处方的分类管理。这些都是"一带一路"倡议下传统科学知识专利保护值得借鉴的重要实践经验。

二、传统科学知识专利保护的困境——以传统中医药知识为视角

世界卫生组织这样界定传统医药知识,"传统医学是知识、技术和实践的整体健康医护,它的维持健康和质料疾病的作用是经过验证的,并且被接受的。它是建立在本土理论、信仰和经验之上的,被一代一代传承下去的",即"整体性和本土性是其区别于西医的主要方面"。中医学将人、自然、社会视为一个有联系的整体,人本身也是一个有联系的整体,整体观念是中医基础理论的一个重要特征。①在长期整体观念理论的指导下,中医实行辨证论治。②选方用药则是中医最基本、最重要的手段和途径。方剂是中医强调君臣佐使相互依赖、相互联系、复杂灵活、富于变化的配伍实践结果。③中药方剂中的复方则是我国传统医学知识的精髓和核

---

① 整体观念是中医学理论的两个基本特点之一(另一个是辨证论治)。中医学的整体观念是关于人体自身的完整性以及人与外部环境之间的统一性和联系性的认识。就人体而言,人体以五脏为中心,通过经络系统,把六腑、五体、五官、九窍、四肢等全身组织器官有机联系起来,构成一个表里相连、上下沟通、密切联系的统一整体。参见周学胜:《中医基础理论(第2版)》,人民卫生出版社2000年版,第5—7页。

② 辨证论治是中医辨病治病的基本原则。辨证,就是辨别证候,即把四诊所收集的有关疾病的所有信息,包括症状和体征,运用中医理论进行分析、综合,以辨清病因、病位、病性、病势和邪正关系,综合判定为某种性质的证候。论治,即根据辨证的结果,针对其证候,确立相应的治疗原则和方法,选择适当的治疗手段、措施如物理治疗、选用方药等,进行疾病治疗。参见周学胜:《中医基础理论(第2版)》,人民卫生出版社2000年版,第10—11页。

③ 方剂学是我国医学理论体系的重要组成部分。在中药方剂中,我国古代医家将其分为大、小、缓、急、奇、偶、复七方。大方,药味较多,主要治疗病情复杂的病症;小方,药味较少,主要适用病情简单的病症;缓方,主要适用于病情迁延不已的病症;急方,主要适用于病情迅猛的病症;奇方,单用一种药或所用药物是奇数,主要适用于病势浅近或通下方面;偶方,是用两药相配或所用药物为偶数,主要适用于病势深远或发汗方面;复方,是合两方或三方组成,适用于治疗数病同发或反复发作的病症。现在中医临床上,奇、偶两方已经不考虑;缓、急两方已经在大、小两方中得到体现,而不再分别。所用多为大方、小方、复方。但许多中成药取名"复方",只是将多味药组合在一起而已,已完全不同于中医传统所说的复方。参见张永祥:《中药药理学新论》,人民卫生出版社2004年版,第23页;叶显纯:《中药常识问答》,上海辞书出版社2004年版,第10—11页。

心，中药理论认为复方由两大要素组成：一是不同单味药所含有的一定种类的有效化学成分及其特定数量，包括该方经加工后可能产生的新的有效成分和无效成分对机体产生质料作用的物质基础；二是一个组方经加工过程形成的一个新的综合理化环境，是由众多有效成分和无效成分乃至溶媒、辅料等组成的一个理化体系。

专利法常常被用来作为保护传统中医药的法律武器。[①]中药专利保护是指通过中药申请的专利对中药进行保护，包括重要组方专利、中药制备工艺专利、中药用途专利等不同的类型。[②]自从1992年版《专利法》实施后，因为该法把医药产品纳入保护范围之中，传统中医药专利申请数量显著增多了。[③]可见，专利法对传统中医药的保护还是有所作为的。医药产品，包括医药新配方及其产品、传统中医药的有用提取物、改进传统中医药所获得的新产品，以及传统中医药改良产品等都可被授予专利。生产传统中医药的生产工艺、新型的或者改进型的传统中医药生产方式，以及传统中医药的特殊培育或生产工序也都可获得专利。产品无论是否已为公众所知晓，只要能证明其具有新用途都可获得专利。在传统中医药方面，最为常见的申请主要是申请保护某种药品的新用途，也就是说，即便某种药已经被使用了很多年，只要发现了该药的某种新用途，就可获得专利保护。正如冯象先生所指出，已知化学物质的新的医药用途在不停地被发现。[④]对于已知物质，如果其为某项工艺的一部分，则不能授予专利，但该物质的新的使用方法被发现了，则可申请专利，这样的工艺革新和由此所产生的新产品都可被授予专利。目前我国中药专利申请过程中，产品和方法类的申请

---

① 郑永锋：《中药专利申请概况及其审查实务》，《中国专利与商标》2001年第4期。
② 王丽丽：《论我国中药知识产权保护》，《法制与经济》2014年第7期。
③ 曲伟俊：《中国知识产权与传统中医药保护》，亚太经合组织传统医药峰会宣读论文（香港），2002年3月19—22日。
④ 冯象：《中国知识产权》，Sweet & Maxwell出版社1997年版，第183—184页。

占据较大比例，且以常规生产方法为主导，少数特殊方法并存；酒剂、口服液和丸剂占据申请剂型的大多数且制剂水平不高；用于治疗疑难病和多发病且疗效并不显著的专利药物占大多数，同时存在相当数量的疗效不明确的保健品；中药发明中的职务发明比例较少。①实践当中呈现出“两级分化”的乱象：一方面，众多有价值的民间秘方、验方、少数民族医药没有得到专利制度的保护；另一方面，由于可专利性标准尚未在制度上予以明晰，每年大量的低质量中药专利得以审批通过。根据《世界专利数据库》的查询，我国的中药专利数量已经超过 27 000 项（约为美国天然药物类型专利的 9 倍），而其中技术含量较高的中药提取物类专利则不超过 10%。②

虽然新的专利法突破了旧的专利法中“药品和用化学方法获得的物质”不予授予专利的桎梏，但中药品种要想真正获得专利保护的难度还是很大的。毕竟专利法起源于主导西药的西方国家，中药专利的保护主要借鉴西药，用西药的保护方式来保护中药必然存在障碍。中药历史悠久，且世代传承，大多数的良方均在古籍中有所记载，进入所谓的“公有领域”，这些中药的工艺配方等很难改变。即便对其进行改良，抛去药效是否增减，改良的标准也很难断定满足现有专利标准。此外，西药是具有具体化学结构式的单方药，而中药大多是复方，这就决定了中药不具备西药专利保护范围的明确性。③具体包括：

第一，可专利性问题。我国《专利法》第二十二条规定，授予专利权的发明和实用新型，应当具备新颖性、创造性和实用性。新颖性，是指该发明

① 杜晓曦：《中药创新与中药知识产权保护》，《药品评价》2004 年 1 月第 4 期。
② 陈一孚：《中药和专利制度之间的兼容性——以中药发明的实用性审查为视角》，《理论与改革》2016 年第 2 期。
③ 郭越、汤少梁：《专利保护视角下我国中药保护现状与对策探讨》，《中国卫生事业管理》2016 年第 7 期。

或者实用新型不属于现有技术；也没有任何单位或者个人就同样的发明或者实用新型在申请日以前向国务院专利行政部门提出过申请，并记载在申请日以后公布的专利申请文件或者公告的专利文件中。而现有技术是指申请日以前在国内外为公众所知的技术。在申请专利前，如果公众能够获得同样规格的产品，那么该申请就不会被认为具有新颖性，就不具有可专利性；创造性是指与现有技术相比，该发明具有突出的实质性特点和显著的进步，该实用新型具有实质性特点和进步，也就是申请获得专利的发明对于从事该行当的人来说并不是显而易见的，必须证明在该行当中发明申请具有实质性的特征并且呈现出显著的改进；实用性是指该发明或者实用新型能够制造或者使用，并且能够产生积极效果。

传统中医药很难同时满足上述“三性”的要求。从新颖性和创造性角度讲，传统中医药往往为某个民族、地区或部落的人们所公知并世代使用，在这种情况下，该传统中医药就不具有新颖性，与现有技术相比不可能具有创造性，不能被授予专利权。例如，在印度“姜黄”和“楝树”专利案中，印度科学和产业研究会、印度科学和工业研究理事会分别运用专利新颖性和创造性要求成功地申请撤销了这两个专利。一个是证明了“姜黄被用作治愈伤口和皮疹已经有数千年之久，因此它的药用用途没有新颖性”，最后美国专利局以该有关姜黄的专利缺乏新颖性为由撤销了该专利。欧洲专利局同样认为：申请人提交的证据表明，印度农业已知悉楝树提取液的真菌效果并将其用于庄稼保护达数个世纪，该“楝树”专利不具有新颖性和创造性，因而撤销该专利。从实用性角度讲，作为独自拥有发明专利权的补偿，发明人应向社会呈现一些有用的东西。[①]要使得专利申请标的能够制造或

① Rosenberg, Peter D, 1991, Patent Law Fundamentals, Clark Boardman Callaghan, §8, 01.

使用,并能产生积极效果,专利申请标的必须能够适合工业化的制造和使用,而如果该申请利用了不可再现的原材料,或者利用独一无二的自然条件的产品,则被认为不具有工业化制造和使用的条件。①适合于能够在产业中被制造和使用,以及能够产生积极效果是我国专利制度侧重的两个基本要求。而对于一项中药发明,一方面,如果其依赖的原材料是濒危的动植物,或者是极难获得的原料,很难认为该项发明具备实用性所内含的适合产业化应用的要求。尽管在专利法和专利审查细则中没有专门对药材的可获取性作出规定,但是,如果中药发明所涉及极难获取的原料,则专利局有可能驳回该项发明专利的申请。例如,国家知识产权局否决了用于治疗脑膜炎的中药发明专利,理由是生产这种药物需要人类脑膜提取物。濒危天然材料这一事实将会限制多数中药专利的应用范围,而工业化应用的缺失则进一步使得发明人获得专利权的实际意义大为降低;另一方面,药用植物的特征及有效成分受到各种自然条件的影响,诸如种植土壤、天气和收获季节等条件,可能明显改变药草所包含的化学成分。决定中药材疗效的自然条件通常具有唯一性,且很难在特定地域之外被复制。②地域性和季节性等因素对于中药的疗效的可再现性将无可避免地产生影响,使得中药技术人员可能无法实现发明说明书所披露的技术方案。也就使得再现程度很低的原料无法满足实用性所指向的工业化要求。③

---

① 参见《专利审查指南》(2010),第二部分第五章,第 2—70 页。

② 香港理工大学开展的一项研究显示,由于收获季节的原因,三七的生物有效成分发生了显著的变化,即四月为高峰季节,而其他月份的含量会逐渐减少。孔宪铎、詹华强:《从西方思维看中医现代化》,香港三联出版社 2006 年版,第 110 页。

③ 为了解决这一问题,有学者提出了要求中药发明的申请在其说明书中对于中药的来源和生产条件进行必要披露的方案。例如,我国台湾的《专利审查指南》即要求中药产品的发明人明确有可能影响发明可复制性的各种因素,除非所述领域的专业人员普遍了解该药材。参见《台湾专利审查指南》第十二章中药审查,第 3.3.1.2 部分;陈一孚:《论中药和专利制度之间的兼容性——以中药发明的实用性审查为视角》,《理论与改革》2016 年第 2 期。

第二，侵权问题。根据目前我国对中药实施专利保护的规定，认定侵权非常困难。一个获得专利的化学药物，具体的化学结构式，专利人在申请专利时可以涵盖相应的结构和衍生物，如果被仿制或侵权，容易被检测和认定。但是中药的成分、含量复杂，是由组方和剂量组成，不具有具体的化学结构式。在一些复方中，有时一味药材的替换或用量的增减可能对药效影响不大，这样制成成药后很难测定其是否仿制或判定其基本处方和生产工艺，故认定产品是否侵权困难重重，仿冒者也往往利用这些难点来规避侵权制裁的风险。

第三，保护对象不全面的问题。传统中医药的范围很广，既包括中药制剂、中药处方、药材资源、医疗器械等产品，也包括有关的诊断和治疗方法。但是，由于疾病的诊断与治疗方法是直接以有生命的人体或动物体为实施对象，从人道主义出发，绝大多数国家专利法都将其排除在专利保护范围之外，《与贸易有关的知识产权协定》第二十七条也明确规定：成员可将人类或动物疾病的诊断、治疗和手术的方法排除在可获专利的范围之外。还有药品本身，许多传统药品属于粗制品，如叶、花、果实、种子、茎、根等部位的全部或粉末，而现有专利制度对粗制草药的保护措施缺乏具体的操作规则。①

第四，费用问题。传统中医药的持有人往往无力负担数额较大的专利申请费与维持费。许多国家的专利法规定专利申请人应缴纳相应的专利申请费，获得专利权后专利权人有缴纳专利年费（也称专利维持费）的义务。传统中医药大多分布在经济不太发达的地区，对其持有人来说，这两笔费用数额较大以至于无力负担。②

① 黄玉烨：《谈中国传统医药知识产权保护策略》，《科技与法律》2005年第3期。
② 黄玉烨：《浅谈中国传统医药知识产权保护策略》，《科技与法律》2005年第3期。

另外，有些学者指出“中药专利审批的周期太长、中药知识产权保护力度不够”等原因，也导致我国的中药专利保护举步维艰。[①]中药专利申请过程较之中药品种保护的申报过程相对较长，尤其是发明专利公开后，专利申请的实质审查没有法定期限，从而导致实审周期延长。[②]申请专利耗时长，专利可以获得保护期限为20年，中药品种保护的一级保护期限也可达20年甚至更长，这也是大多数中药生产企业在权衡之下选择中药品种保护等行政保护的原因。

不难发现传统医药知识专利保护问题的根源在于专利制度和中药特征之间存在不兼容。现有的药品专利制度的规定和实践主要基于西药（主要是化学药品），但是由于中药的独特特征，现有的药品专利制度与中药产业之间存在不兼容，从而影响了专利制度对于中药产业的实施。从根本上看，中药和专利制度之间兼容性问题来源于中药特殊的医学理论。正如上文所说，中药将人体视为内在关联的整体，在“辨证论治”等中药传统理论的指导下进行疾病的诊断和治疗，这与西药直接针对疾病治疗不同，中药用药体现为对“症”采取治疗，所谓“西医治标，中医治本”。从传统中医药的特有理论出发，更深层次地讲，医药专利的“三性”，除了新颖性以外，实用性和创造性这两项表征均需要药品发明提供一定的疗效说明。西药药品疗效通常从西药药理学的角度进行说明，即针对药品所包含的化学成分或者有效成分，对其医学上的疗效进行解释。而中药的疗效在传统上是通过中医理论进行说明，采用“气”“阴阳”“五行”等传统医药理论。用西药理论诠释中药疗效就非常困难了。中药单方仅包含一种药材，中药复方则包

---

① 夏莹、冯国忠：《我国中药专利保护中存在的问题及对策》，《中国药业》2008年第14期。

② 梅智胜、肖诗鹰、黄璐琦、刘铜华：《中药专利保护相关问题的探讨》，《国外医学（中医中药分册）》2005年第5期。

含多种药材，无论单方还是复方均需要进行加工、炮制才可服用，鉴于药材的化学成分极其复杂以及加工过程中各种成分之间的化学反应，确定成品药化学结构和划分其有效成分会非常困难。与化学成分相对明确的化学药品不同，中药很难像西药那样对成分进行明确，并由此从药理学的角度进行解释。①

基于以上对传统中医药专利制度保护的分析，可以看出，对传统科学知识而言，其专利保护方式有着众多不利因素：(1)传统知识是一种集体知识，无法确定个体化的知识发明人和拥有人，也无授予权利的客体；(2)传统知识一般口头相传，没有文字记录，无法确定其内容，且会因为某一社区或部族的解散或某一人的死亡而消亡；(3)某些传统知识并不具有创造性和新颖性，或不具备实用性，无法受专利法保护；(4)传统知识的实际拥有者没有将知识商业化的积极性，也没有能力和资金利用知识产权来保护他们的传统知识；(5)专利制度的宗旨在于授予特定区域特定时限的垄断权，来达到刺激创造发明，促进社会进步的目的。但传统知识本身业已存在，无需再提供刺激机制，且传统知识是地方社区顺应自然环境发展起来的，其自身的形成在过去不需要刺激机制，将来也仍然不需要；(6)专利权的设立可以授予和明确产权，在市场经济体制下，可以促进市场交换，促进经济发展。但某种动植物的产权，或者某类传统知识的产权无需先天确定，而且也无法确定；(7)专利制度旨在使对社会有益的信息能够公开化，以造福人类。但现在很多观点都认为，出于保护生物多样性和保护土著社会文化生活完整性的考虑，应控制传统知识传播的速度和范围，以免造成过度利用资源、影响土著社区正常发

① 孔宪铎、詹华强：《从西方思维看中医现代化》，香港三联出版社2006年版，第22页。

展的局面。[①]笔者认为，现有的专利制度并不利于传统科学知识的保护，“公有领域”“现有技术”“确定主体”都是其面临的难题。正如崔国斌教授所认为，“公知公用只是传统社区内最为简单的关于文化知识的共享关系在很多传统社区中，围绕文化知识的使用所形成的社会关系远远要比这种模式复杂。如何在传统文化保护的产权模式下，确认这些五花八门的产权习惯肯定是一个棘手的问题……导致传统社会的集体创新机制瓦解的一个主要原因是私有制观念的急剧膨胀——对很多传统社区而言，传统文化产权保护要求的提出就是受现代知识产权制度所传达的私有垄断观念影响的结果”，“一些传统部落常常习惯于以物权的观念来看知识的所有权问题，希望像追讨遗失的有形文化财产一样追讨流失的传统知识。在这些传统社区的理念中，就没有所谓的公共领域的概念，或者说它们没有意识到公共领域存在的现实意义……对于传统社区来说，专利制度的复杂性、维护权利的成本等也许还不是最大的难题，有效的专利保护是否能够带来切实的利益则是最大的挑战……传统知识可能为进一步的市场化产品和技术奠定基础，本身仅仅是一种知识上的‘原材料’罢了。也许，这些原材料的知识获得专利保护并无障碍，但此类专利却难以支持权利人对后续的研究成果主张某种权利”。[②]

---

① 对现行知识产权法是否可用来保护传统知识，存在否定和肯定两种不同的观点。否定论认为，现行知识产权法的任何扩张，都不足以保护传统知识。原因在于知识产权概念与“传统部族”的实践和文化存在根本性的冲突和不相容。肯定论认为，现行知识产权法与传统知识不存在根本性冲突，对传统知识保护能够发挥良好的作用，因而支持用现行知识产权法来保护传统知识。就专利制度而言，“肯定论”认为大多数传统知识只要被创造或发明出来，是可以用专利法来保护的，甚至有的“肯定论”者认为把专利保护延伸到传统知识是传统知识保护最简单的办法。商标和地理标志而言，肯定论者认为集体商标、证明商标和地理标志可以授予传统社区的代表，进而为传统知识保护提供途径。参见严永和：《论传统知识的知识产权保护》，中南财经政法大学博士学位论文 2005 年。

② 崔国斌：《传统知识保护的困境》，《专利法研究》，国家知识产权局条法司专题资料汇编，会议时间：2002 年 12 月 1 日。

现行知识产权法是现代性制度文明的重要成果之一，是现代社会保护知识活动成果的基本规则。传统科学知识作为一种知识活动过程和智力活动成果，与现行知识产权法必然存在一定的联系和共通性。因此，“一带一路”倡议下专利制度对传统科学知识的保护必然存在一定的制度空间。

三、在先技术与事先知情同意机制的运用

我们可以根据传统文化是否具有公开性，划分为已经公开的传统文化和尚未公开的传统文化。对已经公开的传统文化，根据其公开的程度和范围，又可以分为两种：一种是以书面或其他方式对外部社会公开的，外部社会已熟知并能通过大众传媒习得的传统文化，谓之“绝对公开”的传统文化；二是未对外部公开（即外部社会未能熟知且尚不能通过普通传播媒介习得），但在传统社区内部自由流转和公开使用的传统文化，称之为“相对公开”的传统文化。尚未公开的传统文化表现形式，是由传统社区内少数成员掌握，在传统社区内仍处于保密状态的传统文化。本书主要讨论已公开的传统文化，包括绝对公开的和相对公开的传统文化。既然对传统文化中的传统科学知识采用积极的专利制度保护模式有种种困难，那么，对于不论是相对公开的还是绝对公开的传统科学知识是否构成专利法上的在先技术？是否能用在先技术规则排除他人获得相应的专利权，从而获得消极的、防御性的保护？以及事先知情同意机制在专利制度中是否有运用的空间，以保护传统社群在传统科学知识方面的利益分享权益？

（一）在先技术在传统科学知识专利保护中的运用

专利法中的在先技术（Prior Arts）是针对一项专利申请而言的，是指在该专利申请日前已经公开的技术（有些时候也涵盖尚未公开的抵触申请

中的技术）。[①]如果该专利申请与在先技术方案相同，或者在先技术相比没有创造性，则该专利申请将以不具备新颖性或创造性而被驳回。在先技术是判断申请专利创造性和新颖性的重要标准和参照，而判断一项技术是否为在先技术时，主要考虑技术公开的方式、公开的地域范围、公开的时间等因素。

一般而言，专利申请日前在全球范围内通过出版物等方式公开的技术知识为在先技术；而在一国国内公开使用但没有通过书面形式出版公开的技术，在该国一般也视为在先技术；[②]至于在国外公开使用但没有通过出版物等方式公开的技术是否为在先技术，各国的规定不尽相同。现如今绝大多数国家采用的是“绝对新颖性”标准，[③]如《欧洲专利公约》第五十四条第二款和《欧洲专利局专利审查指南》的规定，在先技术包括在申请日前公众通过书面或口头描述、通过使用或其他方式可获得的任何技术。《日本专利法》第二十九条也规定，在先技术包括申请日前或优先权日前在日本或日本以外公开知悉的发明、公开运用的发明、在出版物上发表的发明或普通公众通过电信网络可获得的发明。也就是说，与申请专利的技术方案相比，无论国内还是国外，只要有人公开使用该技术，则申请专利之技术不具备可专利性。因此，所有公开使用的传统知识均可理解为在先技术。与此不同

---

① 抵触申请是指在先申请的申请日早于在后申请（不包括申请日相同的情况），但在先申请的公开日晚于在后申请（包括申请日相同的情况），且在后申请的权利要求已经被在先申请的申请文件所披露，则在先申请构成了在后申请的“抵触申请”，该在后申请则不具备新颖性，不能被授予专利权。参见尹新天：《中国专利法详解》，知识产权出版社 2012 年版，第 192—195 页。

② 这里的公开使用以接触为标准，是指社会公众凭自己的意愿可以接触、了解到相关的技术方案，而不要求该技术实际上已经为公众所了解。

③ 世界知识产权组织的专利法常设委员会 2009 年 2 月提出了一份名称为“国际专利制度的报告”的文件，其附件 1 以列表的方式对 101 个国家专利法的一些实质性规定进行了比较。其中关于现有技术的定义，除了我国之外，只有泰国、斯里兰卡、新西兰这四个国家的专利法规定公开使用行为构成现有技术的仅限于发生在该国国内的行为。此外，由于美国采用先发明制专利制度，其有关新颖性、创造性的规定有根本性不同，不必为采用先申请之专利制度的国家所借鉴。参见尹新天：《中国专利法详解》，知识产权出版社 2012 年版，第 183 页。

的是,美国专利法于在先技术问题上,区分了国内和国外,即国内公开使用(含公开发表)标准和国外公开发表标准,亦即相对新颖性标准。如果在美国已经有人公开使用该申请专利的技术(含公开发表),或在非申请国已公开发表该技术,除法定豁免情形外,申请专利的技术方案不具备可专利性。①

我国2000年《专利法》第二十二条:“新颖性,是指在申请日以前没有同样的发明或者实用新型在国内外出版物上公开发表过、在国内公开使用过或者以其他方式为公众所知,也没有同样的发明或者实用新型由他人向国务院专利行政部门提出过申请并且记载在申请日以后公布的专利申请文件中。”以及2002年《专利法实施细则》第三十条:“专利法第二十二条第三款所称已有的技术,是指申请日(有优先权的,指优先权日)前在国内外出版物上公开发表、在国内公开使用或者以其他方式为公众所知的技术,即现有技术。”②而2008年修改过后的《专利法》第二十二条规定:“本法所称现有技术,是指申请日以前在国内外为公众所知的技术。”明确地表明认定构成现有技术必须满足“为公众所知”(available to the public)的条件,而不论是以何种方式公开。在《专利审查指南2010》中规定:“现有技术应当是在申请日以前公众能够得知的技术内容。换句话说,现有技术应当在申请日以前处于能够为公众获得的状态,并包括含有能够使公众从中得知实质性技术知识的内容。”应当强调的是,现有技术是确确实实地处于“能够为公众获得的状态”,而不仅仅是一种“可能”。③从此种意义上讲,我国专利

① Naomi Roht-Arriaza, of Seed and Shaman: The Appropriation of the Scientific and Technological Knowledge of Indigenous and Local Communities, Summer, 1996, 17, Mich. J. Int'l L. 919.

② 有学者根据上述表述将“已有的技术”分为两类:一是通过国内外出版物公开的现有技术;二是通过在国内使用公开或者以其他方式为公众所知的现有技术。参见尹新天:《中国专利法详解》,知识产权出版社2012年版,第181页。也有学者将其分为三种类型:一是在国内外出版物公开发表所构成的现有技术;二是在国内公开使用构成的现有技术;三是以其他方式公开构成的现有技术。参加汤宗舜:《专利法解说》,北京知识产权出版社2002年版,第143—145页。

③ 尹新天:《中国专利法详解》,知识产权出版社2012年版,第184—189页。

法经历了从“相对的新颖性”标准到“绝对新颖性”标准的过渡。

在“绝对新颖性”标准下，将传统科学知识视为专利法中的在先技术具有可行性，但也存在一定的困难。最大的难题是许多传统知识在传统社群所在的国家大多被认为是公共知识，这就意味着任何人都可以自由使用，甚至包括商业性的利用。也有学者提出，当人们对知识商业价值所形成的技术产生依赖，而这种依赖的前提是对该知识的使用不必付出对价，如果法律允许原始技术所有权人行使“追讨权”，现有的市场经济秩序将被打破，这种影响所产生的社会成本会远远超过其追讨。并且无形知识的事后追讨在大多数情况下是不可能的，因为追讨者很难证明别人所获得的知识不是自己独立思考或者研究所得，而是通过剽窃而得。笔者认为，传统科学知识的保护，不应当仅从功利的角度去思考，只是从经济学的立场去看待保护一项事物的成本—收益问题是不够全面的，正如本书第一章中讲到，传统文化保护有着强烈的人权基础、文化和生物多样性可持续发展色彩以及重要的文化、经济价值，保护传统文化中的科学知识也是对其经济价值的“投资”行为，其回报涉及的方面非常广泛，只是从投资到回报的“真空”期间比较长而已。要解决上述问题，最好的办法就是将传统科学知识文献化、数据化。

由于传统科学知识大多通过口头传播和保存，缺乏书面文字形式的记载。这导致其本身的内容以及要求知识产权保护的范围缺乏确定性，在缺乏可供检索的文献记载的情况下，难以评价其是否满足专利制度的新颖性、创造性和版权制度中的独创性。因此，建立传统科学知识数据库便成为许多传统知识丰富的发展中国家保护自身利益，防止“生物剽窃”行为的手段。如本书中提到的印度针对当地“草医学”知识建立的传统知识数字图书馆，耗资100多万美元把250个古代药方翻译并数字化，并回溯筛查

100 年或更久远的上千份科学文献,[①]建立 140 000 页印度草医学,采用几种国际语言(英语、西班牙语、德语、法语、日语和北印度语)予以利用。一方面通过提供现有技术情况,帮助专利审查人员能够容易地检索到与传统文化相关的信息,进行新颖性和创造性判断,从而有希望防止针对已经被公开的主题获得专利权;另一方面,构建了现代科学和传统文化之间的桥梁,促进基于传统科学知识的研发,催化新药发明。因此,充分利用“一带一路”建设的平台交流与合作功能,通过国家间的合作开发,利用现代科技使传统科学知识数字化、网络化,建立“一带一路”倡议下可供专利查询传统科学知识数据库,使传统知识成为专利行政和司法实践上的在先技术,亦即专利法意义上的在先技术,是在“一带一路”倡议下传统科学知识保护的重要途径:

第一,传统知识的数据库保护模式是将传统知识作为数据材料对其进行编排,建立传统知识数据库,将传统知识文献化,从而将传统知识纳入数据库保护制度的范围。其宗旨主要是为了阻止他人不正当地利用数据库的信息创设知识产权,并为今后的利益分享创造条件。[②]采用数据库的模式保护传统科学知识,一方面能够使对传统知识信息的编排和汇集付出智力贡献的数据库汇编者获得与独创性数据库相同的权利,即对内容的选择和排列享有排他性权利(著作权);另一方面,这种数据库还具有一些独创性数据库所不具有的权利,包括对数据库实际记录的知识本身的权利和对已登记的数据库具体内容的使用享有的排他权。[③]有学者认为,“文献化工作可针对涉及民间传统文化各个方面,可以包括有形的文化财产,‘大到古村

① 孙雷心:《印度启动数字化数据库项目保护传统知识》,《生物技术通报》2000 年第 1 期。
② 管育鹰:《知识产权视野中的民间文艺保护》,法律出版社 2006 年版,第 159—162 页。
③ Traditional knowledge and the Need to Give It Adequate Intellectual Property Protection, Annex I, WIPO/GRTKF/IC/3/10.

落，小到香包’，其具体步骤可以包括‘普查、登记、分类、整理、出版’等，其存储或出版介质既应包括传统的纸质，也应同时包括数字化电子存储和其他新的技术存储手段，以利于应用、传播和保护；其最终表现形式既可以是相互独立的文献，也可以是汇编在一起的数据库，以利于检索和应用”。[①]波兰作家和曲作者协会的布莱申斯基也认为，民间文学艺术应该受到类似保护数据库法律的保护，该设想也得到了众多学者的支持。[②]由于本书将民间文学艺术与传统知识区分看待，因此，将民间文学艺术中的科学技术内容视为传统知识，如传统工艺等。另一方面，民间文学艺术大多涉及著作权的“作品”，其表现形式同创作主体的文化身份有着鲜明的联系，独立创作的重复性几乎为零，同时，社会公众对于传统作品的依赖没有对科学技术的依赖的社会影响大。因此，采用版权或特殊版权制度保护民间文学艺术更为适宜。

第二，至于具体的收集、汇编整理方案，世界知识产权组织提出了许多有参考价值的内容。首先，世界知识产权组织提出在传统知识文献化、数字化、网络化的框架结构总体布局上，一方面应当由一定国家组成的区域性组织、国家或一个国家内的地方性行政单位建立实质性传统知识数据库；另一方面，相关国际组织建立一个链接系统，把各国传统知识数据库链接成一个国际传统知识数据库，使传统知识在国际层面上确保在先技术的身份，阻止剽窃传统知识而获取知识产权的行为。其次，针对具体的编排技术规则，世界知识产权组织提出了以下建议：一是传统知识的数据库录取应采用资源原则，即仅在传统知识持有人同意时方可录入。二是传统知

① 冯骥才：《庄重的宣布——冯骥才在中国民间文化遗产抢救工程新闻发布会的讲话》，中国民间文学艺术协会网。

② ［加纳］A.O.阿梅家切尔：《著作权保护民间文学艺术——措辞的矛盾》，张林初译，http://www.ncac.cn。

识持有人可根据其传统知识的特殊性或当地的传统习惯，在录入传统知识时要求某些传统知识不向公众披露，只有专利机构才能获知该传统知识。三是需要对数据可信息进行分类，从而实现更加全面和高效的检索。四是增加数据库的不同语言版本。五是确保数据库应尽可能易于录入，以促进传统知识的持续更新和不断进步，反映传统知识的最新状况。六是记录所有传统知识出版物及其更新版本的日期和时间，明确传统知识成为在先技术的时间。七是把包括传统知识信息在内的非专利文献列入国际检索机构根据其设备能力努力查找的"最低文献"(minimum documentation)范围。[①]将载有传统知识的期刊、报纸和业务通讯等纳入"最低文献"标准范围可以使得在全球范围内获得传统知识文献更加便捷。保证数据库更加全面地记载那些以地方性文献形式报道的传统知识。在最低水平上对每一例专利进行最完全、最彻底的检索，避免因疏忽而遗漏在先技术，从而预防发布有错误的专利。八是应为传统知识数据库设置一个以网络为基础检索的搜索网页，增添与传统知识相关的关键词、索引、交叉参考文献等。[②]最后，针对传统知识的国际数据库链接，世界知识产权组织提出传统知识国际数据库的主要功能是为有关用户提供一个链接地方性接口，而不是记录传统知识本身，并且由世界知识产权组织来建立和管理该数据库。[③]世界知识产权组织提出的这些具体措施对于"一带一路"倡议下传统科学知识的专利保护是十分具有建设性意义的，笔者认为，我国作为世界上第二大经

---

① "最低文献"标准是指在"在先技术检索"问题中，国际检索机构应当根据其设备能力努力查找在线技术，并应在任何情况下查阅《专利合作条约》项下规定的明确要求查找的文献。这些文献包括：某些国家的专利文献、出版了的各国各地区的专利申请、出版了的各国各地区的专利和发明人帧数、其他国际专利检索机构认可的已出版的非专利文献。See WIPO/GRTKF/IC/2/6(July 1, 2001), paragraph 77. Elizabeth Longacre, Advancing Science While Protecting Developing Countries from Exploitation of Their Resources and Knowledge, Spring, 2003, 13, Fordham Intell, Prop. Media & Ent. L. J. 963.

② See WIPO/GRTKF/IC/2/6 (July 1, 2001), paragraph 92.

③ See WIPO/GRTKF/IC/2/6 (July 1, 2001), paragraph 94.

济体，应当在“一带一路”建设中发挥大国的责任担当，通过“一带一路”倡议这一历史契机同广大“一带一路”沿线国家一起响应世界知识产权组织这一号召。

此外，传统知识的在先技术化保护可以实现传统知识的保存、促进和开发利用，防止传统知识被剽窃。但实际上也存在许多问题。第一，在先技术化是对传统科学知识的低水平的保护，并不能充分实现传统知识的经济价值和财产利益。从知识产权的理论和实践来看，肯定主义观点认为，应当从正面规定权利主体对权利客体所享有的权利内容，否定主义观点认为，也可以从反面规定权利主体对权利客体遭到侵害或有侵害之虞时所享有的救济权以及排除他人就有关客体获得权利的可能性。传统知识的在先技术化，其基本目的是在现行知识产权制度下，把传统知识转化为现行专利法中的在先技术，以防止发达国家科学技术人员对传统知识的剽窃和掠夺。在阻止了传统知识被盗用而产生不当专利的同时，也将传统知识自身挡在了专利权对象之外，因此，这种保护方式实质上是一种消极的、低水平的、防御性的模式。只从阻却别人利用传统知识获得专利权的角度保护传统知识的知识产权利益，离传统知识经济价值和财产利益充分实现的公平、正义目标还远得很。第二，传统知识的在先技术化，其覆盖面很难对全部传统知识提供保护。第三，采用知识产权保护传统科学知识也会因知识产权制度自身的缺陷引发新的问题，尤其是在防御性、消极性的保护模式下。因为传统知识在现有知识产权制度下一旦被视为是在先技术，其直接导致的结果是，传统知识被永远界定为在先技术而进入公有领域，虽然他人不得就该传统知识获得专利权，但是却可以在专利权外获得和使用该数据库。卡洛斯·柯莱亚（Carlos M.Correa）的论断提醒我们，传统知识数字化、网络化，并不能保证这些知识的拥有者能够分享任何利益。由于该种知识被视为在先技术，它甚至已排除了获利的可能性。[①]所以传统知识的文献化、数据化还需要更多的完善和条件设定。

(二) 事先知情同意机制的运用

本书上文中介绍到《生物多样性公约》中的实现知情同意机制，这是被广大国家接受和认可的关于保护遗传资源及有关传统知识利用机制的统称，其主要内容包括：国家主权原则，即确认各国对其自然资源拥有的主权权利，可否取得遗传资源的决定权属于国家政府，并依照国家法律行使；事先知情同意原则，遗传资源的取得须经提供这种资源的缔约国事先知情同意，除非该缔约国另有决定；利益分享原则，该机制的目的在与提供遗传资源的缔约国公平分享研究和开发此种资源的成果以及商业和其他方面利用此种遗传资源所获得的利益。而为了实现 CBD 关于遗传资源获取与利益分享相关的规定，《生物多样性公约》缔约方于 2001 年 22—26 日在德国波恩召开‘获取和惠益分享问题不限名额特设工作组会议”，并达成了《关于获取遗传资源并公正和公平分享通过其利用所产生的惠益的波恩准则(草案)》，该草案于 2002 年批准生效，即《波恩准则》(Bonn Guidelines on Access to Genetic Resources and Fair and Equitable Sharing of the Benefits Arising out of their Utilization)。针对“事先知情同意制度”，其规定了具体内容：(1)给予知情同意的主管部门(第二十八、第二十九、第三十二条)；(2)相关主管机关在合理时间内就利用遗传资源和相关传统知识的申请作出决定(第三十三条)；(3)特定使用应以事先知情同意授予的范围为限，对使用方式的改变应当重新获得事先知情同意(第三十四条)；(4)取得事先知情同意申请的具体项目，如申请人、采集地理区域、第三人等(第

① [阿根廷]卡洛斯·M.柯莱亚：《传统知识与知识产权》，国家知识产权局条法司中译本。

三十六条);(5)与利益相关主体的协商机制(第十九条);(6)关于申请许可的程序性规定(第四十条)。[①]在2010年,公约缔约国又通过了《生物多样性公约关于获取遗传资源和公正公平地分享其利用所产生惠益的名古屋议定书》(即《名古屋议定书》)。在事先知情同意制度的确立方面,该议定书要求缔约国采取必要的立法、行政或政策措施就如何申请事先知情同意提供信息;规定遗传资源提供国应在事先知情同意时签发获取许可证书或等同文件,以证明做出了给予事先知情同意的决定和拟定了共同商定的条件;在适用的情况下依照国内立法,制定标准和程序,以便于遗传资源获取一方得到土著和地方社区的事先知情同意或核准和参与等。[②]《〈生物多样性公约〉指南》认为事先知情同意可以表述为:(1)提供遗传资源的缔约国的同意(一种赞同的表示);(2)基于遗传资源潜在用户提供的有关信息;(3)在准许同意获得之前。[③]可见,事先、知情和同意是其三大要素,“事先”是基本,“知情”是“同意”的前提,“同意”是核心。

当然,各国为了确立并履行事先知情同意制度,对公约条款进行了国内法的转化。很多发展中国家在国内立法中落实事先知情同意制度时双管齐下:一方面通过生物材料保护的单独立法,对生物材料的接触和利用的“源头”作具体的限制,要求外来的利用者在接触和利用生物材料之前,应当获得政府的批准,并与生物材料的权利人就生物材料的接触与利用将带来的利益的分享签署合同;[④]另一方面对生物材料利用者谋求知识产权

---

① 《波恩准则》,http://www.cbd.int/abs/bonn.shtml。

② 《生物多样性公约关于获取遗传资源和公正公平地分享其利用所产生惠益的名古屋议定书》第6条、第7条。http://cbd.int/abs/doc/protocol/nagoya-protocol-zh2.pdf.

③ Lyle Glowka, A Guide to the Convention on Biological Diversity, ICUN-The World Conservation Union, Grand and Cambridge, 1994, 70. 可参见秦天宝:《国际与外国遗传资源法选编》,北京法律出版社2005年版。秦天宝:《遗传资源获取与惠益分享的法律问题研究》,武汉大学出版社2006年版。

④ 包括印度、巴西、巴拿马、秘鲁、葡萄牙、东盟、安第斯共同体等。

保护这一环节设置限制，增加申请人隐瞒事实的风险，促使其主动按照"源头"环节的单独立法行事，维护生物资源所有国的合法利益。具体地说，就是要求申请人在提交专利申请时，揭示所利用的生物材料的来源、事先知情同意乃至合理的利益分享安排等信息。如果申请人没有完成这一揭示义务，就要承担专利法上的不利后果。[①]例如，印度 2002 年通过的《印度生物多样性法案》中规定，国家生物多样性管理局全权负责管理资源的获取。没有国家生物多样性管理局的批准，外国人无法获得任何印度的内生生物资源以及与之相关的知识，无论是出于学术研究、商业利用，或是生物调查及使用的目的。相反，印度公民在给予相关部门事前通知的情况下，就可以获取生物资源。该法还确立了单一同意制度，事先知情同意的主体是国家生物多样性管理局而非个人、土著或地方群体。国家生物多样性管理局仅在必要条件下与地方生物多样性委员会进行接触和协商。其第三次修订的《专利法》第二十五条和第六十四条中均增加要求专利申请人在申请文书中充分揭示用于发明的生物材料或者传统知识来源的有关信息。专利申请人没有履行这一义务，将导致该专利申请被驳回或者授权后的专利被宣告无效。哥斯达黎加在 1998 年《生物多样性法》中也规定了取得事先知情同意是获取遗传资源的基本要求之一，并且在此基础上建立了多重同意制度。申请者首先必须要得到与所获取的遗传资源紧密相连的地方利益群体的事先知情同意。法律明确指出地方利益群体包括：活动发生地的所有权人、遗传资源所在地域的土著社区以及保护区的管理者。该法还规定了地方社区和土著基于文化、精神、社会、经济或其他原因享有反对任何

① The Relationship between the TRIPS and The Convention On Biological Diversity and the Protection of Traditional Knowledge, Submission by Bolivia, Brazil, Cuba, Dominican Republic, Ecuador, India, Peru, Thailand, Venezuela, IP/C/W/403, Para. 1, 24 June 2003. 转引自崔国斌：《知情同意原则的专利法回应——生物材料使用者的揭示义务》，《环球法律评论》2005 年第 5 期。

资源或相关知识的获取的权利。

(三) 事先知情同意机制应披露信息的范围

从保护传统科学知识的角度看,在专利申请过程中要求申请人披露有关传统知识,首先要确定国家对传统知识的主权和特定社群对传统知识的私权。第一,国家对其生物遗传资源享有主权这一观点得到了国际上广泛的认可,在1962年联合国《自然资源永久主权宣言》中确立之后,《公民权利和政治权利国际公约》《经济、社会及文化权利国际公约》等诸多国际文件中也得到了反复重申,资源国对其传统知识的主权不能在科学利用和开发的名义下被牺牲掉,①《生物多样性公约》中规定了遗传资源国家主权原则得到了许多国家的贯彻。第二,针对特定社群对传统知识享有的私权,也有一些国家根据自身发展和保护的需要,作出了相应规定,如菲律宾和秘鲁。其次,要明确遗传资源信息与发明之间的联系,即生物材料与发明之间具备何种联系时,申请人才应承担专利法上的披露义务。一般情况下,发明人在研发过程中实际使用了相关生物资源,说明该生物资源即对该发明的产生起到了直接作用。世界知识产权组织、《生物多样性公约》和《波恩准则》等文件要求揭示的生物材料范围通常是“在研发技术过程中利用的生物材料”“与发明主题相关的生物材料”“作为发明基础的生物材料”等。②

对于具体的披露信息范围,笔者认为,结合《生物多样性公约》中的事先知情同意机制,应包括以下两方面的内容:第一,对传统知识利用行为之事先知情同意的证明和许可证明的披露。根据《生物多样性公约》的要求,

① Elizabeth Longacre, Advancing Science While Protecting Developing Countries from Exploitation of Their Resources and Knowledge, Spring, 2003, 13, Fordham Intell. Prop. Media & Ent. L. J. 963.

② WIPO, Draft Technical Study on Disclosure Requirements Related to Genetic Resource and Traditional Knowledge, WO/GA/30/7 Add 1, Para. 96—100 (August 15, 2003).

遗传资源的取得须经提供这种资源的缔约国事先知情同意，即传统部族以外的组织和个人在获取遗传资源和对遗传资源进行商业化利用前，必须事先通知有关国家和传统部族，使其知晓遗传资源商业化利用的有关情况，并获得依该国法律确定的由该国政府有关部门或传统部族的同意（一般根据传统部族习惯法来作出这种表示）。与此相联系，许可是指遗传资源利用人在事先知情同意后取得有关遗传资源使用许可证书，方才可以对该遗传资源进行商业化开发和利用。我们将其扩大至传统知识范围，也就是使外部社会在获取传统知识、对其进行利用特别是商业化利用前，必须事先通知有关的国家机关和传统部族，让其知晓有关传统知识商业化利用的有关情况包括利用的后果，并且获得该国政府机关或传统部族出于其法律规定或习惯法作出同意的表示。在得到事先知情的同意后，传统知识利用人从相关部门或传统部族获得证明文件，然后在发明申请中向有关专利机构提交该发明申请时一并提交事先知情同意证明。同时，对传统知识利用的许可是与事先知情同意联系在一起的。许可是指传统知识利用人在事先知情同意后取得有关传统知识使用许可证书，并在其中作出双方关于传统知识利用的利益分享约定。此种利益分享原则也是事先知情同意机制的核心内容，有的国家在有关法律上作出了利益分享的规定，例如《秘鲁原住民群体知识保护条例》规定，如果有关遗传资源被用于商业目的，则必须签署一个利益公平分享的特别许可协议。①另外，获得有关遗传资源的非排他许可证，该法人或个人需交纳遗传资源获取费外加 0.5%的将来销售所得，这些费用交给原住民发展基金（Fund for the Development of Indigenous

① Elizabeth Longrace. Advancing Science While Protecting Developing Countries from Exploitation of Their Resources and Knowledge. Spring, 2003, 13, Fordham Intell. Prop. Meia & EnT. L. J. p.963.

Peoples)。对于已处于公共领域部分，原住民仍然能与外部社会的使用者签订协议，并要求补偿，利用者应向原住民发展基金缴纳0.5%的未来产品销售额。[①]至于事先知情同意权和许可权的主体，各国也有不同，如印度将此种权利交由国家机关来行使，而菲律宾和秘鲁则将此权利赋予非传统部族集体。笔者认为，一般情况下，“一带一路”沿线国家传统知识的事先知情同意权和许可权应由相应的传统部族来行使，当难以确定权利主体时才由相关政府部门来行使。

第二，对涉及传统知识的专利申请要求披露传统知识来源地证明。来源地意指创造传统知识的有关国家和传统部族或传统社区。正如上文中所讲，来源地证明原则是包括了来源地的证明、事先知情同意的证明和许可证明三个内容的集合称谓，它并不是《生物多样性公约》直接规定的保护措施，而是有关地区和国家根据《生物多样性公约》的宗旨和目标在区域性或本国知识产权法律制度中就涉及遗传资源的发明获取专利知识产权时设计的新的程序要求。它要求在对实际使用了有关传统知识的新发明申请专利时，需要表明该传统知识的来源所在地，提交来源地证明从本质上是对传统知识所在国及传统知识创造者和维护者的起码尊重，是保护其精神利益的表现。同时，传统知识来源地名称的长期使用，还可以使其不断积累声誉，从而形成有价值的地理标志。实际上许多国家和地区在专利法中都规定了来源地披露制度，主要是对传统知识所在国以及传统知识所涉及的社群或部族披露。

综上，“一带一路”倡议下针对传统科学知识的专利保护，首先可以通

① Graham Dutfield. Developing and Implementing National Systems fro Protecting Traditional Knowledge: A Review of Experiences in Selected Developing Counties, UNCTAD Expert Meeting on Systems and National Experiences for Protecting Traditional Knowledge, Innovations and Practices. Geneva 30. Oct—1, Nov. 2000.

过建立“一带一路”沿线国家传统知识数据库，将传统知识作为数据材料对其进行编排，建立传统知识数据库，进而将传统知识文献化，成为专利制度中的在先技术，避免他人不正当地利用传统科学知识信息创设知识产权，并为传统知识的利用创造利益分享条件。同时，将《生物多样性公约》中的事先知情同意机制应用于专利法制度中，增加使用传统知识的发明申请人披露事先知情同意证明和许可证明义务，保证传统知识创造者和维持者得到合理利益的利益分享。笔者认为，此两种保护模式是目前“一带一路”倡议下保护传统文化中传统科学知识比较有效的方式。

第四节 反不正当竞争制度的补充保护

“反不正当竞争”的概念起源于19世纪50年代的法国。它的立法来源是《法兰西民法典》第一千三百八十二条，[①]但法国并不是反不正当竞争立法最早的国家。1896年德国颁布了世界上公认的第一部专门禁止不正当竞争的法律——《反不正当竞争法》。在国际层面上，《巴黎公约》则是第一个对不正当竞争行为进行规定的国际条约，《巴黎公约》于1883年在法国巴黎最初缔结的时候并未出现反不正当竞争的专门条款，直到1900年布鲁塞尔修订文本才将公约内容拓展到反不正当竞争领域。

对于不正当竞争的定义，各种学说和立法都有不同。德国学者约瑟夫·科勒将其比拟为海神，意在表示其千变万化的外形，以抢夺公正之商人诚实取得之辛劳的成果。[②]法国不正当竞争法学者圣加尔这样定义：“凡

① 这一条又同时是法国商标法（亦即现代注册商标制度）的来源。

② Josef Kohler, Recht des Markenschutzes, 1883. 并参见 Y. St. Gal, Coucurrence Deloyale et Concurrence Parasitaire R.I.P.I.A.1964, No. 57, p 209。转引自曾陈明汝：《商标法原理》，中国人民大学出版社2003年版，第152页。

利用欺诈手段出售其产品；以及厂商之行为，其目的在于从他人所得之现状获得利益，或使他人之商品或企业解体，有时尚不足以使其商业市场之全部或一部分受到打击之行为，均得视为现实经济竞争中止不正当竞争。”[①]在德国 1986 年《反不正当竞争法》之后，于 1909 年 10 月 1 日正式生效的新《反不正当竞争法》(即 1909 年《反不正当竞争法》)第一条中规定了一般条款(Generalkausel)：“在商业交易中以竞争为目的，故意以违背善良风俗的方法加损害于他人者，得请求其停止侵害与损害赔偿”。[②]1902 年《西班牙法律》第一百三十一条规定：“凡以不正手段意图利用他人努力获致之工商信誉者，即为不正当竞争。”1940 年葡萄牙工业产权法第二百一十二条规定：“凡竞争行为违反任一部门内之经济法规或诚实习惯者，均构成不正当竞争。”1943 年瑞士有关不正当竞争联邦法律第一条规定：“凡以欺诈或其他违反善意原则的方式，滥用经济竞争者，构成本法所称之不正当竞争。”1957 年《土耳其商法》第五十六条规定：“凡以任何方式实现欺骗或违反善意原则且构成滥用经济竞争之行为者，均视为不正当竞争。”《巴黎公约》第十条之二也规定：“违反工商业务上诚实习惯的任何竞争行为，均构成不正当竞争行为。”

可以看出，不论是国际组织还是各国国内立法它们通常都将违反“诚实信用”“善良风俗”等基本伦理准则作为评判标准，这是因为经济秩序中所包含的伦理因素或道德因素是客观存在的，经济领域成文法的巨大难度使得道德作为经济的内在制度发挥了“软制度”所独有的适应变化的先天优势和演化能力，在典律化的法条不敷使用时提供能动的规范基础。[③]反不

① Y. St. Gal, Coucurrence Deloyale et Concurrence Parasitaire R.I.P.I.A. No.25/26, 1956, p 20 et S. 转引自曾陈明汝：《商标法原理》，中国人民大学出版社 2003 年版，第 153 页。

② 王博文：《德国反不正当竞争法司法属性的历史和理论构建(上)》，《竞争政策研究》2016 年第 4 期。

③ [德]柯武刚、史漫飞：《制度经济学》，韩朝华译，商务印书馆 2000 年版，第 129 页。

正当竞争法起源于商人对于诚信经营的追求，本身就具有浓厚的道德基础。有学者总结道，“它的任务在于对商业伦理的捍卫，它的适用以既存的道德标准为尺度。”①最重要的是，反不正当竞争制度所强调的城市信用、善良风俗等基本商业伦理正与“一带一路”倡议所承载的和平、合作、发展、共赢理念相呼应，以诚实信用和商业道德为理论基础的反不正当竞争制度在“一带一路”建设中有着较大的发挥空间。

一、反不正当竞争与知识产权的关系

“反不正当竞争”的概念起源于《法国民法典》第一千三百八十二条，同时这一条又是法国商标法（亦即现代注册商标制度）的来源。从来源上看，我们至少可以说反不正当竞争与商标权的保护是“同源”的，而这种同源性也导致了同知识产权法与反不正当竞争法之间的关系错综复杂。关于反不正当竞争和知识产权之间的关系，理论界著述颇丰，有的学者认为知识产权法尤其是工业产权法有限的客体范围不能适应新经济发展，新的客体需要反不正当竞争法进行兜底保护；还有的观点将知识产权法与反不正当竞争法归为“特别法和一般法”范畴，并按“特别法优于一般法原则”适用法律；也有认为竞争法转致适用知识产权法的；还有的认为两法有单独适用的可能也存在并行适用的状况。归纳起来，主要有两种观点：补充兜底说和一般竞合单独适用说。

补充兜底说是学界的主流观点，该学说认为知识产权法与反不正当竞争法形成了相辅相成的互动关系，在某种意义上，反不正当竞争即是知识产权法律体系的有机制度构成，换言之，知识产权也是反不正当竞争法的

① 谢晓尧：《竞争秩序的道德解读》，法律出版社 2005 年版，第 10 页。

重要规制内容。我国有很多学者认为反不正当竞争法为知识产权提供“兜底保护”。[①]日本学者满田重昭认为反不正当竞争法是商标法的补充保护法，即该法为不受商标法保护的未注册商标提供补充保护。[②]有一个很形象的比喻是：“知识产权中的商标法、专利法和著作权法好比浮在海面上的三座冰山，反不正当竞争法则是拖着冰山的海水。”作品、商标、专利这些典型的知识产品可以明显地归属到“三座冰山上”，明确地寻求知识产权的保护。但是由于知识产权的法定性及法律的滞后性，新型技术的出现不能及时获得知识产权法的保护，比如，专利法管不到的商业秘密、商标法管不到的假冒商品活动、版权法管不到的利用相同书名、刊名制造混乱，受侵害人将面临“起诉无门”的困境。反过来说，用版权法一概规定书名、刊名或其他享有版权的作品的名称也享有版权是不合理的。为了及时、高效地保护权利人对于不属于“三座冰山”上的知识产品，那么只能在海水中寻求保护，转向反不正当竞争法。这一“冰山”“海水”的比喻清晰地表明了知识产权法与反不正当竞争法的补充关系。反不正当竞争法对知识产权法暂时无法保护的知识产品提供兜底保护。二者的立法目的都是为了保障相关权利主体的合法利益不受非法侵犯以及维护和谐健康的市场经济秩序，从而使得相关主体之间的利益达到相应的平衡；而其共同的理论基石则在于其法律主体都要遵循民法基本原则之一——诚实信用原则。

一般竞合单独适用说也承认知识产权法与反不正当竞争法有着紧密的联系，但认为二者并不能因此融为一体，也就是知识产权法不能涵盖反不正当竞争法的全部，反不正当竞争法也不可能囊括知识产权法的全部内

---

① 杨明：《论反不正当竞争法对知识产权的兜底保护》，《法商研究》2003 年第 3 期。

② ［日］满田重昭：《知的財産法における位置づけ》，青林书院 1997 年版，第 11—12、24—27 页。转引自郑友德、万志前：《论商标法和反不正当竞争法对商标权益的平行保护》，《法商研究》2009 年第 6 期。

容。[①]有学者进一步指出，两法在价值取向、作用机制、立法技术等方面各具特色，反不正当竞争法经过一百多年的发展，已经从单纯保护竞争者的法律演变成关注所有市场参与者利益的法律，成为“市场行为控制法”，[②]故反不正当竞争法属于经济法，知识产权法属于民商法。[③]也有学者将反不正当竞争法归类为与专利法、商标法相平行的“第三工业产权法”。[④]还有学者从商标权益保护着手，认为知识产权法和反不正当竞争法是并列与同位关系，它们分别有独立的保护对象、规制方式、效力范围和保护重点。[⑤]

笔者赞成第一种观点，即知识产权法与反不正当竞争法形成了相辅相成的互动关系，反不正当竞争法具有对知识产权提供保护的补充功能，这在德国法中被称为“竞争法上的智力成果保护”。郑成思教授与吴汉东教授也持此种观点。郑成思教授认为，不论从国际条约还是各国立法体系来看，不正当竞争也都立足于知识产权的保护。当然“不正当竞争”的范围越来越广泛的事实不可否认，的确已经涉及许多同知识产权毫无关系的领域。如果把反不正当竞争局限在知识产权领域的确会脱离实际。但是如果不把保护知识产权作为反不正当竞争立法的重点，同样会脱离实际。[⑥]反不正当竞争法与知识产权法的关系，不是等同关系，不能相互替代，而是相互配合、补充地发挥法律功能。正如世界知识产权组织所宣传的那样“反不正当竞争法实际保护着专利法、商标法等专门法所保护不到的那些应予

① 马文耀：《知识产权法评述和展望》，北京专利文献出版社 1997 年版，第 156 页。

② 韦之：《不正当竞争法与知识产权法的关系》，《北京大学学报》(哲社版)1999 年第 6 期。

③ 孙颖：《论反不正当竞争法对知识产权的保护》，《政法论坛》2004 年第 6 期。

④ 李顺德：《试论反不正当竞争法的客体和法律属性》，载唐广良主编：《知识产权研究：第 8 卷》，中国方正出版社 1999 年版。

⑤ 郑友德、万志前：《论商标法和反不正当竞争法对商标权益的平行保护》，《法商研究》2009 年第 6 期。

⑥ 郑成思：《反不正当竞争与知识产权》，《法学》1996 年第 6 期。

保护的权利”。[①]反不正当竞争法在对知识产权提供保护时与专门的知识产权制度有所不同:专门制度是“基本权利法”,即以专有权利为中心,形成主体、客体、内容、取得、行使、限制以及救济的规范体系;[②]而反不正当竞争法是“行为规制法”,即以维护市场竞争秩序为核心,对各种利用知识产权的行为作为市场行为进行规范,构建了一个“不正当竞争行为”与“反不正当竞争行为”的规范体系。对经济市场中的经营主体来说,如何维持并扩大自己的市场份额才是生存发展之道,即如何提高竞争利益。针对可以产生竞争利益的产品和服务,其中有形物与一部分智力成果已经可以明确设定财产权,如物权,专利权、版权、商标权等,但包括服务在内的另外一部分智力成果在权利性状上很长一段时间内不够明确或存有争议,如商业秘密和商誉这类智力成果所产生的竞争利益在市场竞争中占有重要作用,以至于有的学者将商业秘密和商誉产生的竞争利益视为不正当竞争行为主要的侵害对象,即反不正当竞争法就是对这两种智力成果的利益配置。[③]

二、反不正当竞争对传统文化的补充保护

当今世界,文化产业已经成为推动经济增长的巨大引擎,而文化产业的核心推动力来自丰富的传统文化资源,这也是文化产业的灵感和创新之源泉。许多企业都在传统文化的商业开发中赚取利润,如传统部族地区生产和销售手工工艺品,以传统文化为背景设计的制作纺织品,音像娱乐公

---

① 王先林:《竞争法学》,中国人民大学出版社 2009 年版,第 49 页。

② 正如日本学者富田彻男所认为的那样,“知识产权是为了不让竞争对手销售自己的产品或商品而拥有的一种垄断顾客的权利。在实施这种权利的过程中,需要有主动购买自己产品的顾客和廉价销售同样商品的竞争对手。”授予这种垄断权的根据“限于在发明者或创作者付出相当劳动,公开其成果,用于服务社会目的等情况下承认其垄断”。参见富田彻男:《市场竞争中的知识产权》,廖正衡译,北京商务印书馆 2000 年版,第 13—20 页。

③ 朱谢群:《商标、商誉与知识产权——兼谈反不正当竞争法之归类》,《当代法学》2003 年第 5 期。

司录制的传统音乐的音像制品，制药厂引入有关药用植物的传统知识，旅游业发展的传统部族地区旅游业务，许多娱乐场所则录制传统表演制作电影、建造主题游乐公园、制造儿童玩具等。[①]总之，传统文化在当今市场中占有重要“份额”，文化产业也已经被确定为未来经济发展的新增长点，成为国家和地区重要的支柱产业。在传统文化商业化利用过程中也当然会因其相应的产品交易和市场竞争构成市场竞争关系，同样需要遵守自愿、平等、公平、诚实信用原则，遵守公认的商业道德。通常情况下，保有、传承特定的传统文化往往是一个特定的主体，该主题可能是一个团体、组织，也可能是一个家族，甚至可能是一个自然人。对于这些传承人或传承单位而言，传统文化是构成他们生存和发展的基础，而不仅是兴趣爱好或者副业。传统文化的传承过程需要传统文化产品的开发、消费等市场活动作为动力。从这种意义上讲，传统文化的传承也反映出传承者对市场主体地位和经济发展的需要，这使得传承者也成为市场交易活动中的利益主体。“一带一路”倡议下对传统文化的反不正当竞争保护主要体现在两个方面：一是对传统文化虚假宣传的规制，二是对传统文化中涉及商业秘密的保护。

（一）对传统文化虚假宣传的规制

在传统文化商业化利用过程中，会形成一定知名度传统文化产品，其特有的名称、包装或装潢被相关公众所熟知，久而久之，消费者会把该特定产品与特定的经营者、特定的产品质量和商誉联系在一起，因而该传统文化产品的特有标志一定程度上反映了其经营者和销售者的信誉，凝聚着该产品生产链中各个生产参与者的辛勤劳动，这便是在市场竞争中所提倡和保护的重要竞争利益。例如我国《反不正当竞争法》第六条规定：“经营者

① WIPO, “Consolidated Analysis of the Legal Protection of Traditional Cultural Expressions/Expressions of Folklore”, published on May 2, 2003, pp.10—11.

不得实施下列混淆行为，引人误认为是他人商品或者与他人存在特定联系：(一)擅自使用与他人有一定影响的商品名称、包装、装潢等相同或者近似的标识；(二)擅自使用他人有一定影响的企业名称(包括简称、字号等)、社会组织名称(包括简称等)、姓名(包括笔名、艺名、译名等)；(三)擅自使用他人有一定影响的域名主体部分、网站名称、网页等；(四)其他足以引人误认为是他人商品或者与他人存在特定联系的混淆行为。”对知名商品的保护主要出于其显著性特征，它们通常为经营者首先在广告宣传或市场交易中使用，具有一定的独创性，能起到与其他相同商品相区别的作用，如具有特殊的字形或排列，再或者独创性的外部包装等。消费者通常根据产品商标、企业名称以及特有的商品名称、包装、装潢等识别性商业标志来选购商品，如果对这些商业标志擅自作相同或近似使用，造成消费者的混淆而误认误购，不仅会损害消费者的权益，还会减少这些识别性标志权利人的市场竞争力，破坏公平竞争秩序，我国反不正当竞争法将知名商品特有的名称、包装、装潢作为禁止仿冒的对象，实际上是授予了生产或经销知名商品的特定企业对这些识别性标志的独占使用权。①

在市场竞争中有许多“傍名牌”“搭便车”的现象。比如，“北京泥人张”侵犯“天津泥人张”名称专有权不正当竞争纠纷案。天津“泥人张”是天津艺人张明山于19世纪中叶在天津泥人基础上创造的彩绘民间泥塑，是典型的民间文学艺术知名商品，其特有名称“泥人张”作为知名彩塑艺术品的特有名称，张明山后代中从事彩塑创作的人员和天津泥人张彩塑工作室有权在其创作的艺术品上使用“泥人张”名称，并将“泥人张”作为企业名称的部分内容使用。而被告将“北京泥人张”作为产品名称、企业名称、域名使用

① 对商品的“知名”要件，日本称之为“被人广泛熟知”，匈牙利表述为“社会公认”，我国台湾地区表述为“相关公众所共知”。

和宣传的行为足以造成公众对“泥人张”彩塑艺术品的来源和制作人的混淆。被告使用“北京泥人张”名称，或直接使用“泥人张”“nirenzhang”名称，或突出使用“泥人张”名称，客观上借助了“泥人张”百余年来形成的声誉，为自己争取了更多的交易机会，行为构成不正当竞争。市场经营者在广告宣传或市场交易中使用具有一定的独创性，并且能起到与其他相同商品相区别作用的，例如具有特殊的字形或独创性的排列，或图形与色彩的独特配合，或独创性的外部包装等。消费者通常根据商标、企业名称以及特有的商品名称、包装、装潢等识别性商业标志来选购商品，如果对其擅自作相同或近似使用，就会造成消费者误认误购，损害消费者和这些识别性标志权利人的合法权益，破坏公平竞争秩序反不正当竞争法将知名商品特有的名称、包装、装潢作为禁止仿冒的对象，实际上是授予了生产或经销知名商品的特定企业对这些识别性标志的独占使用权。

再如，还存在有老字号被抢注的现象。侵权人抢先注册其他权利人的商号为自己的商标，而被侵权的商号是已经在使用并且在一定地域范围内享有较高的知名度，然后以商标被侵权为由诉至法院要求禁止在先商号的使用。例如2005年的德国欧凯公司抢注我国老字号“王致和”为商标一案便是如此。“王致和”作为中华老字号商号，始创于我国清朝康熙八年（公元1669年），至今也已有300多年的历史了。“王致和”商号曾经被慈禧太后赐予“御青方”的美誉。中华人民共和国成立后，经过其后人的用心经营发展成为大型集团公司，即北京王致和食品集团有限公司，“王致和”也成为我国首批认定的中华老字号。北京王致和食品集团有限公司的“王致和WANGZHIHE及图”商标被国家工商总局商标局于2006年评为驰名商标。2006年7月，当王致和公司准备在德国注册商标时，却发现“王致和”商标已经被一家名为OkAI Import Export GmbH（简称欧凯公司）的德国公司于2005年11月21日申请注册,并于2006年3月24日起开始公示。按照德国商标法的规定,商标初审公告期为3个月,这就意味着如果在这3个月内,没有其他人对此商标提出异议,则依法予以核准注册。而王致和公司在2006年7月才发现“王致和”商标被抢注的事情,这时已经过了三个月的商标异议期。随后,王致和公司与德国欧凯公司进行协商一直未果。2007年初,王致和公司委托由中国律师和德国律师共同组成的律师团,向德国慕尼黑地方法院提起诉讼,要求法院判定欧凯公司无偿归还“王致和”商标并予以赔偿,并请求对其进行处罚。历经三年的维权之路,2009年4月23日上午,德国慕尼黑高等法院第29民事庭就中国百年老字号王致和商标被恶意抢注案进行二审,宣判维持一审判决结果,要求抢注方——德国欧凯进出口公司停止在德国使用“王致和”商标,并撤销它在德国抢注的“王致和”商标。至此,王致和公司的商标维权案胜诉。①

(二)对商业秘密的保护

对商业秘密保护的历史至少可以追溯到古罗马时期,古罗马法禁止第三诱使奴隶主的奴隶邪路主人有关商业事物的秘密,并明确了法律责任。而现代商业秘密的保护起源于19世纪的英格兰。1820年,英国衡平法院准许了一项禁止使用和泄露商业秘密的禁令,美国则在1837年Vickey v. Weich和1854年Deming v. Chapman等系列案件的审理过程中继受了英国有关商业秘密保护的法律制度。进入20世纪之后,商业秘密保护逐渐趋于成熟和完善。以美国最为突出,其1939年的《侵权行为法第一次重述》、1979年的《统一商业秘密法》、1995年的《反不正当竞争法第三次重述》和1996年的《经济间谍法》以及大量的司法判例构筑起十分完备的商业秘密保护法律体系。英国于1982年提出了《保护秘密权利法草案》,加

---

① 田力普:《中国企业海外知识产权纠纷典型案例启示录》,知识产权出版社2009年版,第124页。

拿大于1987年提出《加拿大统一商业秘密法草案》，瑞典于1983年提出制定专门的商业秘密法并随后颁布施行，德国1909年在《反不正当竞争法》中规定了对侵占商业秘密行为的刑事处罚，日本在1990年和1993年两次修订其《不正当竞争防止法》，《法国刑法典》1844年就规定了盗窃商业秘密罪。此外，意大利、墨西哥、巴西、印度、新加坡、韩国及中国香港等国家及地区也都纷纷建立起自己的商业秘密保护法律体系。[①]随着经济知识化和全球化的大潮，《与贸易有关的知识产权协定》将商业秘密纳入知识产权的体系中，出于世界贸易组织广泛的代表性，商业秘密保护已呈现出全球化的趋势。

不同国家对商业秘密的界定也稍有差别，有的是通过概括商业秘密的特征和内涵，如我国《反不正当竞争法》第九条规定：“本法所称的商业秘密，是指不为公众所知悉、具有商业价值并经权利人采取相应保护措施的技术信息、经营信息等商业信息。”有的采用概括和列举相结合的方式，在列举法律所保护的商业秘密的常见形式的同时，明确商业秘密的内涵和基本特征。如美国1958年《统一商业秘密法》第一条规定：“商业秘密是指特定的信息，包括配方、样式、编辑产品、程序、设计、方法、技术、工艺等，它们：(1)由于未能被许可从其披露或使用中获得经济价值的他人所公知，且未能被其用正当手段已经可以确定，因而具有实际或潜在的独立经济价值，同时(2)是在特定请示下已尽合理保护努力的对象。”[②]《与贸易有关的知识产权协定》将商业秘密定义为未披露过的信息，其实也就是我们通常所说的商业秘密。其第三十九条具体概括了商业秘密的三个构成条件：秘密性、商业价值和采取了保密措施。秘密性即“对于通常涉及该类信息的

---

① 彭学龙：《商业秘密国际保护初探》，http://www.privatelaw.net.cn/new. 转引自王景、周黎：《民族文化与遗传资源知识产权保护》，知识产权出版社2012年版，第16页。

② 参阅唐海滨：《美国是如何保护商业秘密的》，北京法律出版社1999年版，第17页。

同行业中的人来说，它不是以整体或者其组成部分的准确排列组合为这样的人所公知或者为这样的人所能获得的”。我国《反不正当竞争法》也要求商业秘密满足“不为公众所知”的要件。实际上，不为公众所知或者说秘密性是相对的，并不完全绝对，在竞争市场相关领域充满着“通常涉及该类信息的同业人员”的相对性以及“相关行业”的相对性，正如《与贸易有关的知识产权协定》中所规定的，只要该信息不为通常涉及该类信息的同行业中的人所知悉即具有秘密性。同时，“不为公众所知”还具有一定的地域性。如果利益冲突的主体是跨国界的企业，该信息是否“秘密”的判断标准是世界范围内的相关行业是否知晓；而如果利益冲突产生在一个小镇上的两个制瓦作坊之间，则应考虑该信息是否为该小镇上的同行业竞争者所知悉。①对不同情况下的不同的利益冲突进行灵活的判断是对商业秘密保护的应有之意。经济性是指作为商业秘密的信息能够为相应的信息持有人带来现实的或潜在的经济利益或竞争优势。最后是采取了保密措施，即合理控制该信息之人，为保密已经根据有关情况采取了合理措施。②我国《反不正当竞争法》中还增加了商业秘密“实用性”的要求，笔者认为在强调商业秘密经济价值的同时还增加其“实用性”要求有“画蛇添足”之嫌，在市场经济和科学技术如此发达的今天，我们很难找到一项信息能够为权利人带来经济利益而不具有实用性的例子。也有学者认为这种要求不符合《与贸易有关的知识产权协定》的精神，妨碍了那些不具有积极实用价值的阶段性技术开发成活或开发失败的技术信息的保护。③

就传统文化而言，传统文化商品涉及制作工艺、流程、配方等技术信

① 韦之：《商业秘密是一种相对的秘密》，《电子知识产权》1998年第5期。
② 郑成思：《知识产权协议》，学习出版社1994年版，第28页。
③ 参见张耕：《民间文学艺术的知识产权保护研究》，西南政法大学博士学位论文2007年。

息，如雕刻、雕塑、陶器、镶嵌、木器、金属器皿、珠宝饰物、篮筐编织、织染、刺绣、地毯、服装、绘画、乐器等制作工艺等。有的文化产品的生产或技艺传承有严格的保密措施，符合商业秘密的构成要件，完全可以通过《反不正当竞争法》有关商业秘密的保护条款进行保护。相比较版权、商标和专利制度的保护，商业秘密法律制度对传统文化的保护有极其特殊的作用，是其他知识产权制度不能替代，甚至于有学者指出，“对侵犯秘密的行为提起的诉讼比其他任何法律救济都占有更大比重，因为在做出判决时会考虑土著习惯法适用，而且它不受只有个体艺术家能够满足其构成要件的限制，土著群体也可寻求这方面的保护。这样，不正当竞争中的商业秘密保护就是传统土著文化最合适的救济方法，因为它在法律制度上较之于澳大利亚从英国法中继受的现行其他救济制度获得了更正式的承认”。①

商业秘密对于传统科学知识，特别是民族的民间医药、食品、工艺品制作等传统知识具有很好的保护作用。商业秘密通过保密和准入协议来对未公开的知识进行保护，被很好地保存于部落或种族内部的传统知识，可以被视为一种商业秘密而受到相关法律的保护。要达到商业秘密的法律保护条件，持有人必须已经采用了某些必要的措施对保护对象的秘密性进行了保护，使相关知识不处于公众领域、不为公众所得知。当集体对其拥有的传统知识采取了必要的措施保护了其秘密性时，集体传统知识也可以作为商业秘密来进行保护。可见，制止不正当竞争行为的商业秘密法律制度为控制传统知识的传播和利用提供了条件。

最后，对生物遗传资源来讲，由于其具有明显的地方特色和难以被轻

① Agnes Lucas-Schloetter, folklore, Edited by S.von Lewinski, Indigenous Heritage and Intellectual Property: Genetic Resources, Traditional Knowledge and Folklore, Kluwer Law International, 2004, p.313.

易发现的特点，同时又具有巨大的经济价值，因而是一种特殊的知识产权形式，只要采取必要的保密措施，也可以在一定程度上利用商业秘密形式来对其知识产权进行保护。

总的来说，反不正当竞争以诚实信用原则和商业道德为立论基础，在“一带一路”倡议下加入传统文化的反不正当竞争保护，不仅为“一带一路”区域下传统文化保护树立了良好的道德背景，更会使传统文化保护得到“一带一路”沿线国家广泛的道义支持，还为传统文化的不正当利用行为评价增加了新的判断标准，在一定程度上满足针对传统文化没有专门立法的国家的需要。但需要说明的是，利用反不正当竞争法保护传统文化也有一定的缺憾，因为不正当竞争规则只限于商业交易活动过程中，而传统文化的保存、发展和利用不总是在市场交易中进行。其次，能利用不正当竞争规则的前提还需要存在竞争关系，有些传统部族可能并未对其特定传统文化进行商业开发甚至永远都不愿进行商业开发，而其他群体未经许可进行商业开发后，特定来源群体是否有权依据反不正当竞争法进行制止，就可能因是否存在竞争关系的争论而出现障碍。所以，反不正当竞争对传统文化的保护只是一种补充保护或“兜底”保护，不能代替其他知识产权的作用，正如有学者指出的那样，“没有一个单一的可行的办法去解决非物质文化遗产的盗用问题”。①

① Daniel Wuger, “Prevention of Misappropriation of Intangible Cultural Heritage through Intellectual Property Laws”, Edited J. Michael Finger & Philip Schuler, Poor People's Knowledge: Promoting Intellectual Property Developing Countries, the World Bank and Oxford University Press, 2004, p.197.

第七章
“一带一路”倡议下传统文化知识产权保护启示及建议

“一带一路”建设立足亚洲、欧洲、非洲经济贸易和人文交流的历史通道，坚持“和平合作、开放包容、互学互鉴、互利共赢”的丝路精神，顺应世界多极化、经济全球化、文化多样化、社会信息化的时代潮流，致力于发展全球自由贸易体系和开放型世界经济。其中，人文精神烘托的经济合作和开放发展彰显了文化的力量，正如习近平总书记在同各界优秀青年代表座谈时指出：“一项没有文化支撑的事业难以持续长久。”文化是“一带一路”建设的重要力量。本章主要总结前文的分析，并针对“一带一路”倡议下传统文化的保护成果，梳理相关的启示和建议。

第一节 “一带一路”倡议下传统文化保护成果

“一带一路”倡议的互联互通包括政策沟通、设施联通、贸易畅通、资金融通、民心相通。习近平主席指出：“民心相通是‘一带一路’建设的重要内容，也是关键基础。”“一带一路”建设的重要土壤，就是充满文化活力的民间交往和交流。民心相通在于文化的相互理解和相互尊重，历史、语言、宗教、风俗等社会生活的民间认知和交流是民心相通最广泛的领域。目前，“一带一路”倡议下沿线各国历史文化保护主要集中体现在民心相通这一重要支点上。举例来说，在“一带一路”建设包含的“中蒙俄经济走廊”建设中，“万里茶路”的历史文化传统正成为中国、蒙古国、俄罗斯三国重振“草原丝路”的文化共识。这条古代商道在三个国家形成了一系列重要节点城市，如俄罗斯的伊尔库茨克、恰克图，蒙古国的乌兰巴托，中国的呼和浩特、张家口、北京等。这条商道向北延伸到莫斯科和欧洲其他地区，向南通达福建等茶叶产地。这条“万里茶路”带动了沿途城镇、商业、加工业、服务业的发展和文化交流。当年，形形色色的驼队商旅操着不同语言，信仰不同宗教，承载不同文化，共同推动了这条商路的繁盛。这是历史留给中国、蒙古国、俄罗斯的一份重要文化遗产，是有利于建设现代“中蒙俄经济走廊”的人文资源。目前，“一带一路”倡议下，传统文化的保护和交流取得了一系列成果，主要体现在以下几个方面：

（一）文化交流

“国之交在于民相亲，民相亲在于心相通。”4 年多来，我国与“一带一路”沿线国家往来不断加深。从艺术交流到跨境旅游，从翻译出版到留学访问，日益升温的文化交流与文化合作，使各国人民在共建“一带一路”进程中相逢相知相融。

2017 年，经推进“一带一路”建设工作领导小组审议通过，《文化部“一带一路”文化发展行动计划（2016—2020 年）》正式公布，该行动计划坚持以“政府主导，开放包容；交融互鉴，创新发展；市场引导，互利共赢”为基本原则，重点任务是：(1)健全“一带一路”文化交流合作机制；(2)完善“一带一路”文化交流合作平台；(3)打造“一带一路”文化交流品牌；(4)推动“一带一路”文化产业繁荣发展；(5)促进“一带一路”文化贸易合作。[①]其中健全“一带一路”文化交流合作机制要求在国际上积极参与并贯彻落实我国与“一带一路”沿线国家和地区签署文化合作(含文化遗产保护)文件、年度执行计划、谅解备忘录等政府间文件，深化人文合作委员会、文化联委会等合作机制，为“一带一路”文化发展提供有效保障。推动与沿线国家和地区建立非物质文化遗产交流与合作机制。与沿线国家和地区建立文化遗产保护和世界遗产申报等方面的长效合作机制。支持国家艺术基金与沿线国家和地区的同类机构建立合作机制。与“一带一路”沿线地区组织和重点国家逐步建立城际文化交流合作机制。推动成立“丝绸之路国际剧院联盟”“丝绸之路国际图书馆联盟”“丝绸之路国际博物馆联盟”“丝绸之路国际美术馆联盟”“丝绸之路国际艺术节联盟”“丝绸之路国际艺术院校联盟”等。对内完善部省合作机制，鼓励各省区市在文化交流、遗产保护、文艺创作、文化旅游等领域开展区域性合作。建立“一带一路”部省对口合作机制，共同研究制定中长期合作规划，在项目审批、资金、人才、技术等方面予以支持，建立对口项目合作机制和目标任务考核机制，研究提出绩效评估办法。这种部省合作机制是海外中国文化中心发展的有效模式，每年为每一个中国文化中心配备一个省份，并开展为期一年的对口合作，内容包括派出专家讲座、短期培训、演展团组，外国艺术家来华创作、中心优秀学员访华等。“部省合作共建中国文化中心既是模式创新，也是统筹全国资源、扩大对外文化开放水平行之有效的做法，既丰富了海外中国文化中心活动的内容与形式，也为地方文化走出去提供了平台 ”其次，完善“一带一路”

① 具体包括“一带一路”国际交流机制建设计划、“一带一路”国内合作机制建设计划、“一带一路”沿线国家中国文化中心建设计划、“一带一路”文化交流合作平台建设计划、“丝绸之路文化之旅”计划、“丝绸之路文化使者”计划、“一带一路”艺术创作扶持计划、“一带一路”文化遗产长廊建设计划、“丝绸之路文化产业带”建设计划、动漫游戏产业“一带一路”国际合作行动计划、“一带一路”文博产业繁荣计划和“一带一路”文化贸易拓展计划共 12 项子计划。

文化交流合作平台优先推动“一带一路”沿线国家和地区的中国文化中心建设，完善沿线国家和地区的中心布局。逐步建立“丝绸之路”文化数据库，打造公共数字文化支撑平台。

2017 年北京国际服务贸易交易会期间，第二届“中国—中东欧国家文化创意产业论坛”在京举办，旨在为中国及中东欧国家开展文化产业合作提供长效机制。中东欧 16 国均是丝绸之路沿线重要国家，也是联系亚欧的纽带。当日的论坛以“行动起来：‘16＋1’文化产业合作新起点”为主题，邀请了来自阿尔巴尼亚、保加利亚、克罗地亚等 16 个中东欧国家与中国的政企代表，共商双方之间的文化产业创新合作前景。中东欧 16 国都是丝绸之路沿线重要国家。我国一直致力于推动和倡导与“一带一路”沿线国家的文化合作，截至 2016 年年底，中国已和沿线 64 个国家签订政府间文化交流合作协定。截至 2017 年 6 月，中国已在 11 个“一带一路”沿线国家设立了中国文化中心。

（二）有形文化遗产保护

我国国家文物局于 2017 年印发《国家文物事业发展“十三五”规划》。《规划》提出增进与“一带一路”沿线国家及文化遗产国际组织的交流合作，建设“一带一路”文化遗产长廊。在拓展文物对外交流合作方面，《规划》提出要加强与文化遗产国际组织的深度合作，提高文化遗产国际公约履约水平。扩大与各国政府间文物交流互动，推动与更多国家签署防止盗窃盗掘和非法进出境文物的双边协定，构建稳定、多维的政府间文物合作网络。同时，增进与“一带一路”沿线国家及文化遗产国际组织的交流合作，建设“一带一路”文化遗产长廊。加强中华文物对外交流合作，推出一批具有中国内涵、国际表达、创意融合的对外文物展览，引进一批高水平来华文物展览。

（三）民族文化大数据保护

2017 年 7 月，中央民族大学与国家信息中心合作成立“一带一路”民族文化大数据中心，将全面推动“一带一路”民族文化理论研究、大数据应用研究、产业协同发展和民族文化国际交流合作；共同推动中国“一带一路”网建设，加强中国“一带一路”网少数民族多语言人才储备；共同开展智库建设，为国家正确处理和有效解决“一带一路”沿线国家重大战略问题提供重要决策参考和咨询服务；共同开展国际交流合作，服务数字丝绸之路建设；共同开展大数据领域应用型人才联合培养，推动政产学研用五位一体协同育人理念和体制机制全面落地；共同开展理论与技术创新研究，推出国际领先研究成果；共同推动产学研用融合和产业孵化，服务于“一带一路”建设；推动在南海大数据“一院一谷一中心”建设中形成紧密合作关系，形成产业孵化和人才培养“双核联动”有利格局。

共同推动“一带一路”建设，各个国家不仅需要立足本国实际，而且需要具有相互关照的全局视野。中国倡导和谐包容、文明宽容的理念，尊重各国发展道路和模式选择，主张求同存异、兼容并蓄、和平共处、共生共荣，这是一种高尚的文明观、包容的文化观、和谐的社会观。将其付诸实践，既需要实体经济的支撑，也需要科学阐释人文精神、推动文化传承、提供智力支持，更需要植根民间社会的文化和承载这些文化的人民去精耕细作。“国之交在于民相亲”，民心相通就能使国际关系“亲、诚、惠、容”准则渗透于各国人民的生活和心田。“一带一路”倡议下传统文化的保护还需要各国共同努力，团结一致。

第二节　“一带一路”倡议下传统文化知识产权保护的启示和建议

“一带一路”建设不仅是我国新时期下改革开放的新统领，更是我国构建以合作共赢为核心的新型国际关系的重要实践，因此，在"一带一路"倡议的"丝路精神"之中，不仅蕴含着中国深入推进世界经济一体化的历史责任感，同时也蕴含着中国进一步促进人类文明进步，创建"美美与共""天下大同"的文化使命感。正如习近平总书记强调的，"一带一路"倡议并非一个封闭的孤立体系，而是一个开放的合作体系。"开放包容""互学互鉴"——这一植根历史、面向未来、立足中国、朝向世界的提法，鲜明体现了"一带一路"倡议总体设计中深厚的历史情感与文化情怀。它一方面建基于对世界历史与人类文明的分析考察，另一方面有赖于对民族历史与中华文明的反思传承。而如何共同保存和维护"一带一路"倡议下丰富灿烂的传统文化是"一带一路"沿线国家所共同面临的问题。

一、"一带一路"倡议下传统文化保护启示

在"一带一路"倡议新的改革开放实践中，"文化先行"是实现求同存异、理解包容、和谐共赢的重要基础，而知识产权作为国家重要的政策工具和法律制度，在"一带一路"建设中扮演着重要的角色，利用知识产权保护传统文化具有深厚的理论基础。当前世界经济融合加速发展，区域合作方兴未艾，笔者认为应当积极利用现有双多边合作机制，[①]加强双边合作，开展多层次、多渠道沟通磋商，推动建设"一带一路"倡议下传统文化的知识产权整体保护体系，促进区域合作蓬勃发展。而这一整体制度不仅应当遵循现有的知识产权国际保护制度，更应体现"一带一路"倡议的精神和原则。

① 如上海合作组织(SCO)、中国—东盟("10＋1")、亚太经合组织(APEC)、亚欧会议(ASEM)、亚洲合作对话(ACD)、亚信会议(CICA)、中阿合作论坛、中国—海合会战略对话、大湄公河次区域(GMS)经济合作、中亚区域经济合作(CAREC)等现有多边合作机制，加强相关国家沟通，让更多国家和地区参与"一带一路"倡议下传统文化的知识产权保护建设。

（一）坚持开放合作

“一带一路”倡议下传统文化知识产权保护体系的建设与“一带一路”建设相关的国家基于但不限于古代丝绸之路的范围，各国和国际、地区组织均可参与，让共建成果惠及更广泛的区域。

（二）坚持和谐包容

尊重各国发展道路和模式的选择，加强不同文明之间的对话，求同存异、兼容并蓄、和平共处、共生共荣。

（三）坚持互利共赢原则

兼顾各方利益和关切，寻求利益契合点和合作最大公约数，体现各方智慧和创意，各施所长，各尽所能，把各方优势和潜力充分发挥出来。

（四）尊重和体现族群意愿原则

特定族群是传统文化的实际保持者，同时也是相应权利的真实拥有者和行使者，对各自传统文化的法律需求也是最为深刻的，“一带一路”倡议下的传统文化保护当然应当从他们的意愿出发。

（五）有利于传统文化的可持续发展

这一原则也应当是“一带一路”倡议下传统文化保护的宗旨。作为人类文明中历经千年仍散发无穷魅力的传统文化，蕴藏着全人类的共同美好心愿对传统文化的维持和保存是重中之重。同时，发展是文化的本质属性之一，传统文化在漫长的历史中持续不断的创新，散发出新鲜的独特魅力，只有在发展中传统文化才能得到更好的维持和传承。因此，传统文化的维持、传承和发展才是“一带一路”倡议下传统文化知识产权保护体系的重心所在。

（六）利益平衡原则

利益平衡是知识产权制度的核心目标与原则，在传统文化保护中同样需要平衡三个方面的利益关系，即传统文化专有权利与义务之间的平衡，传统文化创造者、传播者及使用者之间的平衡，私人利益与公共利益的平衡，从而保护传统文化的正当利用，避免发生对传统文化的垄断。具体的制度设计中，我们可以吸取相关国际公约及各国立法的优秀经验，如合理使用制度、许可制度、公有领域付费制度等。

二、“一带一路”倡议下传统文化知识产权保护体系的构建

构建“一带一路”倡议下传统文化的知识产权保护体系并不是一朝一夕的，还需要不断加强双边合作，开展多层次、多渠道沟通磋商，笔者综合全文的介绍和分析，对“一带一路”倡议下传统文化知识产权保护体系提出几点建议：

（一）保护宗旨

就传统文化的知识产权保护宗旨来讲，应包括两个基本内容：一是保存。传统文化是人类文明的重要组成部分，是民族特性的反映以及维系民族存在的动力和源泉，也是保持一国文化多样性必不可少的部分。“人亡艺绝”的现象已普遍存在，因此应当首先做到对传统文化的保存，防止民间文学、民间艺术、建筑物等传统文化被大量非法使用甚至破坏；二是促进优秀传统文化的传播与发展。传统文化是人类宝贵的文化遗产，对传统文化的保护不仅仅是为了使其不致消灭，还要使其中优秀的文化为世人所认识和利用，弘扬民族文化。因此从文化事业的可持续发展角度，还应促进传统文化的传播，并在传承中得到进一步发展。

（二）权利主体

“一带一路”倡议下传统文化的知识产权保护制度中，在确认权利主体时，应坚持知识产权权利主体认定的一般原则，即“创造性活动是权利产生

的源泉”。基于传统文化创作主体的群体性与民族性、创作过程的长期性与持续性，在传统文化的形成与发展过程中，创作者的个性特征已逐渐消失，变成为特定族群或特定地区内文化特性的反映，是集体创作、集体流传并为集体所共有的，任何对传统文化的非法使用行为都会对传统部族产生伤害。因此传统文化的知识产权保护专有主体应归属于创造并传承该传统文化的特定群体，从而使传统文化的权利主体也具有群体性的特点，这个群体可以是一个民族，也可以是本民族的某个村落，还可以是某几个人。

同时，为了进一步确保传统部族的相关利益，在行使相关权利过程当中需要有一个确定的主体来维护该群体的利益。例如，我国作为多民族的国家，除了汉族之外，在少数民族聚居地区均设立了民族自治组织，涉及少数民族的传统文化，各个民族自治组织可以代表该民族群体的利益，正如在《乌苏里船歌》著作权纠纷案中，审理该案的法官和许多学者均认为根据我国宪法、民族区域自治法等法律法规，四排赫哲族乡政府可以代表部分利益主体提起诉讼。但是，在“一带一路”倡议背景下，其他国家或地区又由谁来代表该民族群体的利益呢？对此，笔者认为可以通过建立集体管理组织来解决这一问题。这一点可以参照著作权法中的集体管理制度，著作权集体管理组织是为权利人的利益依法设立，根据权利人授权以自己的名义对权利人的著作权或者与著作权有关的权利进行集体管理的社会团体。所以，建立起“一带一路”倡议下传统文化的集体管理组织，由该组织以自己的名义管理和维护传统文化所享有的知识产权，并根据传统文化的使用和收费情况向有关权利人缴纳收取的使用费。该集体管理组织的责任和权利概括起来包括：接受权利人的授权；监督、检查传统文化被使用的情况；代表权利人同使用传统文化的人谈判并发放许可证；收取使用费；最后将收取的使用费合理分配给各个有关权利人。

（三）保护模式及权利内容

传统文化是一种智力创造成果，具有非物质性、价值性等知识产品的特点，传统文化的知识产权特性决定了其保护模式应当是知识产权。传统文化的利益是传统部族群体享有的私益。传统文化的私法保护可以授予传统文化的权利主体以垄断性权利，使其真正享有权利，有利于保存、发展以及合理利用本群体、本部落的民间文学艺术。与此同时，传统文化所还体现出一定的公共利益，这就要求“一带一路”倡议下传统文化的保护应当在私法之外兼顾公法。由于传统文化与现有知识产权保护客体个性差异的存在，又使得现有的知识产权法律制度不能有效地保护传统文化，有必要建立与现行知识产权制度相区别的传统文化知识产权保护制度，二者互相补充，并不冲突。

具体而言，根据本书以上章节的具体分析，笔者认为应当对传统文化的不同形态实行不同知识产权保护策略。首先，对于传统文化中的民间文学艺术，如民间故事、传说、诗歌、歌谣、谚语等以言语或者文字形式表达的作品，民间歌曲、器乐等以音乐形式表达的作品，民间歌舞、曲艺等以动作、姿势、表情等形式表达的作品以及民间绘画、图案、雕塑、造型、建筑等以平面或者立体形式表达的作品，我们可以通过特殊的版权保护模式，保护传统部族则享有表明身份、禁止歪曲或者篡改，以及以复制、发行、表演、改编或者向公众传播等方式使用民间文学艺术作品的权利。其次，对于传统文化中的传统图像符号，我们可以通过商标制度予以规制，在传统文化的知识产权保护制度中确认传统部族对其传统图像符号（如文字、绘画、立体雕塑和建筑等反映族群文化与历史的图像符号）所享有的专有权利，具体可以包括许可使用、注册、销售等权利内容。最后，对于传统科学知识，可以在专利制度中将事先知情同意机制扩大到传统科学知识，在确认传统部族对其传统知识所享有的专有权基础上，运用事先知情同意机制保护传统部族在知识利用方面的利益分享。

还有，传统文化的专有权的权利内容应包括精神权利与经济权利。精神权利主要是表明来源和禁止不正当使用（如歪曲、篡改等）方面的权利，经济权利主要是对传统文化的利用而产生的利益分享的权利，可以根据传统文化类型和不同的利用方式，规定具体权利内容。例如复制、发行、摄制、表演、展览、播放、网络传播、放映、出租、翻译、改编和汇编是客观存在的使用民间文学艺术的方式，而且在事实上基于营利性的使用也能够获得经济利益。所以当使用人以上述方式营利性地使用民间文学艺术时，就应当征得民间文学艺术专有权利人的许可并向其支付报酬。因此在传统文化的知识产权保护体制下，规定民间文学艺术的特殊著作权保护之权利内容：复制权、发行权、摄制权、表演权、展览权、播放权、信息网络传播权、放映权、翻译权、改编权和汇编权。

（四）保护期限

传统文化的产生和发展具有传承演变的特性，客观上讲是不会具有终极形态的智慧成果，即永远不可能完成的“创作”过程，所以对其保护很难给予合理的时间上的限定，应当给予永久保护，包括精神权利与经济权利。

（五）权利限制

为了贯彻知识产权法律制度中的平衡精神，我们同样需要平衡传统部族、传播者、使用者三者之间的平衡，私人利益与公共利益的平衡。对传统文化专有权的限制主要表现为对传统文化经济权利的限制，在具体制度上表现为合理使用制度。即在法律规定的情形下，使用已经公开的，公众所熟知的传统文化可以不必征得权利人的许可，也不必向权利人支付报酬，但应当指明该传统文化的来源，注明该传统文化的出处并尊重权利人的其他权利。

（六）传承人的法律地位

传承人对传统文化保存与传播起着至关重要的作用，在整理、改编等传承的过程中也付出了创造性的劳动。根据传承人的具体行为，可以对其再创作成果享有专有权，以及根据国家政策获得奖励和报酬的权利。与之同时，传承人在使用传统文化时还负有相应的义务，包括：(1)尊重传统文化专有权人的精神权利，即表明身份权和禁止歪曲、滥用的权利；(2)尊重传统文化专有权人的经济权利，即使用权与获得报酬权；(3)不得向境外的组织或个人转让相应的成果。

（七）责任制度

对于侵害传统文化权利包括精神权利和经济权利的行为，侵权人应当承担相应的法律责任，包括民事责任、行政责任和刑事责任，其中主要是承担民事责任，即停止侵权、赔礼道歉、恢复影响、赔偿损失。相应的国内文化部门还可以视其情节给予侵权行政处罚，即没收违法所得，没收、销毁侵权复制品，处以罚款及没收主要用于制作侵权复制品的材料、工具、设备等。侵权行为人的违法所得数额较大或有其他严重情节的行为的，还可以依照《刑法》承担相应的法律后果。

后 记

本书经过两年的撰写，终于付梓，实属不易。

关于本书的写作动机，一开始仅仅是出于对“民间文学艺术知识产权保护”这一话题的兴趣，但在研究过程中，对已有文献的总结和体会越写越多，研究的范围也越来越大，最后总结到书稿中，索性用了“传统文化”这一概念。本书中的诸多概念包含了笔者对人类学、民族学和文化学的粗浅理解，尚未形成体系，但值得肯定的是，它们对我们今后的研究起到了至关重要的作用。本书作为我校知识产权专业研究生的教材，经过长时间的学习和思考，对“一带一路”倡议有了初步的认识和体会，感觉可以将传统文化的知识产权保护与“一带一路”倡议融到一起，但工作量也是十分巨大的。经过反复思考后，决定将两者联系起来，由于撰写时间有限，两者的交叉部分可能读起来有些突兀，产生的新的想法还不是特别成熟，在此特地做出交代，避免读者在阅读此部分时产生不必要的困扰。

关于本书的具体内容，在研究思路上，本书秉承传统的法学思维方式，强调逻辑性与合理性；在研究视角方面，本书借鉴了人类学、民族学等方面的知识和信息。在讨论相关内容时，不免有过于理性之嫌疑，这也是完稿后通篇阅读的总体感受。当然，笔者也希望与人类学、民族学等学科的专家共同深入探讨相关问题。总体来看，本书的研究范畴主要是法学与民族学(或者说法学与人类学)的交叉部分。在"一带一路"倡议的大背景下,我们还需要深入研究法学与民族学的交叉领域,不断拓展这一研究领域,提升其学术意义和价值,以期对国家、民族甚至全人类的发展有些许贡献,这或许就是费孝通先生所说的"各美其美,美人之美,美美与共,天下大同"。

本书第一章、第二章、第三章、第四章、第五章由李亮撰写,第六章、第七章由曾礼撰写,全书由李亮统稿。

本书的出版得到上海对外经贸大学内涵建设学位点经费的支持。

李 亮

2019 年 5 月 13 日于上海对外经贸大学博闻楼

图书在版编目(CIP)数据

“一带一路”倡议下传统文化的知识产权保护/李亮,曾礼著.—上海:上海人民出版社,2019
(“一带一路”法律·经贸丛书)
ISBN 978-7-208-15691-3

Ⅰ.①一… Ⅱ.①李… ②曾… Ⅲ.①传统文化-知识产权保护-研究 Ⅳ.①D913.44

中国版本图书馆 CIP 数据核字(2019)第 107877 号

责任编辑 秦 堃 史尚华
封面设计 孙 康

“一带一路”法律·经贸丛书
“一带一路”倡议下传统文化的知识产权保护
李 亮 曾 礼 著

出　　版 上海人民出版社
(200001 上海福建中路 193 号)
发　　行 上海人民出版社发行中心
印　　刷 上海商务联西印刷有限公司
开　　本 720×1000 1/16
印　　张 21
插　　页 2
字　　数 245,000
版　　次 2020 年 7 月第 1 版
印　　次 2020 年 7 月第 1 次印刷
ISBN 978-7-208-15691-3/D·3368
定　　价 78.00 元